OS DOIS PROBLEMAS
FUNDAMENTAIS DA ÉTICA

Dados Internacionais de Catalogação na Publicação (CIP)
(Câmara Brasileira do Livro, SP, Brasil)

Schopenhauer, I, 1788-1860
  Os dois problemas fundamentais da ética / Arthur Schopenhauer ; tradução de Milton Camargo Mota. – Petrópolis, RJ : Vozes, 2024. – (Coleção Pensamento Humano)

  Título original: Die beiden Grundprobleme der Ethik.
  ISBN 978-85-326-6746-5

  1. Filosofia 2. Filosofia alemã 3. Ética (Moral filosófica) 4. Moral I. Título. II. Série.

24-194627   CDD-193

Índices para catálogo sistemático:

1. Schopenhauer : Filosofia alemã 193
Tábata Alves da Silva – Bibliotecária – CRB-8/9253

Arthur Schopenhauer

OS DOIS PROBLEMAS FUNDAMENTAIS DA ÉTICA

Tradução de Milton Camargo Mota

Petrópolis

Tradução do original em alemão intitulado *Die beiden Grundprobleme der Ethik*

© desta tradução:
2024, Editora Vozes Ltda.
Rua Frei Luís, 100
25689-900 Petrópolis, RJ
www.vozes.com.br
Brasil

Todos os direitos reservados. Nenhuma parte desta obra poderá ser reproduzida ou transmitida por qualquer forma e/ou quaisquer meios (eletrônico ou mecânico, incluindo fotocópia e gravação) ou arquivada em qualquer sistema ou banco de dados sem permissão escrita da editora.

CONSELHO EDITORIAL	PRODUÇÃO EDITORIAL
Diretor	Aline L.R. de Barros
Volney J. Berkenbrock	Marcelo Telles
	Mirela de Oliveira
Editores	Otaviano M. Cunha
Aline dos Santos Carneiro	Rafael de Oliveira
Edrian Josué Pasini	Samuel Rezende
Marilac Loraine Oleniki	Vanessa Luz
Welder Lancieri Marchini	Verônica M. Guedes
Conselheiros	**Conselho de projetos editoriais**
Elói Dionísio Piva	Isabelle Theodora R. S. Martins
Francisco Morás	Luísa Ramos M. Lorenzi
Gilberto Gonçalves Garcia	Natália França
Ludovico Garmus	Priscilla A.F. Alves
Teobaldo Heidemann	
Secretário executivo	
Leonardo A.R.T. dos Santos	

Editoração do Estudo Introdutório: Giullia Araújo
Diagramação: Editora Vozes
Revisão gráfica: Jhary Artiolli
Capa: Editora Vozes

ISBN 978-85-326-6746-5

Este livro foi composto e impresso pela Editora Vozes Ltda.

SUMÁRIO

A liberdade – Schopenhauer diante de uma questão clássica da filosofia, 9

TRATADO SOBRE A LIBERDADE DA VONTADE, 21

I – Definições de conceitos, 23

II – A vontade perante a autoconsciência, 33

III – A vontade perante a consciência de outras coisas, 45

IV – Predecessores, 81

V – Conclusão e consideração superior, 110

Apêndice – Como complemento da primeira seção, 119

Judicium, 123

TRATADO SOBRE O FUNDAMENTO DA MORAL, 125

I – Introdução, 129

§ 1. Sobre o problema, 129

§ 2. Retrospecto geral, 133

II – Crítica ao fundamento dado à ética por Kant, 139

§ 3. Visão geral, 139

§ 4. Da forma imperativa da ética kantiana, 141

§ 5. Da aceitação de deveres para conosco mesmos em particular, 147

§ 6. Do fundamento da ética kantiana, 150

§ 7. Sobre o princípio supremo da ética kantiana, 175

§ 8. Das formas derivadas do princípio supremo da ética kantiana, 181

§ 9. A doutrina da consciência de Kant, 189

§ 10. A doutrina kantiana do caráter inteligível e empírico – Teoria da liberdade, 194

§ 11. A ética de Fichte como espelho de aumento dos erros de Kant, 200

III – Fundamentação da ética, 204

§ 12. Requisitos, 204

§ 13. Ponto de vista cético, 205

§ 14. Móbiles antimorais, 214

§ 15. Critério das ações de valor moral, 221

§ 16. Estabelecimento e prova do único móbil moral genuíno, 223

§ 17. A virtude da justiça, 230

§ 18. A virtude do amor ao próximo, 244

§ 19. Confirmações do fundamento da moral acima exposto, 248

§ 20. Sobre a diferença ética dos caracteres, 267

IV – Sobre a interpretação metafísica do fenômeno ético originário, 278

§ 21. Esclarecimento sobre este apêndice, 278

§ 22. Fundamento metafísico, 282

Judicium, 293

A LIBERDADE

SCHOPENHAUER DIANTE DE UMA QUESTÃO CLÁSSICA DA FILOSOFIA

Gleisy Picoli[*]

La liberté est un mystère.
Malebranche

I

Publicada em 1841, a obra intitulada *Os dois problemas fundamentais da ética* reúne dois tratados filosóficos submetidos por Schopenhauer a dois concursos acadêmicos diferentes. O *Tratado sobre a liberdade da vontade* foi premiado em 1839 pela Real Sociedade Norueguesa de Ciências, em Drontheim; já o *Tratado sobre o fundamento da moral*, apresentado em 1840, foi julgado como não merecedor do prêmio pela Real Sociedade Dinamarquesa de Ciências, ainda que Schopenhauer tivesse sido o único concorrente. Na visão de Schopenhauer, seu texto não foi premiado sobretudo em virtude das críticas a Hegel, a quem chama de charlatão, dentre outros impropérios, pois a Sociedade Dinamarquesa o repreende pelo tratamento indecente dado a vários sumos filósofos. A réplica de Schopenhauer, publicada no prefácio à 1ª edição desta obra, pode ser considerada uma antecipação de sua crítica à filosofia universitária, que consta no *Parerga und Paralipomena* (1851). Schopenhauer se defende do veredicto e afirma que esses *summi philosophi* são Fichte e

---

[*]. Graduação, mestrado e doutorado em filosofia pela Universidade Estadual de Campinas (Unicamp). Estágio de pesquisa na Johannes Gutenberg-Universität Mainz (Alemanha), com bolsa do Daad (Deutscher Akademischer Austausch-dienst).

Hegel, especialmente Hegel; e a Sociedade ficou tão ofendida, diz, simplesmente porque está repleta de hegelianos que não passam de negociantes de cátedras alugadas para os fins do Estado, professores assalariados que protegem aquele "filosofastro" como um *summus philosophus*.

Mesmo não tendo ganhado o prêmio, Schopenhauer decide publicar o trabalho não premiado, posto que, do seu ponto de vista, respondeu com exatidão ao que a Academia havia perguntado. Como, para Schopenhauer, os dois tratados se complementam mutuamente na formação de um sistema de verdades fundamentais da ética, ele publica ambos em um único volume. O autor destaca que cada um deles toca, especialmente, em um dos dois problemas mais profundos e mais sérios da filosofia moderna, a saber: a questão da liberdade da vontade e a da realidade do mundo exterior, ou da relação do ideal com o real. Visto que foram enviados a Academias diferentes e, assim, não podia haver referência de um trabalho ao outro, Schopenhauer alerta que, inevitavelmente, certos pontos coincidem em ambos.

Conforme o próprio autor, os dois tratados podem ser considerados um suplemento ao quarto livro de *O mundo como vontade e representação* (1819), porque seus traços fundamentais já se encontram neste livro, cujo tema principal é a ética. E embora à primeira vista eles pareçam discorrer sobre doutrinas heterogêneas, ambos devem conduzir, a partir de diferentes perspectivas, ao ponto central da filosofia schopenhaueriana, para, assim, estar de acordo com o que o autor afirma no prefácio à 1ª edição de *O mundo*, a saber, que sua filosofia comunica um "pensamento único". Ao contrário de um "sistema de pensamentos", no qual não há uma conexão de todas as partes envolvidas entre si, um "pensamento único" mantém perfeitamente a unidade, a ponto de, se acaso for decomposto em partes (como no caso dos dois tratados), cada parte ainda conserva em si o todo, ou seja, não há uma ordem a ser seguida, nenhuma parte é a primeira ou a última. Nesse sentido, Barboza escreve: "seja pela teoria do conhecimento, metafísica da natureza, metafísica do belo ou metafísica da ética, o autor pretende sempre ter à mão uma porta de entrada ao conteúdo de seu 'pensamento único'" (2015, p. 21). No fundo, várias são as portas de entrada, como o próprio Schopenhauer nota, quando compara sua filosofia com Tebas de 100 portas, pois qualquer uma delas leva, por meio de um caminho reto, ao centro. Por isso, é indiferente ler, primeiramente, um ou outro tratado, um não pressupõe o outro.

II

No *Tratado sobre a liberdade da vontade*, Schopenhauer pretende responder à pergunta proposta pelo concurso, ou seja, se o livre-arbítrio pode ser demonstrado pela autoconsciência. Como a Academia Norueguesa usa o termo *liberum arbitrium* para formular a questão, elaborada integralmente em latim, Schopenhauer adverte que o termo mais adequado para esse tipo de liberdade deveria ser *liberum arbitrium indifferentiae* [livre-arbítrio de indiferença], que corresponde à liberdade absoluta, aquela definida por Kant como a capacidade de iniciar *por si* uma série de mudanças, sem que nenhuma causa precedente a determinasse. Em termos schopenhauerianos, podemos chamá-la de liberdade da vontade, a qual Schopenhauer tenta provar não apenas sua indemonstrabilidade pela autoconsciência, mas também sua inexistência no mundo empírico. A autoconsciência, na visão schopenhaueriana, é capaz de perceber apenas os fluxos e refluxos da vontade, em sua alternância de querer e não querer os objetos, sem saber, porém, se tais atos de vontade são necessários ou não. Mas a questão a ser resolvida é: uma vez que o motivo se apresente ao indivíduo, ele conserva a liberdade de querê-lo ou não? Eis o problema que a autoconsciência não consegue responder, por ser voltada para dentro, enquanto o querer se dirige para fora, mais precisamente, para a consciência das demais coisas, sobre as quais a autoconsciência nada sabe. A autoconsciência, afirma Schopenhauer, só experimenta o resultado dos atos de vontade *a posteriori*.

O objetivo principal de Schopenhauer no *Tratado sobre a liberdade da vontade* é demonstrar que as ações humanas são sempre necessárias, como tudo o que se movimenta neste mundo, tendo em vista que são decorrentes da causalidade. Porém, alguém pode indagar: qual é, então, o papel da razão nesse processo? Não deliberamos com o intuito de escolhermos a ação mais conveniente para nós?

O intelecto, que engloba entendimento e razão, é, para Schopenhauer, um mero servo do nosso querer cósmico, já que sua função consiste, basicamente, em clarear os motivos à vontade individual, sem, no entanto, ser capaz de determiná-la. Em toda decisão que tomamos, é sempre a vontade quem decide pelos motivos apresentados pelo intelecto, de onde fica evidente o papel secundário da razão em relação ao primado da vontade. Embora tenhamos a ilusão de que a deliberação é a liberdade da vontade, pelo fato de os diversos motivos desfilarem diante do intelecto, fazendo-nos acreditar que podemos passar qualquer um deles para o ato de vontade, em verdade, a decisão provém do nosso fundo metafísico, a vontade cósmica.

O que conhecemos como vontade, isto é, o nosso querer propriamente dito, segundo Schopenhauer, além de já nascer conosco, permanece inalterável por toda nossa vida. Esse querer inato e imutável constitui precisamente nosso caráter inteligível, ou a inclinação originária e metafísica em nós, a qual nos faz preferir determinados motivos, em detrimento de outros. No fundo, o que ocorre é o seguinte: o intelecto apresenta diversos motivos à vontade individual ou caráter do indivíduo (causa interna) e um desses motivos (causa externa) obriga esse caráter a manifestar sua natureza. Toda ação revela, portanto, a natureza da pessoa, ou seja, quem ela é. O efeito resultante dessas causas consiste justamente no que conhecemos pelo nome de ação, e esta deve ocorrer com a mais absoluta necessidade, haja vista que é fruto de um tipo específico de causalidade, a qual passa pelo conhecimento. Se considerarmos, pois, o que Schopenhauer denomina de marca distintiva do *liberum arbitrium indifferentiae*, a saber, que um indivíduo, numa determinada circunstância, pode agir de duas maneiras diametralmente opostas, podemos dizer que sempre haverá um motivo mais forte para nós, o qual, mesmo depois de muita deliberação, afasta decididamente os outros motivos do campo e determina a vontade. Por isso, numa determinada circunstância, duas ações diametralmente opostas são impossíveis de acontecer. Para que ocorresse uma ação oposta, naquela mesma circunstância, seria preciso que o indivíduo fosse um outro. Nesse sentido, Schopenhauer escreve: "esperar que um homem, diante da mesma ocasião, aja uma vez de uma maneira, mas diferentemente outra vez, é como esperar que a mesma árvore que deu cerejas neste verão produza peras no próximo" (p. 76).

Em suma, o problema da liberdade da vontade gira em torno da seguinte pergunta: posso querer o que quero? Ou simplesmente: posso querer? Como eu não posso querer diferente do que eu quero, em virtude da imutabilidade do meu querer, Schopenhauer refuta a hipótese do livre-arbítrio. Na perspectiva schopenhaueriana, a imagem natural de uma vontade livre (ou do que fora chamado de livre-arbítrio) pode ser representada por uma balança tranquila, que só se desequilibra se algum peso for colocado em uma de suas tigelas. Crer que a balança possa produzir movimento sozinha, a partir de si mesma, é tão absurdo quanto crer na existência do livre-arbítrio, pois, assim, cada um poderia produzir qualquer ação a partir de si mesmo, sem necessidade de que algo pesasse, previamente, nas suas decisões.

Para corroborar seu pensamento contrário à liberdade empírica da vontade, Schopenhauer relembra alguns predecessores que trataram o problema colocado pela Academia Norueguesa de forma profunda. Juntamente com uma citação do profeta Jeremias, o primeiro pensador a ser lembrado é Lutero, por sua conhecida tese contra o livre-arbítrio, defendida especialmente no livro *De servo arbítrio*. A menção a Lutero no *Tratado sobre a liberdade da vontade* não é nenhuma surpresa, pois o autor de *O Mundo* já o havia mencionado em sua obra capital, na ocasião em que aborda exatamente o tema da liberdade. Além de Lutero, o Padre da Igreja, Agostinho, é referenciado como o primeiro a ter desenvolvido plenamente esse problema da liberdade da vontade, com tudo o que a ele se prende. Segundo Kossler, Schopenhauer teria chegado a uma avaliação positiva de Agostinho só depois de um longo processo. Primeiramente, ele teria conhecido Lutero, e só depois descobriu, gradualmente, a doutrina de Lutero em Agostinho. Afinal, Schopenhauer cresceu em um ambiente familiar luterano-liberal e, na escola, foi influenciado pelo pietismo, que, conforme Kossler, teria moldado sua preferência pela mística. Por isso, na 1ª edição de *O Mundo*, apenas Lutero foi citado como testemunha da "doutrina original e evangélica" da redenção apenas pela graça, e somente na 2ª edição Agostinho foi incluído (cf. Kossler, 2009, p. 111-125). Hübscher explana sobre a origem e o desenvolvimento do movimento pietista vivenciado por Schopenhauer na escola, quando, então, quatro horas semanais eram reservadas para a religião, e destaca que, em virtude de sua relação com a mística, Schopenhauer é considerado por uns um ateu impiedoso e, por outros, um místico fora da realidade (cf. Hübscher, 1969, p. 1-32).

Do ponto de vista de Kossler, Agostinho teria se tornado mais atraente do que Lutero, sobretudo porque Lutero teria atacado o coração do cristianismo por sua crítica ao monasticismo, à ascese e ao celibato, enquanto Agostinho era um defensor da abstinência sexual. No entanto, a ética de Schopenhauer nos revela que, no essencial, suas perspectivas estão mais próximas do pensamento luterano, e assim como Lutero concilia o servo-arbítrio com a doutrina da predestinação, Schopenhauer concilia a não liberdade da vontade neste mundo com o fatalismo. De qualquer modo, ambas as doutrinas cristãs consideradas por Schopenhauer em sua ética remontam a Paulo, que, segundo Nietzsche, teria sido o inventor do cristianismo. O próprio Agostinho, apesar de lhe atribuírem o título de "doutor da graça", afirma repetidamente em suas obras que a doutrina da graça já está em Paulo. O fato é que o termo *graça*, intimamente atrelado à discussão em torno do livre-arbítrio, por ser a condição imprescindível da verdadeira liberdade, também aparece na filosofia de Schopenhauer. Quando Schopenhauer explana sobre a exteriorização da liberdade da vontade (ou negação da vontade), cuja condição é a *Besonnenheit der Vernunft* [clarividência da razão], ele a compara à graça dos cristãos, para dizer que ela não surge de uma resolução ou de um pretenso livre-arbítrio, pois não conta com uma participação ativa nossa, e sim chega para nós como algo "de fora".

Mas, ainda que a questão da liberdade da vontade na doutrina schopenhaueriana esteja diretamente vinculada ao tema da graça, à semelhança da liberdade cristã, a abordagem em *Tratado sobre a liberdade da vontade* restringe-se a apenas um aspecto da questão, focando unicamente no mundo empírico, logo, sobre a rigorosa necessidade de todas nossas ações. Então, quem quiser saber algo sobre os acontecimentos extraordinários de liberdade da vontade neste mundo terá de recorrer ao livro IV de *O Mundo*. Também o livro III da mesma obra versa, de outro modo, sobre o tema da liberdade, já que, no estado de pura contemplação estética, por instantes, a subjetividade é esquecida e, assim, o querer individual é deixado de lado.

III

Do ponto de vista de Schopenhauer, o objeto da questão do concurso que deu origem ao seu *Tratado sobre o fundamento da moral* é exatamente o mesmo tema da obra *Fundamentação da metafísica dos costumes* de Kant. Schopenhauer, sem dúvidas, reconhece Kant como um gênio de grande espírito, entretanto, não o poupa de críticas quando o assunto é o papel central dado por ele à razão, permitindo-a fundamentar o agir moral e, assim, superar o egoísmo natural do ser humano. Aos olhos de Schopenhauer, é como se Kant tivesse colocado toda a essência humana na razão, quando, em verdade, a única função da razão na obra schopenhaueriana é a formação de conceitos, nada mais. Na verdade, Schopenhauer faz uma crítica à faculdade de razão. Ela não ocupa uma posição de destaque em sua filosofia, visto que o primado é da vontade (o irracional), e isso explica a sua incredulidade quanto ao fato de a razão ter alguma inclinação para o campo ético, sendo, assim, capaz de prescrever princípios morais a ponto de poder transformar qualquer um em um indivíduo moralmente bom.

Na visão schopenhaueriana, o fundo real do ser humano é a vontade metafísica, seu caráter. Como esse caráter é inato e imutável, não se pode esperar que sistemas morais e éticos corrijam o caráter de alguém. De outro modo, segue-se que não se pode ensinar as pessoas a serem virtuosas. A frase de Sêneca *"velle non discitur* [o querer não se ensina]" é lembrada por Schopenhauer e, à vista disso, ele diz que crer que tratados ou discursos de ética possam criar caracteres virtuosos é tão tolo como crer que manuais de artes possam produzir gênios ou artistas. Segundo Schopenhauer, a ética kantiana não passa de uma vestimenta de moral teológica, por ser a única na qual o conceito do *dever* é válido, pois este conceito é justamente a linguagem do Decálogo. Por isso, Schopenhauer diz que Kant teria expulsado pela porta principal de seu sistema como heterônomo o que agora se esgueira de volta, pela porta dos fundos, sob o nome de sumo bom. Schopenhauer, em contrapartida, propõe como propósito de sua ética esclarecer e explicar os diferentes modos do agir humano, reconduzindo-os à sua razão última. Ele destaca, então, que o caminho para descobrir o fundamento da ética, isto é, para investigar se existem ações às quais devemos atribuir um *autêntico valor moral*, como é o caso da justiça voluntária, caridade e generosidade, não é outro senão o empírico. Ainda assim, o próprio Schopenhauer alerta que não se pode decidir a questão de modo puramente empírico, tendo em vista que a experiência nos fornece apenas as ações, não os impulsos que as provocam, e, desse modo, uma ação aparentemente justa pode ser, em verdade, motivada por um motivo egoísta.

Para Schopenhauer, existem, em suma, apenas três motivações fundamentais das ações humanas: o egoísmo, a maldade e a compaixão. São motivações antimorais o egoísmo e a maldade, por se tratarem de ações interessadas da parte do agente; e qualquer motivo interessado, do ponto de vista schopenhaueriano, suprime o valor moral de uma ação. Portanto, o critério de uma ação dotada de valor moral é a ausência de toda motivação egoísta. No caso do egoísmo, o que move a vontade do agente é o bem-estar próprio, já a maldade, que pode chegar à extrema crueldade, visa simplesmente a dor alheia. E, como na maldade, o agente age desinteressadamente, porque não ganha nada com sua ação, visto que seu propósito é unicamente prejudicar o outro, podendo se deleitar com o sofrimento alheio, para que ninguém conclua que a maldade é uma ação dotada de valor moral, Schopenhauer escreve:

embora se possa objetar que ações de pura maldade e crueldade também não são autointeressadas, é óbvio, no entanto, que estas não podem ser levadas em consideração aqui, pois são o oposto das ações de que estamos falando [justiça voluntária, caridade e generosidade]. No entanto, quem aderir ao rigor da definição pode excluir expressamente essas ações pela característica essencial de que elas visam ao sofrimento alheio (p. 222).

Somente a compaixão, que quer o bem-estar alheio, podendo chegar até à nobreza de espírito e generosidade, possui, de fato, o selo de valor moral: ela é o autêntico fundamento da moral, segundo Schopenhauer. Este é o caso de uma ação que acontece em proveito e contentamento *de um outro*, e não do próprio agente, o qual não é beneficiado, de modo algum, com ela. Esse tipo de ação contraria o egoísmo natural dos seres humanos, pois, ainda que a vontade como coisa-em-si seja indivisa e esteja igualmente presente em todos os indivíduos, cada um só conhece o mundo exterior, o que inclui os demais indivíduos, apenas como uma representação sua. Lembremos da frase inaugural da obra capital de Schopenhauer: "o mundo é minha representação", ou seja, tudo o que cada um conhece, só o conhece de maneira meramente mediata, como algo dependente de seu próprio ser. O que lhe é, de fato, real se encontra imediatamente nele: sua própria vontade. Em outras palavras, cada um toma-se como o centro do mundo. Por esse motivo, cada um quer tudo para si, buscando transformar em *meio* para seus próprios *fins* tudo o que se lhe apresenta e desejando aniquilar tudo o que lhe opõe resistência. É em função disso que a compaixão provoca tanto espanto, pois como é possível que o bem-estar e a dor *de um outro* mova minha vontade imediatamente, a tal ponto que eu lhe dê preferência sobre meu próprio bem-estar?

A condição para que um outro se torne o fim último de minha vontade é que eu me identifique com ele, isto é, que aquela diferença entre mim e o outro seja, pelo menos em certo grau, suprimida. Mas a compaixão não surge de uma análise fria e calculada, e aqui novamente entra em cena aquele conhecimento que chega "de fora" e permite ações de justiça voluntária e caridade genuína. Ao mesmo tempo em que Schopenhauer julga tal acontecimento extraordinário digno de espanto, de tal modo a considerar a compaixão como o grande mistério da ética, ele nos garante que não se trata de algo raro, e sim cotidiano, possível de ser vivenciado por nós costumeiramente. Um exemplo corriqueiro dado por Schopenhauer é o caso de alguém que ajuda um outro, sem muita reflexão, pondo, às vezes, sua própria vida em evidente perigo. Vale notar, no entanto, que esse outro, por sua vez, não necessariamente é uma pessoa, já que Schopenhauer estende a sua ética da compaixão aos animais, afirmando que quem é cruel com os animais não pode ser uma boa pessoa. Nesse sentido, ele repreende a moral cristã que não leva em conta os animais, apontando a contrariedade no fato de que "Jesus Cristo nasceu num estábulo com vaquinhas e burrinhos, o que simbolicamente indicaria que devemos considerar os animais nossos irmãos e tratá-los como tais" (p. 262) bem como a moral filosófica que trata os animais como coisas, como meios para fins de qualquer espécie, como nos casos de vivissecção, caça a cavalo, tourada etc.

Considerando-se, pois, a rígida imutabilidade dos caracteres humanos e a compaixão como única fonte das ações dotadas de valor moral, cuja ocorrência independe de tratados éticos, podemos, enfim, entender por que Schopenhauer diz que "a virtude é inata, e não resultante de pregação" (p. 270) e porque algumas pessoas são movidas por ela, e outras não. Mas alguém ainda poderia perguntar se a ética, tendo descoberta a motivação moral, não poderia fazê-la atuar, transformando um ser humano de coração duro num compassivo e, assim, justo e caridoso. Ao que Schopenhauer responde: certamente não. De acordo com Cacciola, Schopenhauer propõe-se dar a explicação metafísica da compaixão, fundando-a na unidade da essência de todos os seres, apenas no apêndice do *Tratado sobre o fundamento da moral*, porque seu objetivo nesse texto é demonstrar o fundamento da moralidade na própria natureza humana (1994, p. 157-158). Mas, por se tratar de um fundamento metafísico, ele se torna inexprimível, porque a razão humana dirige-se exclusivamente para o mundo empírico e, assim, às aparências das coisas, nunca à natureza íntima delas. Dessa forma, ficamos sem conhecer as verdadeiras causas das ações genuinamente morais, limitando-nos a dizer que elas ocorrem por meio de um fenômeno misterioso, independente de uma participação ativa nossa, semelhante à graça dos cristãos.

Da perspectiva linguística, este ponto indica o limite da expressão, pois não podemos dizer o que é, de fato, a compaixão, embora possamos presenciar sua manifestação neste mundo. Nesses casos, tanto da negação da vontade quanto da compaixão, é comum Schopenhauer fazer uso de alegorias religiosas que, segundo ele, são roupagens míticas da grande verdade, tendo em vista que a religião também trata das coisas em si. Schopenhauer lembra, então, o grande mérito distintivo do cristianismo e diz que compaixão nada mais é do que o amor (ἀγάπη, *caritas*). Na visão de Schmidt, como "interpretações metafísicas do mundo", as religiões não se diferenciam da filosofia; e isso explica por que Schopenhauer, quando alcança o ponto mais alto de seu pensamento, atormentado por dúvidas, recusa-se a simplesmente rejeitar a religião. Schmidt chega a falar até mesmo de uma "filosofia da religião" em Schopenhauer, tomando cuidado, é claro, com o fato de que Schopenhauer não aceitava a junção entre filosofia e religião, pois, segundo ele, isso era feito por Hegel (cf. Schmidt, 2010, p. 67-69). Portanto, a despeito da crítica à moral teológica de Kant, Schopenhauer nunca escondeu que seu pensamento concorda com doutrinas e preceitos éticos dos livros sagrados da Índia, mas sobretudo que concorda totalmente com todos os dogmas propriamente cristãos, pois em essência eles são idênticos, a diferença é que Schopenhauer os expressa filosoficamente, e não alegoricamente. Nessa perspectiva, Schopenhauer declara que sua doutrina é a autêntica filosofia cristã (cf. Schopenhauer, 1988, § 163).

IV

Pioneira em seu trabalho, a editora Vozes lança a primeira tradução brasileira de *Os dois problemas fundamentais da ética*, realizando, assim, o desejo do próprio autor de que os dois tratados fossem publicados juntos.

REFERÊNCIAS

BARBOZA, J. Prefácio à 1ª edição. *In*: SCHOPENHAUER, A. *O mundo como verdade e como representação*. 2. ed. São Paulo: Unesp, 2015. v. I.

CACCIOLA, M. L. M. e O. *Schopenhauer e a questão do dogmatismo*. São Paulo: Edusp, 1994.

HÜBSCHER, A. Vom Pietismus zur Mystik. *In*: *50 – Schopenhauer-Jahrbuch*. [S. l.: s. n.], 1969.

KOBLER, M. Eine höchst überraschende Übereinstimmung – Zur Augustinus-Rezeption bei Schopenhauer. *In*: FISCHER, N. (ed.). *Augustinus. Spuren und Spiegelungen seines Denkens. Bd. 2: Von Descartes bis in die Gegenwart*. Hamburgo: [s. n.], 2009.

SCHMIDT, A. Religion als Trug und als metaphysisches Bedürfnis. Zur Religionsphilosophie Arthur Schopenhauers. *In*: *91 – Schopenhauer-Jahrbuch*. [S. l.: s. n.], 2010.

SCHOPENHAUER, A. *Parerga und Paralipomena II*. Zurique: Haffmans, 1988.

TRATADO SOBRE
A LIBERDADE DA VONTADE

TRATADO

SOBRE

A LIBERDADE DA VONTADE

Premiado pela Real Sociedade Norueguesa de Ciências,
Drontheim, 26 de janeiro de 1839.

Motto:

La liberté est un mystère.

A questão formulada pela Real Sociedade é:
*Num liberum hominum arbitrium e sui ipsius
conscientia demonstrari potest?*

Em tradução:
A liberdade da vontade humana pode ser provada
a partir da autoconsciência?

I

DEFINIÇÕES DE CONCEITOS

Diante de uma questão tão importante, séria e difícil, que coincide essencialmente com um problema central para toda a filosofia da Idade Média e dos tempos modernos, faz-se oportuna grande precisão, como também, portanto, uma análise dos principais conceitos que ocorrem na questão.

1) O que significa liberdade?

Considerado com exatidão, esse conceito é negativo. Por meio dele, pensamos somente na ausência de tudo o que impede e obstaculiza: este último, por outro lado, como manifestação de força, deve ser algo positivo. De acordo com a possível natureza desse obstáculo, o conceito de liberdade tem três subtipos muito diferentes: liberdade física, intelectual e moral.

a) A *liberdade física* é a ausência de obstáculos materiais de qualquer tipo, por isso dizemos: céu livre, visão livre, ar livre, campo livre, espaço livre, calor livre (que não é quimicamente ligado), eletricidade livre, fluxo livre de uma corrente, quando não é mais impedido por montanhas ou comportas etc. Até mesmo moradia livre, imprensa livre, cartas livres de portes postais indicam a ausência das condições incômodas que costumam se anexar a essas coisas, como obstáculos ao desfrute. Mais frequentemente, porém, em nosso pensamento, o conceito de liberdade é o predicado dos seres animais, cuja peculiaridade é que seus movimentos emanam de *sua vontade*, são voluntários e, consequentemente, são chamados livres quando nenhum obstáculo material torna isso impossível. Como esses obstáculos podem ser de tipos muito diferentes, enquanto o que é impedido por eles é sempre a vontade, então, por uma questão de simplicidade, preferimos apreender o conceito pelo lado positivo e pensar, com ele, tudo o que se move apenas por sua vontade ou age apenas com base em sua vontade: essa inversão do conceito não muda essencialmente nada. Por conseguinte, neste sentido *físico* do conceito de liberdade, animais e pessoas são chamados livres quando suas ações não são obstaculizadas por laços, prisão, paralisia, ou seja, por nenhum empecilho físico, *material*, mas estas procedem de acordo com sua *vontade*.

Este *significado físico* do conceito de liberdade, e especialmente como predicado dos seres animais, é o originário, imediato e, portanto, o mais frequente; e justamente por isso ele, neste significado, não está sujeito a dúvidas ou controvérsias, mas pode sempre confirmar sua realidade por meio da experiência. Porque, tão logo um ser animal age apenas por sua *vontade*, ele é, nesse significado, *livre*: e aqui não se leva em consideração o que poderia ter influenciado sua vontade mesma. Pois neste seu significado originário, imediato e, portanto, popular, o conceito de liberdade refere-se apenas ao *poder agir*, isto é, refere-se justamente à ausência de obstáculos físicos às suas ações. Por isso se diz: o pássaro é livre no ar, a caça na floresta; o homem é livre por natureza; só quem é livre é feliz. Um povo também é chamado livre, no sentido de que é governado apenas de acordo com leis, mas leis que ele mesmo dá para si: pois, em tal caso, ele segue exclusivamente sua própria vontade. A liberdade política deve, portanto, ser incluída na liberdade física.

Mas assim que nos apartamos dessa liberdade *física* e consideramos as outras duas liberdades, não estamos mais lidando com o sentido popular, mas sim com um sentido *filosófico* do conceito, que, como se sabe, abre caminho para muitas dificuldades. Ele se divide em dois tipos inteiramente diferentes: liberdade intelectual e liberdade moral.

b) A liberdade intelectual, ὁ ἑκούσιον καὶ ἀκούσιον κατὰ διάνοιαν [o voluntário e o involuntário de acordo com o pensamento] em Aristóteles, é considerada aqui apenas para completar a classificação dos conceitos: vou me permitir, portanto, postergar sua discussão até o final deste tratado, em que os conceitos a serem empregados nela já terão encontrado sua explicação no que a precedeu, de modo que ela poderá ser tratada brevemente. Nesta classificação, porém, por estar diretamente relacionada à liberdade física, precisou ter seu lugar ao lado desta.

c) Volto-me, pois, para o terceiro tipo, a *liberdade moral*, que é, na verdade, o *liberum arbitrium* do qual fala a questão da Real Sociedade. Por um lado, este conceito está ligado ao de liberdade física, o que também torna compreensível sua origem, que é necessariamente muito posterior. Como já foi dito, a liberdade física diz respeito apenas aos obstáculos materiais, na ausência dos quais ela existe imediatamente. Porém, em alguns casos, notou-se que uma pessoa, sem ser impedida por obstáculos materiais, era impedida por simples motivos, como ameaças, promessas, perigos etc. de agir do modo como certamente teria sido de acordo com sua vontade. Daí se levantou a pergunta se tal pessoa ainda seria *livre*, ou se um forte contramotivo poderia, tanto quanto um obstáculo físico, impedir e impossibilitar a ação que estaria de acordo com sua vontade genuína. A resposta a isso não se configurou difícil para o senso comum: a saber, que um motivo nunca poderia ter o mesmo efeito que um obstáculo físico, na medida em que este excede facilmente a força física humana em geral, ao passo que um motivo nunca pode ser irresistível em si mesmo, nunca pode ter uma força incondicional, mas ainda pode ser sempre superado por um contramotivo mais forte, se este se apresentar e se a pessoa suposta nesse caso individual for determinável por ele. De fato, muitas vezes vemos que até mesmo o mais forte de todos os motivos, a preservação da vida, é superado por outros motivos, por exemplo, no suicídio e no sacrifício da vida pelos outros, por opiniões e por interesses diversos; e, inversamente, que todos os graus dos mais requintados tormentos na mesa de tortura foram, por vezes, superados pelo mero pensamento de que, em caso contrário, se perderia a vida. Mas mesmo que isso mostre claramente que os motivos não implicam uma coerção puramente objetiva e absoluta, ainda assim poderia lhes caber uma coerção subjetiva e relativa, precisamente para a pessoa do interessado, o que, no final das contas, vem a ser a mesma coisa. Então permaneceu a pergunta: a vontade mesma é livre? – Aqui, o conceito de liberdade, que até então só havia sido pensado em relação ao *poder*, foi posto em relação com o *querer*, o que suscitou o problema sobre se o querer mesmo é *livre*. Mas, em uma consideração mais rigorosa, o conceito originário, puramente empírico e, portanto, popular de liberdade é incapaz de aceitar essa conexão com o *querer*. Pois, segundo esse conceito, "livre" significa "de acordo com a vontade própria": então, quando perguntamos se a vontade é livre, estamos perguntando se a vontade está de acordo consigo mesma, algo que é autoevidente, mas que também não diz nada. De acordo com o conceito empírico de liberdade, dizemos: "Sou livre se posso *fazer o que quero*"; e aqui, com este "o que quero", a liberdade já está decidida. Mas agora, uma vez que estamos perguntando pela liberdade do querer, a pergunta consequentemente seria: "Também podes querer o que queres?" – dando a entender que querer depende de outro querer por trás dele. E supondo que a resposta à pergunta fosse afirmativa, logo surgiria a segunda: "Também podes *querer* o que queres querer?", e assim isso remontaria ao infinito, pois sempre estaríamos pensando *num* querer dependente de um anterior, ou mais profundo, e, por essa via, buscaríamos em vão finalmente alcançar um querer que teríamos de pensar e aceitar como dependente de nada mais. Mas se quiséssemos aceitar tal coisa, poderíamos muito bem admitir, para tal propósito, tanto o primeiro quanto o último termo arbitrário dessa série, o que remeteria a pergunta à simples formulação: "Podes querer?" Mas o que desejávamos saber, e permanece sem solução, é se a mera resposta afirmativa a essa questão decide a liberdade do querer. Portanto, o conceito originário e empírico de liberdade baseado no fazer se recusa a estabelecer um vínculo direto com o conceito de vontade. Por isso, para poder aplicar o conceito de liberdade à vontade, é preciso modificá-lo, tornando-o mais abstrato. Isso será possível se entendermos o conceito de *liberdade* como ausência de toda *necessidade* em geral. Com isso, o conceito mantém o caráter negativo que eu lhe atribuí no início. Portanto, antes de tudo teremos de elucidar o conceito de necessidade, enquanto conceito *positivo* que dá ao conceito *negativo* seu significado.

Então perguntamos: o que significa *necessário*? A explicação usual, "necessário é aquilo cujo oposto é impossível, ou que não pode ser de outro modo", é uma mera explicação lexical, uma paráfrase do conceito, que não aumenta nosso conhecimento. Como explicação real, porém, apresento a seguinte: necessário é o *que se segue de uma razão suficiente dada*: proposição esta que, como toda definição correta, também pode ser invertida. Conforme esta razão suficiente seja lógica, ou matemática, ou física, chamada de causa, a necessidade será lógica (como a da conclusão, quando as premissas são dadas), matemática (por exemplo, a igualdade dos lados do triângulo, se os ângulos são iguais), ou física, real (como a ocorrência do efeito tão logo se apresenta a causa): mas, quando está dada a razão, a necessidade sempre se liga à consequência, com o mesmo rigor. É somente na medida em que apreendemos algo como consequência de uma razão dada que nós o reconhecemos como necessário; e, inversamente, tão logo conhecemos algo comoconsequência de uma razão suficiente, apreendemos que é necessário: pois todas as razões são vinculantes. Essa explicação real é tão adequada e exaustiva que necessidade e consequência de uma dada razão suficiente são conceitos intercambiáveis, isto é, um pode ser posto no lugar do outro em todas as ocasiões[1]. – De acordo com isso, a ausência de necessidade equivaleria à ausência de razão suficiente determinante. No entanto, o oposto do *necessário* é pensado como *contingente*, o que não conflita com nossa exposição aqui. Tudo o que é contingente o é apenas relativamente. Pois no mundo real, único lugar onde se encontra o contingente, todo acontecimento é necessário em relação à sua causa: mas em relação a tudo o mais com o qual pode coincidir no espaço e no tempo, ele é *contingente*. Mas então o livre, visto que sua característica é a ausência de necessidade, deveria ser aquilo que simplesmente não depende de causa alguma e, portanto, ser definido como o *absolutamente contingente*: um conceito altamente problemático, que não creio ser possível sequer pensar, mas que, de uma estranha maneira, coincide com o de *liberdade*. Em todo caso, o livre permanece sendo o que não

---

1. A explicação do conceito de necessidade encontra-se em meu *Tratado sobre o princípio da razão*, § 49.

é necessário em relação a nada, o que não depende, portanto, de nenhuma razão. Ora, aplicado à vontade humana, este conceito significaria que uma vontade individual em suas manifestações (atos de vontade) não seria determinada por causas, ou razões suficientes em geral; pois, de outro modo, visto que a consequência de uma razão dada (seja de que tipo for) é sempre *necessária*, seus atos não seriam livres, mas necessários. Nisso repousa a definição de Kant, segundo a qual a liberdade é a capacidade de iniciar *por si mesmo* uma série de mudanças. Porque esse *por si mesmo*, quando reconduzido ao seu significado verdadeiro, tem o sentido de "sem causa precedente": mas isso é idêntico a "sem nenhuma necessidade". De modo que, embora essa definição dê ao conceito de liberdade à aparência de ser positivo, sua natureza negativa volta a surgir sob um exame mais acurado. – Uma vontade livre seria, então, aquela que não é determinada por nenhuma razão, e – como cada coisa que determina outra deve ser uma razão, e, quanto a coisas reais, uma razão real, ou seja, uma causa – uma vontade livre seria uma vontade que não é determinada por nada e cujas exteriorizações individuais (atos de vontade) deveriam proceder simples e originariamente da vontade mesma, sem serem produzidas necessariamente por condições prévias, ou seja, sem ser determinadas por nada, de acordo com regra alguma. Com esse conceito, nossa clareza de pensamento se obscurece, pois se deve aqui renunciar, em todos os seus significados, ao princípio da razão, que é a forma essencial de toda a nossa faculdade cognitiva. Contudo, não falta ao conceito um *terminus technicus*: é chamado *liberum arbitrium indifferentiae* [livre-arbítrio de indiferença]. Aliás, esse termo é o único claramente determinado, firme e decidido sobre o que é liberdade da vontade; por isso, não podemos nos afastar dele sem cair em explicações oscilantes e nebulosas, por trás das quais se oculta uma indeterminação hesitante, como quando se fala de razões que não produzem suas consequências necessariamente. Toda consequência de uma razão é necessária, e toda necessidade é consequência de uma razão. Da suposição de tal *liberum arbitrium indifferentiae*, extrai-se a próxima consequência, que caracteriza esse conceito mesmo e pode ser vista como sua peculiaridade, a saber, de que para um indivíduo dotado desse livre-arbítrio, sob circunstâncias exteriores totalmente individuais e determinadas, duas ações diametralmente opostas são igualmente possíveis.

2) O que significa autoconsciência?

Resposta: a consciência de si mesmo, em oposição à consciência de outras coisas, que é a faculdade do conhecimento. Esta faculdade contém, antes que essas outras coisas ocorram nela, certas formas do modo e maneira dessa ocorrência, que são, portanto, condições da possibilidade de sua existência objetiva, isto é, de sua existência como objetos para nós: tais coisas são, como se sabe, tempo, espaço, causalidade. Embora essas formas de conhecimento se encontrem dentro de nós mesmos, isso é apenas para que possamos ser conscientes de *outras coisas* como tais e em relação geral a elas: portanto, mesmo que residam dentro de nós, não devemos ver essas formas como pertencentes à autoconsciência, mas antes como aquilo que torna possível a *consciência de outras coisas*, isto é, o conhecimento objetivo.

Além disso, não deixarei que o duplo sentido da palavra *conscientia* usada na questão me induza a incluir na autoconsciência os conhecidos impulsos morais do homem, designados pelo nome de consciência moral, e até mesmo de razão prática, com seus imperativos categóricos afirmados por Kant, em parte porque tais impulsos aparecem apenas como resultado da experiência e da reflexão, isto é, como resultado da consciência de outras coisas, em parte porque ainda não está traçada de maneira precisa e irrefutável a linha divisória entre o que neles pertence originária e propriamente à natureza humana e o que é acrescentado pela moral e a cultura religiosa. Além disso, provavelmente não é intenção da Real Sociedade trazer a consciência moral para dentro da autoconsciência e, assim, ver a transposição da questão para o terreno da moral e uma repetição da prova, ou melhor, do postulado moral da liberdade de Kant a partir de leis morais conhecidas, mediante a inferência "Podes porque deves".

Pelo que foi dito, fica claro que, de longe, a maior parte de toda a nossa consciência não é a *autoconsciência*, mas a *consciência* de outras coisas, ou a faculdade cognitiva. Esta faculdade é, com todas as suas forças, dirigida para fora e é o palco (e até mesmo, de um ponto de investigação mais profundo, a condição) do mundo exterior real, que ela, de início, apreende intuitivamente para depois, como que ruminando o que foi conquistado por essa via, elaborá-lo em conceitos, em cujas infinitas combinações, realizadas com o auxílio de palavras, consiste o *pensamento*. – Então, antes de tudo, a autoconsciência seria o que nos resta depois de subtrair essa maior parte de toda a nossa consciência. Disso já vemos que sua riqueza não pode ser grande: portanto, se os dados buscados para a prova da liberdade da vontade realmente residem na autoconsciência, podemos esperar que não nos escapem. Um *sentido interno*[2] também foi estabelecido como o órgão da autoconsciência, que, no entanto, deve ser tomado mais figurativamente do que no sentido real: pois a autoconsciência é imediata. Seja como for, nossa próxima pergunta é: o que a autoconsciência contém? Ou: como um ser humano se torna imediatamente consciente de si mesmo? Resposta: absolutamente como um ser que *quer*. Ao observar sua própria autoconsciência, cada um logo perceberá que seu objeto é sempre seu próprio querer. Evidentemente, com isso não devemos compreender apenas os decisivos atos de vontade que imediatamente se tornam realidade, e as decisões formais, juntamente com as ações delas decorrentes; mas quem é capaz de se apegar ao essencial, mesmo com várias modificações de grau e tipo, não hesitará em contar, também, entre as manifestações do querer todo desejar, esforçar-se, cobiçar, exigir, ansiar, esperar, amar, alegrar-se, jubilar e coisas semelhantes, não menos que o não querer ou resistir, e detestar, fugir, temer, irar-se, enlutar-se, padecer, enfim, todos os afetos e as paixões. Pois esses afetos e essas paixões são simplesmente movimentos mais ou menos fracos ou fortes, ora violentos e tempestuosos,

---

2. Ele já pode ser encontrado em Cícero como *tactus interior*: Acad. quaest., IV, 7. Mais claramente em Agostinho, *De lib. arb.*, II, 3ss. Depois em Descartes: *Princ. Phil.*, IV, 190; e totalmente desenvolvido em Locke.

ora tranquilos da vontade própria, que é ou inibida ou liberada, satisfeita ou insatisfeita, e todos eles se referem, em múltiplas expressões, à obtenção ou não obtenção do que é querido, à tolerância ou superação do que é detestado: são, portanto, decisivas afeições da vontade mesma, que é ativa nas resoluções e nas ações[3]. Mas à vontade também pertence o que se chama de sentimentos de prazer e desprazer, que, embora existindo numa grande variedade de graus e tipos, sempre podem ser reduzidos a afeições de desejo ou aversão, ou seja, à vontade que se faz consciente de si mesma como satisfeita ou insatisfeita, impedida ou liberada: isso se estende até mesmo às sensações corporais, agradáveis ou dolorosas, e a todas as inúmeras sensações que se encontram entre esses dois polos. Pois a essência de todas essas afecções consiste em elas entrarem imediatamente na autoconsciência como algo de acordo com a vontade ou em oposição a ela. Em uma consideração mais precisa, estamos imediatamente conscientes até mesmo de nosso próprio corpo apenas como órgão da vontade que age para fora e como sede da receptividade para sensações agradáveis ou dolorosas que, no entanto, como se mencionou há pouco, são reduzidas a afeições totalmente imediatas da vontade, as quais estão de acordo com ela ou em oposição a ela. Em todo caso, incluamos ou não esses meros sentimentos de prazer ou desprazer, descobrimos que esses movimentos da vontade, essa alternância de querer e não querer, que, em seu fluxo e refluxo constantes, constituem o único objeto da autoconsciência, ou, se preferirmos, do sentido interior, estão em relação contínua e universalmente reconhecida com

---

3. É digno de nota que o Padre da Igreja Agostinho já tenha reconhecido isso perfeitamente, enquanto tantas pessoas modernas, com sua suposta "capacidade de sentir", não o veem. Em *de civit. Dei*, Lib. XIV, c. 6, ele fala das *affectionibus animi*, que no livro anterior ele classificou em quatro categorias – *cupiditas, timor, laetitia, tristitia* – e diz: voluntas est quippe in omnibus, imo omnes nihil aliud, quam voluntates sunt: nam quid est cupiditas et laetitia, nisi voluntas in eorum consensionem, quad volumus? et quid est metus atque tristitia, nisi voluntas in dissensionem ab his, quae nolumus? [A vontade está certamente em todas elas, ou melhor, todas elas não são mais do que vontades: pois o que são o desejo e a alegria senão a vontade no consentimento daquilo que queremos? E o que são medo e tristeza senão a vontade na desaprovação do que não queremos?]

o que é percebido e conhecido no mundo exterior. Este último, por outro lado, não está mais, como dissemos, no domínio da autoconsciência imediata, a cujos limites, onde esta se esbarra com o domínio da *consciência de outras coisas*, chegamos tão logo tocamos o mundo exterior. Mas os objetos percebidos nesse mundo exterior são a substância e a causa de todos esses movimentos e atos da vontade. Isso não será interpretado como uma *petitio principii*, pois ninguém pode contestar que nosso querer sempre tem como objeto coisas externas, para as quais se volta, em torno das quais gira e as quais, como motivos, ao menos o incitam, pois, de outra forma, restaria apenas uma vontade completamente desvinculada do mundo exterior e aprisionada no interior escuro da autoconsciência. Por ora, ainda é problemática para nós apenas a necessidade com que essas coisas situadas no mundo exterior determinam os atos da vontade.

Assim, encontramos a autoconsciência muito intensamente, de fato, até mesmo exclusivamente, ocupada com a *vontade*. Agora nossa atenção se dedicará a investigar se a autoconsciência, nesse seu único material, encontra dados dos quais emergiria a liberdade precisamente dessa vontade, no único sentido claro e específico da palavra acima estabelecido; questão esta para a qual atentamos diretamente agora, depois de nos aproximarmos notavelmente dela, embora apenas girando ao seu redor.

II

A VONTADE PERANTE A AUTOCONSCIÊNCIA

Quando um ser humano quer, então ele também quer alguma coisa: seu ato de vontade é sempre dirigido a um objeto e só pode ser pensado em relação a um objeto. O que significa querer algo? Significa: o ato da vontade, que inicialmente é apenas objeto da autoconsciência, surge por ocasião de algo que pertence à consciência de outras coisas, ou seja, é um objeto da faculdade cognitiva, objeto este que, nessa relação, é chamado *motivo* e, ao mesmo tempo, é o material do ato da vontade, na medida em que o ato da vontade se dirige a ele, isto é, visa a alguma mudança nele, e reage a ele: toda a sua essência consiste nessa *reação*. Isso já deixa claro que o ato de vontade não poderia ocorrer sem ele, já que lhe faltariam ocasião e material. Mas surge a questão de saber se, quando este objeto está presente para a faculdade cognitiva, o ato de vontade *deve* também ocorrer, ou se, antes, ele poderia estar ausente, ou ser completamente diferente, provavelmente até oposto; ou seja, se aquela reação poderia também não se produzir, ou, exatamente nas mesmas circunstâncias, ser diferente, até mesmo oposta. Em suma, isso significa: o ato da vontade é necessariamente provocado pelo motivo? Ou melhor, quando o motivo adentra a consciência, a vontade retém total liberdade para querer ou não querer? Aqui, então, o conceito de liberdade é tomado no sentido abstrato que foi acima discutido e se mostrou ser o único aplicável aqui, como mera negação da necessidade e, com isso, nosso problema fica definido. É, porém, na *autoconsciência* imediata que devemos buscar os dados para resolvê-lo e, para tal fim, examinaremos sua exposição com precisão, mas não cortaremos o nó mediante uma decisão sumária, como Descartes, que, sem mais, afirmou: *Liberatis autem et indifferentiae, quae in nobis est, nos ita conscios esse, ut nihil sit, quod evidentius et perfectius comprehendamus* (*Princ. phil.*, I, § 41.) [No entanto, estamos tão cônscios da liberdade e indiferença que existem em nós que não há nada que percebamos com mais clareza e perfeição.] A inadmissibilidade desta afirmação já foi criticada por Leibniz (*Theod.*, 1, § 50, e III, § 292), que neste ponto era, ele próprio, apenas um frágil caniço no vento e, após as mais contraditórias declarações, finalmente chegou à conclusão de que a vontade era de fato inclinada pelos motivos, mas não obrigada por eles. Pois ele diz: *Omnes actiones sunt determinatae, et nunquam indifferentes, quia semper datur ratio inclinans quidem, non tamen necessitans, ut sic potius, quam aliter fiat.* (Leibniz, *De libertate: Opera*, ed. Erdmann, p. 669.) [Todas as ações são determinadas, e nunca indiferentes, porque há sempre uma razão que nos inclina, mas não nos obriga necessariamente a agir assim e não de outra forma.] Isso me fornece ensejo para observar que esse caminho intermediário entre as alternativas apresentadas acima não é sustentável e não se pode dizer, de acordo com certo favorecimento a meias medidas, que os motivos determinam a vontade apenas até certo ponto, que ela sofre sua influência, mas apenas até certo ponto, e então pode se desvencilhar dela. Pois, tão logo atribuamos causalidade a uma dada força, isto é, reconheçamos que ela é eficaz, então, no caso de qualquer resistência, será preciso apenas intensificar a força, proporcionalmente à resistência, e ela completará seu efeito. Quem não pode ser subornado com 10 ducados, mas hesita, será subornado com 100, e assim por diante.

Com nosso problema, voltamo-nos, portanto, para a *autoconsciência* imediata, no sentido que estabelecemos acima. Que informação essa autoconsciência nos fornece sobre aquela questão abstrata, a saber, sobre a aplicabilidade ou não do conceito de *necessidade* à ocorrência do ato da vontade após o motivo dado, isto é, apresentado ao intelecto? Ou sobre a possibilidade, ou impossibilidade, de sua ausência em tal caso? Nós nos acharíamos muito enganados se esperássemos dessa autoconsciência informações completas e profundas da causalidade em geral e da motivação em particular, bem como sobre a eventual necessidade que ambas trazem consigo; pois a autoconsciência, tal como é radicada em todos os homens, é uma coisa demasiado simples e limitada para ter voz sobre tais assuntos. Esses conceitos derivam, antes, do entendimento puro, que é dirigido para fora, e só podem ser debatidos diante do fórum da razão reflexiva. Por outro lado, essa autoconsciência natural, simples, até mesmo simplória, não consegue sequer entender a pergunta, muito menos respondê-la. Sua declaração sobre os atos de vontade, que todos podem escutar em seu próprio ser interior, quando despojada de tudo o que é estranho e inessencial e reduzida ao seu conteúdo puro, pode ser expressa assim: "Posso querer, e quando for querer uma ação, os membros móveis do meu corpo vão realizá-la imediatamente, enquanto eu simplesmente quiser, de modo totalmente inevitável". Isso significa, em resumo: *"Eu posso fazer o que quero"*. A declaração da autoconsciência imediata não vai mais longe, por mais que a variemos, e não importa qual a forma em que coloquemos a questão. Sua afirmação sempre se refere, portanto, a *poder fazer segundo a vontade*: mas este é o conceito empírico, originário e popular de liberdade estabelecido logo no início, segundo o qual *livre* significa "de acordo com a vontade". A autoconsciência afirmará essa liberdade incondicionalmente. Mas não é por ela que estamos perguntando. A autoconsciência afirma a liberdade do *fazer* sob o pressuposto do *querer*: mas é a liberdade do *querer* que foi questionada. Isto é, estamos investigando a relação entre a própria vontade e o motivo: mas essa afirmação, "posso fazer o que quero", não contém nada a respeito. A dependência do nosso fazer, isto é, de nossas ações corporais, em relação à nossa vontade, que a autoconsciência efetivamente afirma, é algo bem diferente da independência de nossos atos de vontade em relação às circunstâncias externas, que constituiria a liberdade da vontade, mas sobre a qual a autoconsciência nada pode dizer por que ela se situa fora da esfera da autoconsciência. De fato, a liberdade da vontade concerne à relação causal entre o mundo exterior (que nos é dado como consciência de outras coisas) e nossas decisões, mas a autoconsciência não pode julgar a relação entre o que está inteiramente fora de seu domínio e o que está dentro dele. Pois nenhuma potência cognitiva pode estabelecer uma relação, quando um dos membros desta não pode de modo algum ser dado a ela.

Obviamente, porém, os *objetos* do querer, que são precisamente os que determinam o ato de querer, encontram-se na consciência *de outras coisas*, fora dos limites da *autoconsciência*; o ato da vontade se encontra, ele próprio, *dentro* da consciência de outras coisas, e a questão que se levanta é a respeito da relação causal entre tais coisas e o ato da vontade. O único assunto da autoconsciência é o ato da vontade, juntamente com seu domínio absoluto sobre os membros do corpo, o que propriamente significa aquele "o que eu quero". É também apenas o uso desse domínio, isto é, a *ação*, que o etiqueta como um ato de vontade, até mesmo para a autoconsciência. Pois enquanto está em processo de tornar-se, ele é chamado de *desejo* e, quando pronto, é chamado de *decisão*; mas apenas a *ação* prova para a autoconsciência que ele é uma decisão, pois até chegar a ela, ele é alterável. E aqui já estamos na fonte principal daquela inegável ilusão, com base na qual o indivíduo ingênuo (isto é, filosoficamente inculto) pensa que, num caso dado, atos de vontade opostos lhe são possíveis, insistindo em sua autoconsciência, que, opina ele, afirma isso. Ele confunde desejar com querer. Ele pode desejar coisas opostas[4] ; mas só pode querer uma delas: e é também a que primeiramente revela à autoconsciência qual delas é. Mas a autoconsciência não pode conter nada sobre a férrea necessidade em virtude da qual, de dois desejos opostos, um e não o outro se torna ato de vontade e ação, justamente porque ela experimenta o resultado inteiramente *a posteriori*, mas não o conhece *a priori*. Desejos opostos, com seus motivos, sobem e descem diante dela, alternada e repetidamente: a respeito de cada um deles, ela diz que se tornará ação quando se tornar um ato de vontade. Pois esta última possibilidade puramente *subjetiva* está, de fato, presente com cada um deles e é justamente o "eu posso fazer o que quero". Mas essa possibilidade *subjetiva* é inteiramente hipotética: ela simplesmente diz "*se* eu quero isso, posso *fazê*-lo". Mas a determinação exigida para o querer não reside nisso, pois a autoconsciência contém meramente o querer, mas não as razões determinantes do querer, que estão na consciência de outras coisas, isto é, na faculdade cognitiva. Por outro

---

4. Cf. *Parerga*, v. 2, § 327 da 1ª edição (§ 339 da 2ª edição).

lado, é a possibilidade *objetiva* que faz pender a balança: mas ela se encontra fora da autoconsciência, no mundo dos objetos, ao qual pertencem o motivo e o ser humano como objeto, sendo, portanto, alheia à autoconsciência e pertencendo à consciência de outras coisas. Aquela possibilidade *subjetiva* é da mesma espécie da possibilidade que tem a pedra de produzir faíscas, mas é condicionada pelo aço, ao qual se fixa a possibilidade *objetiva*. Voltarei a isso partindo do outro lado na seção seguinte, onde não mais consideraremos a vontade desde dentro, como fizemos aqui, mas de fora e, portanto, investigaremos a possibilidade *objetiva* do ato de vontade: então, depois de iluminado ambos os lados, o assunto ganhará total nitidez e também será elucidado por exemplos.

Assim, o sentimento do "posso fazer o que quero", que se encontra na autoconsciência, nos acompanha constantemente, mas apenas significa que as resoluções ou os decididos atos de nossa vontade, embora tenham origem nas profundezas escuras de nosso ser interior, sempre transitarão imediatamente para o mundo intuitivo, pois a este pertence nosso corpo, como tudo o mais. Essa consciência forma a ponte entre o mundo interior e o mundo exterior, os quais, não fosse por isso, permaneceriam separados por um abismo sem fundo, pois no mundo exterior haveria, como objetos, meras intuições independentes de nós de todos os modos, enquanto no interior haveria apenas atos de vontade infrutíferos e meramente sentidos. – Se perguntássemos a um homem comum, ele expressaria essa consciência imediata, que tantas vezes é tomada por uma consciência de uma suposta liberdade de vontade, mais ou menos nos seguintes termos: "Posso fazer o que quero: se quero ir para a esquerda, vou para a esquerda: se quero ir para a direita, vou para a direita. Isso depende inteiramente da minha vontade: portanto, sou livre". No entanto, esta afirmação é completamente verdadeira e correta, só que nela a vontade já se encontra no pressuposto, pois supõe que a vontade já decidiu: portanto, nada pode ser concluído a respeito de sua própria condição de ser livre. Pois tal afirmação não fala de modo algum da dependência ou independência da *ocorrência* do ato da vontade mesmo, mas apenas das *consequências* desse ato tão logo ele ocorre, ou, para dizer com mais exatidão, de sua inevitável manifestação como uma ação do corpo. É somente a consciência na base dessa afirmação que permite ao homem ingênuo, filosoficamente inculto, que ao mesmo tempo pode ser grande perito em outras áreas, considerar a liberdade da vontade algo tão imediatamente certo que ele a expressa como uma verdade indubitável e não pode realmente acreditar que os filósofos duvidem seriamente dela. Ao contrário, em seu coração ele pensa que toda a conversa sobre isso é mera prática de esgrima da dialética escolástica e, no fundo, uma diversão. Mas justamente porque a certeza dada por essa consciência, que é certamente importante, lhe está sempre tão à mão, e também porque o homem, como ser primária e essencialmente prático, e não teórico, é sempre mais consciente do lado ativo de seus atos de vontade, isto é, de sua eficácia, do que do *passivo*, isto é, de sua dependência: justamente por isso é difícil tornar o real significado de nosso problema compreensível para a pessoa filosoficamente inculta e levá-la a entender que a questão agora não é sobre as *consequências*, mas sobre as *razões* de qualquer querer seu; que seu fazer depende, de fato, inteiramente de sua vontade, mas que agora exigimos saber de que depende seu *querer mesmo*, se de nada ou de alguma coisa; que ele certamente pode *fazer* uma coisa se quiser, e muito bem *fazer* outra se quiser: mas que agora ele deve refletir se é capaz de *querer* tanto uma quanto a outra. Com esta intenção, suponha-se que formulemos a pergunta à pessoa da seguinte maneira: "Dos desejos opostos que surgiram dentro de ti, podes realmente dar seguimento tanto a um deles como ao outro? Por exemplo, na escolha entre dois objetos de posse mutuamente exclusivos, também podes preferir tanto a um quanto ao outro?" Então ele dirá: "Talvez a escolha possa ser difícil para mim, mas sempre dependerá inteiramente de mim se *quero* escolher um ou outro, e de nenhum outro poder: pois tenho total liberdade de escolher qual eu *quero*, e nisto seguirei sempre apenas minha *vontade*". – Se alguém disser agora: "Mas teu próprio querer, de que depende ele?", o homem responderá com base na autoconsciência: "De nada senão de mim! Posso querer o que quero: o que quero, eu o quero". – E ele diz a última frase sem o propósito de dizer uma tautologia, nem mesmo, em sua consciência mais íntima, de apoiar-se no princípio de identidade, somente em virtude do qual a sua frase é verdadeira. Em vez disso, pressionado ao extremo aqui, ele fala de um querer de seu querer, que é como se estivesse falando de um eu de seu eu. Nós o reconduzimos ao cerne de sua autoconsciência, onde ele encontra seu eu e sua vontade como indistinguíveis, mas não sobra nada para julgar a ambos. Indagar se, naquela escolha, seu *próprio querer* uma coisa e não outra, quando sua pessoa e os objetos de sua escolha são aqui assumidos como dados, poderia também ter um resultado diferente do que resulta finalmente; ou se, a partir dos dados há pouco assumidos, seu querer é tão necessariamente estabelecido quanto o fato de que o maior lado no triângulo defronta o ângulo maior – essa é uma questão que está tão afastada da *autoconsciência* natural que ela não pode sequer compreendê-la, muito menos trazer dentro de si a resposta pronta, nem mesmo apenas como germe por desenvolver, que ela precisaria apenas emitir ingenuamente. – Assim, a pessoa sem preconceitos, mas filosoficamente inculta, sempre tentará, diante da perplexidade que a pergunta deve provocar quando realmente compreendida, fugir para trás dessa imediata certeza presente em "o que quero, posso fazer, e quero o que quero", como dito acima. Ela tentará isso repetidamente, incontáveis vezes; de modo que será difícil fazê-la deter-se diante da questão real, da qual está sempre tentando escapar. E não a culpemos por isso, pois a questão é, de fato, demasiado inquietante. Com sua mão inquisitiva, ela toca na essência mais interna do homem: ela quer saber se ele constitui uma exceção a toda a natureza ou se ele também, como tudo no mundo, é um ser decidido de uma vez por todas por sua própria constituição, um ser que, como qualquer outro na natureza, tem suas propriedades fixas, persistentes, das quais suas reações às ocasiões externas que se apresentam emergem necessariamente. Reações, portanto, que carregam um caráter que nesse aspecto é imutável; e, consequentemente, no que pode ser modificável nelas, estão completamente à mercê da determinação por ocasiões externas. Se finalmente conseguimos fazer esse homem se deter diante dessa questão inquietante e deixar-lhe claro que a investigação é sobre a origem de seus próprios atos de vontade, sobre a possível regra ou total falta de regras de sua ocorrência, descobriremos que a autoconsciência imediata não contém nenhuma informação sobre isso. Aqui, o homem sem preconceitos se desvia dela e revela sua perplexidade mediante reflexão e todos os tipos de tentativas de explicação, cujas razões ele tenta extrair seja da experiência que teve em si mesmo e nos outros, seja das regras gerais do entendimento; mas, com a incerteza e a vacilação de suas explicações, ele mostra suficientemente que sua autoconsciência imediata não fornece nenhuma informação sobre a questão agora corretamente compreendida, ao passo que um pouco antes ela prontamente a forneceu para a pergunta erroneamente compreendida. Isso se deve, em última análise, ao fato de que a vontade da pessoa é seu próprio *eu*, o cerne verdadeiro de seu ser: por isso, ela constitui o fundamento de sua consciência, como algo simplesmente dado e presente, além do qual ele não pode ir. Porque ele mesmo é como quer, e quer como ele é. Por isso, perguntar-lhe se ele também poderia querer diferentemente do que ele quer é perguntar-lhe se ele também poderia ser outro que não ele mesmo: e ele não sabe disso. Pela mesma razão, o filósofo, que só difere desta primeira pessoa pela prática, deve, se quiser obter clareza nesta difícil questão, recorrer, como última e única instância competente, ao seu entendimento, que fornece conhecimentos *a priori*; à razão, que reflete sobre eles, e à experiência, que lhe apresenta seu fazer e o fazer de outros para interpretação e controle daquele conhecimento do entendimento. A decisão mediante tal instância não será tão fácil, tão direta e simples quanto a da autoconsciência, mas será relevante e suficiente. É a cabeça que formulou a questão, e ela também deve respondê-la.

Aliás, não deve nos surpreender que a autoconsciência imediata não tenha resposta para essa pergunta abstrusa, especulativa, difícil e inquietante. Porque a autoconsciência é uma parte muito limitada de nossa consciência total, que, escura em seu interior, é dirigida completamente para fora com todos os seus poderes cognitivos objetivos. Todos os seus conhecimentos perfeitamente seguros, ou seja, aqueles conhecidos *a priori*, dizem respeito apenas ao mundo exterior, e aí ela pode decidir com certeza, de acordo com certas leis gerais enraizadas em si mesma, o que é possível lá fora, o que é impossível, o que é necessário; e, por essa via, ela dá origem *a priori* à matemática pura, à lógica pura, e até mesmo aos fundamentos da ciência natural pura. Primeiramente, a aplicação de suas formas conhecidas *a priori* aos dados apresentados à percepção sensorial fornece-lhe o mundo externo intuitivo, real e, portanto, a experiência; além disso, a aplicação da lógica e da capacidade de pensamento que lhe é subjacente ao mundo externo fornecerá os conceitos, o mundo dos pensamentos, e, com isso, por sua vez, assim, as ciências, seus feitos etc. *Ali fora*, portanto, encontra-se grande brilho e clareza diante de seu olhar. Mas dentro é escuro, como um telescópio bem enegrecido: nenhum princípio *a priori* ilumina a noite de seu próprio interior; ao contrário, esses faróis irradiam apenas para fora. Como explicado acima, nada está presente perante o assim chamado sentido interno, a não ser a própria vontade, a cujos movimentos todos os chamados sentimentos internos também podem realmente ser reduzidos. No entanto, tudo o que essa percepção interna da vontade produz reduz-se, como mostrado acima, ao querer e ao não querer, junto com a elogiada certeza "o que quero, eu posso fazê-lo", que realmente significa: "Cada ato de minha vontade eu o vejo imediatamente (de uma maneira completamente incompreensível para mim) como uma ação do meu corpo" – o que, estritamente falando, é uma proposição empírica para o sujeito cognoscente. Nada além disso pode ser encontrado aqui. O tribunal é, portanto, incompetente para a questão levantada: de fato, ela não pode, em seu verdadeiro sentido, ser trazida à sua presença, pois ele não a compreende.

Agora, resumirei mais uma vez, de maneira mais breve e fácil, a resposta que obtivemos para a questão feita à autoconsciência. A *autoconsciência* de cada um diz claramente que ele pode fazer o que quer. No entanto, como ações inteiramente opostas agora podem ser pensadas como *queridas* por ele, segue-se que ele também *pode fazer* o contrário, *se quiser*. Mas o entendimento rude confunde isso com o fato de que, em um caso dado, ele também *possa* querer o contrário, e chama isso de *liberdade de vontade.* No entanto, que ele pode, num caso dado, *querer* coisas opostas não está contido na afirmação anterior, mas apenas que, de duas ações opostas, se ele *quer esta* pode fazê-la, e se *quer aquela* pode fazê-la também: mas se ele poderia *querer* tanto uma como no caso dado permanece sem resolução por essa via e é o objeto de um exame mais aprofundado do que aquele que pode ser decidido pela mera autoconsciência. A fórmula mais curta, embora escolástica, para esse resultado seria: a afirmação da autoconsciência diz respeito à vontade apenas *a parte post*; a questão sobre a liberdade, por outro lado, diz respeito à vontade *a parte ante.*

Portanto, aquela inegável afirmação da autoconsciência "posso fazer o que quero" não contém e nada decide sobre a liberdade da vontade, a qual consistiria em que nenhum ato da vontade em si, no caso individual, ou seja, com um dado caráter individual, não seria determinado necessariamente pelas circunstâncias externas em que essa pessoa se encontra, mas poderia agora ter tanto um resultado quanto outro. Mas a autoconsciência permanece completamente silenciosa sobre isso: pois a matéria está inteiramente fora de sua esfera, pois repousa na relação causal entre o mundo exterior e o ser humano. Se perguntarmos a uma pessoa de entendimento são, mas desprovida de educação filosófica, em que consiste a liberdade da vontade, que ela afirma tão prontamente com base em sua autoconsciência, ela responderá: "No fato de que posso fazer o que quero, contanto que não haja um obstáculo *físico*". Então ela está sempre falando da relação entre seu *fazer* e seu *querer.* Mas, como mostrado no primeiro capítulo, isso ainda é apenas liberdade *física.* Se ainda lhe perguntarmos se ela pode, no caso dado, *querer* tanto uma coisa quanto seu oposto, ela, em seu primeiro ímpeto, certamente dirá que sim, mas tão logo comece a entender o significado da pergunta, também começará a mostrar hesitação, finalmente cairá na incerteza e na confusão e, a partir disso, preferirá se refugiar atrás de seu tema "Posso fazer o que quero" e entrincheirar-se ali contra todas as razões e todo raciocínio. Mas a resposta correta a seu tema, como espero deixar fora de qualquer dúvida no capítulo seguinte, seria:

"Podes *fazer* o que *queres*, mas, em cada momento dado de sua vida, podes *querer* apenas uma coisa determinada e absolutamente nada mais além desta".

A discussão contida neste capítulo já deve ter dado uma resposta à questão da Real Sociedade, e, por certo, uma resposta negativa; mas apenas no que tange ao ponto principal, já que esta exposição do estado de coisas da autoconsciência também receberá algum aperfeiçoamento no que se segue. Mas, até mesmo para nossa resposta negativa há, em *um* caso, outra comprovação. Pois, se nos dirigirmos agora com a questão para aquela autoridade à qual anteriormente nos referimos como a única competente, a saber, ao entendimento puro, à razão que reflete sobre os dados deste entendimento e à experiência que se segue de ambos, e se a decisão destes mostrasse que absolutamente não existe um *liberum arbitrium*, mas sim que a ação humana, como tudo na natureza, ocorre em cada caso dado como um efeito necessário, então isso nos daria a certeza ainda de que na autoconsciência imediata *não podem sequer residir os dados* a partir dos quais se poderia demonstrar a existência do *liberum arbitrium* pelo qual se pergunta. Com isso, por meio da inferência *a non posse ad non esse*, que é a única maneira possível de estabelecer *a priori* verdades *negativas*, nossa decisão receberia uma fundamentação racional, além daquela empírica apresentada até agora, e então estaria duplamente assegurada. Pois uma nítida contradição entre as afirmações imediatas da autoconsciência e os resultados dos princípios fundamentais do entendimento puro, juntamente com sua aplicação à experiência, não deve ser aceita como possível: tal autoconsciência enganadora não pode ser nossa. A esse propósito, deve-se notar que nem mesmo a suposta antinomia sobre esse tema formulada por Kant deveria decorrer, nem nele mesmo, do fato de tese e antítese procederem de diferentes fontes de conhecimento, uma de enunciados da autoconsciência, a outra da razão e da experiência; ao contrário, tese e antítese argumentam, ambas, segundo razões supostamente objetivas, embora a tese não se baseie em nada além da razão preguiçosa, isto é, na necessidade de deter-se em algum ponto no regresso, enquanto a antítese tem para si razões realmente objetivas.

Esta investigação *indireta*, a ser realizada agora no campo da faculdade cognitiva e do mundo exterior que a defronta, ao mesmo tempo lançará muita luz sobre a investigação *direta* realizada até este momento e servirá, assim, para complementá-la, ao desvelar os enganos naturais que resultam da falsa interpretação daquela afirmação extremamente simples da autoconsciência, quando esta entra em conflito com a consciência de outras coisas, que é a faculdade do conhecimento e está enraizada no mesmo sujeito dotado da autoconsciência. De fato, somente ao final desta investigação indireta nos despontará alguma luz sobre o verdadeiro significado e conteúdo desse "eu quero" que acompanha todas as nossas ações, e sobre a consciência da originariedade e autonomia em virtude das quais elas são *nossas* ações; e, com isso, a investigação direta conduzida até este ponto será, por fim, completada.

III

A VONTADE PERANTE A CONSCIÊNCIA
DE OUTRAS COISAS

Se agora nos voltamos, com nosso problema, para a faculdade cognitiva, sabemos de antemão que, como essa faculdade é essencialmente dirigida para fora, a vontade não pode ser objeto de percepção imediata para ela, como o foi para a autoconsciência, que, todavia, se revelou incompetente em nosso tema. Também sabemos que aqui só podem ser considerados os *seres* dotados de vontade que estão presentes perante a faculdade de conhecer como fenômenos objetivos e externos, isto é, como objetos da experiência; e agora devem ser examinados e julgados como tais, em parte de acordo com regras gerais, certas *a priori* e fixas para a experiência em geral, de acordo com sua possibilidade, e em parte de acordo com os fatos que a experiência acabada e realmente presente proporciona. Assim, não estamos mais lidando, como antes, com a *vontade* mesma, pois ela só se manifesta para o sentido interno, mas com *seres movidos pela vontade*, que são objetos do sentido externo. Mesmo que isso nos ponha na desvantagem de ter de olhar para o objeto real de nossa pesquisa apenas indiretamente e de uma distância maior, ela é superada pela vantagem de que agora podemos usar em nossa investigação um órgão muito mais perfeito do que a obscura, embotada e unilateral autoconsciência, o chamado sentido interno: a saber, o *entendimento*, equipado com todos os sentidos externos e todos os poderes para a apreensão *objetiva*.

Como a forma mais geral e fundamental desse entendimento encontramos a *lei da causalidade*, pois somente por sua mediação se dá a intuição do mundo exterior real. Na intuição, apreendemos as afecções e as mudanças sentidas em nosso corpo imediata e diretamente como "efeitos" e (sem orientação, instrução e experiência) realizamos instantaneamente a transição deles para suas *"causas"*, que agora, justamente por esse processo intelectual, se apresentam como *objetos no espaço*[5]. Disso fica irrefutavelmente claro que a *lei da causalidade* nos é conhecida *a priori*, consequentemente como algo *necessário* em relação à possibilidade de toda experiência em geral, sem precisarmos da prova indireta, difícil, até mesmo insuficiente que Kant ofereceu para essa importante verdade. A lei da causalidade permanece vigente *a priori* como a regra geral à qual todos os objetos reais no mundo externo estão submetidos, sem exceção. Ela deve essa falta de exceção precisamente à sua *aprioridade*. A lei se refere essencial e exclusivamente a *mudanças*, e diz que onde quer que e sempre que, no mundo objetivo, real, material, qualquer coisa, grande ou pequena, *muda*, muito ou pouco, então necessariamente alguma outra coisa deve ter *mudado* pouco antes, e para que ela tenha mudado, outra coisa antes dela também deve ter mudado, e assim até o infinito, sem que nunca se possa avistar, nem mesmo pensar como possível, muito menos pressupor algum ponto de partida dessa série regressiva de mudanças, que preenche o tempo, tal como a matéria preenche o espaço. Pois a pergunta que se autorrenova incansavelmente – "o que provocou essa mudança?" – nunca concede ao entendimento um ponto final de descanso, por mais que ele possa se cansar: por isso, uma causa primeira é tão impensável quanto um início do tempo ou um limite do espaço. – A lei da causalidade não afirma nada menos que quando a mudança anterior – a causa – ocorreu, a posterior provocada por ela – o efeito – deve ocorrer inevitavelmente e, portanto, se segue *necessariamente*. Mediante esse caráter de *necessidade*, a lei de causalidade mostra ser uma forma do *princípio de razão*, que é a forma mais geral de toda a nossa faculdade cognitiva total e que, assim como se apresenta no mundo real como causalidade, também no mundo do pensamento se manifesta como uma lei lógica da razão do

---

5. A exposição minuciosa dessa doutrina se encontra no *Tratado sobre o princípio da razão*, § 21.

conhecimento, e também no espaço vazio, mas intuído *a priori*, como lei da interdependência estritamente necessária das posições de todas as partes; demonstrar especial e detalhadamente tal dependência necessária é o único tema da geometria. Portanto, como expliquei no início, *ser necessário* e *ser consequência de uma razão dada* são conceitos intercambiáveis.

Todas as *mudanças* que ocorrem nos objetos que se encontram no mundo externo real estão, portanto, sujeitas à lei da causalidade e, por conseguinte, ocorrem como *necessárias* e inevitáveis quando e onde quer que ocorram. – Não pode haver exceção a isso, pois a regra vale *a priori* para todas as possibilidades da experiência. Mas no que diz respeito à sua *aplicação* a um caso dado, a única questão a fazer é se nele se trata de uma *mudança* num objeto real dado na experiência externa: enquanto é assim, suas mudanças estão sujeitas à aplicação da lei da causalidade, isto é, devem ser produzidas por uma causa e, justamente por isso, devem ser produzidas de maneira necessária.

Se agora – com nossa regra geral, certa *a priori* e, portanto, válida para toda experiência possível sem exceção – nos aproximamos mais desta experiência mesma e consideramos os objetos reais dados nela, a cujas mudanças nossa regra se refere, logo notamos nesses objetos algumas diferenças principais bastante profundas, de acordo com as quais eles há muito são classificados: a saber, tais objetos são em parte inorgânicos, isto é, inanimados, e em parte orgânicos, isto é, vivos, os quais, por sua vez, são em parte plantas, em parte animais. Encontramos estes últimos, embora essencialmente semelhantes entre si e correspondentes ao seu conceito, numa sequência de graus de perfeição extremamente variada e sutilmente matizada, desde aqueles que ainda são quase aparentados com as plantas, difíceis de distinguir delas, até os mais perfeitos, que correspondem plenamente ao conceito de animal: no ápice dessa sequência de graus, vemos o ser humano – nós mesmos.

Se agora, sem nos deixarmos enganar por essa diversidade, considerarmos todos esses seres apenas como objetos reais e objetivos da experiência, e avançarmos, de acordo com isso, para a aplicação de nossa lei da causalidade (certa *a priori* para a possibilidade de toda experiência) às mudanças que podem estar ocorrendo em tais seres, constataremos que a experiência, de fato, em toda parte se realiza de acordo com a lei certa *a priori*; no entanto, à grande *diversidade* na natureza de todos esses objetos da experiência também corresponde uma adequada modificação na maneira como a causalidade prevalece sobre eles. Mais precisamente: em correspondência com a tríplice diferença entre corpos inorgânicos, plantas e animais, a causalidade que governa todas as suas mudanças aparece também em três formas, a saber, como causa no sentido mais estrito da palavra, ou como *estímulo*, ou *motivação* – sem que essa modificação prejudique minimamente sua validade *a priori* e, consequentemente, a necessidade do efeito que essa validade estabelece.

A *causa* no sentido mais estrito da palavra é aquela em virtude da qual ocorrem todas as mudanças mecânicas, físicas e químicas dos objetos da experiência. É caracterizada em todos os lugares por dois traços: em primeiro lugar, pelo fato de que a ela se aplica a terceira lei básica de Newton, "ação e reação são iguais": isto é, o estado anterior, que é chamado de causa, sofre uma mudança igual à mudança do estado seguinte, que se chama efeito. – Em segundo, que, de acordo com a segunda lei de Newton, o grau do efeito é sempre exatamente proporcional ao grau da causa; consequentemente uma intensificação desta também provoca uma intensificação igual daquele; de modo que, uma vez conhecido o tipo de ação, a partir do grau de intensidade da causa pode-se imediatamente conhecer, medir e calcular o grau do efeito e vice-versa. Na aplicação empírica desta segunda característica, não devemos, porém, confundir o efeito genuíno com sua aparência visível. Por exemplo, não se deve esperar que, na compressão de um corpo, seu tamanho sempre diminuirá, proporcionalmente ao aumento da força de compressão. Pois o espaço para dentro do qual o corpo é forçado fica sempre mais estreito e, consequentemente, a resistência aumenta: e, ainda que aqui o efeito genuíno, que é a compressão, realmente aumente na proporção da causa, como diz a lei de Mariotte, isso não deve ser entendido a partir de sua aparência visível. Além disso, o calor fornecido à água causará aquecimento até certo grau, mas além desse grau apenas evaporação rápida: nesta ocorre novamente a mesma relação entre o grau de causa e o grau de efeito, como se dá em muitos casos. São essas *causas no sentido mais estrito* que originam as mudanças em todos os corpos *inanimados*, isto é, *inorgânicos*. O conhecimento e a suposição de causas desse tipo regem a consideração de todas as mudanças que são objeto da mecânica, hidrodinâmica, física e química. O ser determinado exclusivamente por causas desse tipo é, portanto, a característica genuína e essencial de um corpo inorgânico ou inanimado.

O segundo tipo de causas é o *estímulo*, isto é, aquela causa que, em primeiro lugar, não sofre *nenhuma* reação em proporção à sua influência; e, em segundo lugar, não há absolutamente nenhuma proporcionalidade entre sua intensidade e a intensidade do efeito. Consequentemente, o grau do efeito não pode aqui ser medido e determinado de antemão de acordo com o grau da causa: ao contrário, um pequeno aumento no estímulo pode causar um aumento enorme no efeito, ou, inversamente, suprimir o efeito anterior por completo ou, até mesmo, produzir um oposto. Por exemplo, sabe-se que as plantas podem ser levadas a um crescimento extraordinariamente rápido pelo calor ou pela mistura de cal à terra, na medida em que essas causas atuam como estímulos à sua força vital: mas se o grau apropriado de estímulo é levemente excedido, o resultado será, ao invés de vida aumentada e acelerada, a morte da planta. Da mesma forma, podemos usar vinho ou ópio para instigar e elevar consideravelmente nossos poderes mentais: mas se a medida certa do estímulo for excedida, o resultado será exatamente o oposto. – São causas desse tipo, isto é, *estímulos*, que determinam todas as mudanças nos organismos *como tais*. Todas as mudanças e desenvolvimentos nas plantas, e todas as mudanças puramente orgânicas e vegetativas, ou funções, dos corpos dos animais ocorrem em resposta a *estímulos*. É desse modo que luz, calor, ar, nutrição, toda droga, todo toque, fertilização etc. atuam sobre eles. – Enquanto a vida dos animais tem uma esfera completamente diferente, da qual falarei em breve, toda a vida das *plantas*, por outro lado, procede exclusivamente de acordo com *estímulos*. Toda sua assimilação, crescimento, tendência da corola em direção da luz, com as raízes para um solo melhor, sua fertilização, germinação etc. são mudança a partir de *estímulos*. No caso de algumas espécies, há também um movimento rápido peculiar, que também ocorre apenas em resposta a estímulos, razão pela qual são chamadas de plantas sensitivas. Como se sabe, estas são principalmente a *Mimosa pudica*, o *Hedysarum gyrans* e a *Dionaea muscipula*. O ser determinado exclusivamente e sem exceção por estímulos é o caráter da planta. Consequentemente, uma *planta* é todo corpo cujos movimentos e mudanças peculiares, apropriados à sua natureza, ocorrem sempre e exclusivamente à base de *estímulos*.

O terceiro tipo de causas motoras é o que marca o caráter dos animais: a *motivação*, isto é, a causalidade que passa pela *cognição*. Na sucessão de níveis dos seres naturais, ela ocorre no ponto em que o ser mais complexo e, portanto, possuidor de necessidades múltiplas não pode mais satisfazê-las apenas por ocasião do estímulo, que deve ser aguardado; ao contrário, ele tem de estar em condição de escolher, adotar e até mesmo buscar os meios de satisfação. Portanto, em seres deste tipo, em vez da mera receptividade a estímulos e do movimento subsequente a eles, ocorre a receptividade a *motivos*, isto é, uma faculdade de representação, um intelecto, em inúmeros graus de perfeição, que materialmente se apresenta como sistema nervoso e cérebro, e com ela justamente se apresenta a consciência. Sabe-se que a vida animal tem, em sua base, uma vida vegetal, que como tal procede apenas em resposta a estímulos. Mas todos os movimentos que o *animal* executa como animal, e que, precisamente por isso, dependem do que a fisiologia chama de *funções animais*, ocorrem em consequência de um objeto reconhecido, isto é, ocorrem à *base de motivos*. De acordo com isso, um *animal* é todo corpo cujos movimentos e mudanças externos peculiares e apropriados à sua natureza são sempre subsequentes a *motivos*, isto é, a certas representações presentes à sua consciência já pressuposta. Por mais infinitas gradações que a capacidade de representação e, com ela, a consciência possam ter na série dos animais, existe em cada um destes o suficiente para que o motivo se lhe apresente e ocasione seu movimento. Desse modo, a força motriz interna, cuja expressão individual é provocada pelo motivo, revela-se à autoconsciência agora existente como aquilo que nós designamos com a palavra *vontade*.

Ora, nem mesmo para observação externa, que é nosso ponto de vista aqui, pode haver dúvida sobre se um determinado corpo se move em resposta a estímulos ou a motivos, tão evidentemente diferente é o modo de atuação de um estímulo do modo de atuação de um motivo. O estímulo sempre atua por contato direto, ou mesmo por intussuscepção, e até mesmo onde isso não é visível, como quando o estímulo é o ar, a luz, o calor, ele se revela pelo fato de o efeito ter uma relação inequívoca com a duração e a intensidade do estímulo, ainda que essa relação não permaneça igual em todos os graus do estímulo. Por outro lado, onde um *motivo* causa o movimento, todas essas diferenças desaparecem por completo. Pois aqui o meio genuíno e mais próximo de influência não é a atmosfera, mas apenas o *conhecimento*. O objeto que atua como motivo não precisa de absolutamente nada mais do que *ser percebido, conhecido*, não importando por quanto tempo ele veio à percepção, se de perto ou longe, e com que clareza. Todas essas diferenças não alteram em nada o grau do efeito aqui: uma vez percebido, o motivo atua exatamente da mesma maneira, pressupondo que seja, em geral, um fator determinante da vontade a ser excitada aqui. Pois também as causas físicas e químicas, assim como os estímulos, só têm efeito se o corpo a ser afetado é receptivo a eles. Há pouco, eu disse "vontade a ser excitada aqui": pois, como já foi mencionado, o que realmente confere ao motivo a força de atuar, a mola secreta do movimento que ele suscita, revela-se aqui ao próprio ser, interna e imediatamente, como aquilo que a palavra *vontade* designa. No caso de corpos que se movem exclusivamente por estímulos (plantas), chamamos essa persistente condição interna de força vital; no caso de corpos que simplesmente se movem por causas no sentido mais estrito, nós a chamamos força natural, ou qualidade: ela é sempre pressuposta por explicações como o inexplicável, porque aqui não há no interior do ser nenhuma autoconsciência à qual ela seria imediatamente acessível. Mas perguntar se essa condição interna de sua reação às causas externas, radicada em tais seres sem cognição, até mesmo sem vida, seria – se partíssemos do fenômeno em geral e quiséssemos investigar o que *Kant* chama coisa em si – idêntica em sua essência ao que chamamos *vontade* em nós, como um filósofo recente realmente nos quis demonstrar: deixo tal pergunta em aberto, mas sem querer contradizê-la diretamente[6].

Por outro lado, não posso deixar de discutir a diferença que, no caso da motivação, produz o que distingue a consciência humana frente a qualquer consciência animal. Isso que a palavra *razão* propriamente designa consiste no fato de que o homem não é, como o animal, apenas capaz de uma apreensão *intuitiva* do mundo exterior, mas é capaz de abstrair dela conceitos gerais (*notiones universales*), que ele, para fixar e conservá-los em sua consciência sensível, designa com palavras e realiza entre elas inúmeras combinações. Estas, tal como os conceitos em que elas consistem, sempre se referem ao mundo intuitivamente conhecido, mas propriamente constituem o que se chama *pensar*, o qual torna possíveis as grandes vantagens da espécie humana sobre todas as outras: a saber, a linguagem, a circunspecção, o olhar sobre o passado, a preocupação com o futuro, a intenção, o propósito, a ação planejada e comum de muitos, o Estado, a ciência, as artes etc. Tudo isso se baseia na capacidade única de ter representações universais, abstratas e não intuitivas, que chamamos conceitos (ou seja, essências das coisas), porque cada um deles compreende sobre si muitas coisas individuais. Os animais carecem dessa habilidade, mesmo os mais inteligentes: portanto, não têm nada além de representações *intuitivas* e, por conseguinte, conhecem apenas o que é diretamente presente, vivem somente no presente. Os motivos pelos quais sua vontade é movida devem, portanto, ser sempre intuitivos e presentes. Mas o resultado disso é que eles dispõem de uma *escolha* extremamente reduzida, a saber, entre coisas que se apresentam diante de seu restrito campo de visão e faculdade de apreensão; coisas, portanto, que estão presentes no tempo e no espaço, a mais forte das quais determina imediatamente sua vontade como motivo, tornando bastante evidente a causalidade do motivo. Uma *aparente* exceção a isso é dada pelo *adestramento*, que é o medo tendo um efeito mediante o hábito; uma

---

6. Subentende-se que aqui estou me referindo a mim mesmo e que não poderia falar na primeira pessoa apenas pelo incógnito exigido.

exceção até certo ponto *real* é o instinto, na medida em que em virtude dele o animal, em sua *total* maneira de atuar, não é realmente posto em movimento por motivos, mas por uma tração e impulso internos, que, no entanto, também recebem determinação mais próxima por meio de motivos, no detalhe das ações *particulares* e a cada momento, e assim retornam à regra. Uma discussão mais detalhada do instinto aqui me desviaria bastante do meu tema: o capítulo 27 do segundo volume de minha obra principal é dedicado a ele. – Por outro lado, o ser humano tem, graças à sua capacidade de representações *não intuitivas*, por meio das quais *pensa e reflete*, um campo de visão infinitamente mais amplo, que abrange o que está ausente, o que é passado, futuro: por isso, ele tem uma esfera para a influência de motivos, e consequentemente também para escolha, muito maior do que a do o animal confinado ao presente estreito. O que determina seu fazer não é, por regra, o que se apresenta à sua intuição sensível, o que está presente no espaço e no tempo: antes, são meros *pensamentos* que ele carrega consigo por toda parte em sua cabeça e que o tornam independente da impressão do presente. Mas se os pensamentos deixam de fazê-lo, sua ação é chamada irracional; por outro lado, é elogiada como racional se for realizada exclusivamente de acordo com pensamentos bem ponderados e, portanto, completamente independentes da impressão do presente intuitivo. Precisamente esse fato, o de que o ser humano é acionado por sua própria classe de representações (conceitos abstratos, pensamentos, que o animal não possui), é exteriormente visível porque imprime em todo o fazer humano, mesmo no mais insignificante, e em todos os seus movimentos e passos, o caráter do *deliberado e intencional*. Isso diferencia seu comportamento tão obviamente do dos animais que é como se víssemos, por assim dizer, fios finos e invisíveis (os motivos que consistem em meros pensamentos) guiando seus movimentos, enquanto os dos animais são puxados pelas cordas grosseiras e visíveis do intuitivamente presente. Mas a diferença não vai mais além. O pensamento torna-se um *motivo*, assim como a intuição torna-se um motivo tão logo ela seja capaz de exercer um efeito sobre a vontade disponível. Mas todos os motivos são causas, e toda causalidade traz consigo a necessidade. Por meio de sua capacidade de pensar, o ser humano pode tornar presentes para si em qualquer ordem, alternada e repetidamente, os motivos cuja influência ele sente em sua vontade e colocá-los diante desta. Isso se chama *refletir*: ele é capaz de deliberar e, em virtude dessa habilidade, tem uma *escolha* muito maior do que é possível para o animal. Por causa disso, ele é, de fato, *relativamente livre*, ou seja, livre da compulsão imediata dos objetos *intuitivamente presentes* que agem sobre sua vontade como motivos, aos quais o animal está absolutamente sujeito: o ser humano, por outro lado, determina-se independentemente dos objetos presentes e de acordo com pensamentos, que são *seus* motivos. E é fundamentalmente essa liberdade *relativa* o que pessoas instruídas, mas sem pensamento profundo, entendem por liberdade de vontade que o ser humano, segundo elas, manifestamente tem como vantagem sobre os animais. No entanto, ela é meramente *relativa*, a saber, em referência ao que está intuitivamente presente, e meramente *comparativa*, a saber, em comparação com o *animal*. Ela altera apenas *o tipo* da motivação, enquanto a necessidade do efeito do motivo não é minimamente suprimida, nem mesmo reduzida. O motivo *abstrato*, consistente num mero *pensamento*, é uma causa externa determinante da vontade, exatamente como o motivo intuitivo, que consiste num objeto real presente: por conseguinte, é uma causa como qualquer outra; e, assim como as outras, é sempre algo real, material, na medida em que se baseia, em última análise, numa impressão recebida *de fora*, em algum momento e lugar. Tem como vantagem apenas o comprimento do fio condutor; o que quero dizer com isso é que ele não está ligado a uma *proximidade* certa no espaço e no tempo, como é o caso dos motivos puramente intuitivos, mas pode atuar pela maior distância, pelo maior tempo e por uma mediação de conceitos e pensamentos em uma longa cadeia: e isso é consequência da constituição e da eminente receptividade do órgão que primeiramente experimenta e assimila sua influência, a saber, o cérebro humano, ou *razão*. No entanto, isso não suprime minimamente sua *causalidade*, nem a necessidade a esta associada. Portanto, apenas uma visão muito superficial pode tomar essa liberdade relativa e comparativa por absoluta, por um *liberum arbitrium indiffe-*

rentiae. A capacidade de deliberação que dela surge não produz, de fato, outra coisa senão o frequentemente penoso *conflito de motivos*, presidido pela indecisão e cujo campo de batalha é todo o ânimo e consciência do homem. Pois o homem permite aos motivos testarem repetidamente sua força uns contra os outros sobre sua vontade, pelo que esta cai na mesma posição em que um corpo se encontra quando sobre ele agem diferentes forças em direções opostas – até que o motivo decididamente mais forte vence, expulsando os outros do campo, e determina a vontade, um resultado que é chamado de resolução e que ocorre com absoluta *necessidade* como resultado da luta.

Se agora novamente lançarmos o olhar sobre toda a série das formas de causalidade, em que *causas* no sentido mais estrito da palavra se separam claramente dos *estímulos* e, finalmente, dos *motivos*, que, por sua vez, se dividem em intuitivos e abstratos, observaremos que, à medida que percorremos a série dos seres de baixo para cima sob esse aspecto, a causa e o efeito divergem cada vez mais um do outro, separam-se mais claramente e tornam-se mais heterogêneos, com a causa se tornando cada vez menos material e palpável, e, portanto, parece haver cada vez menos na causa e cada vez mais no efeito. Em razão de tudo isso junto, a conexão entre causa e efeito perde em termos de apreensibilidade e inteligibilidade imediatas. De fato, tudo o que acaba de ser mencionado pouco se aplica à causalidade *mecânica*, que é, portanto, a mais compreensível de todas: daí surgiu no século passado o vão esforço, ainda vigente na França, mas que recentemente brotou também na Alemanha, de reduzir todos os tipos de causalidade à causalidade mecânica e explicar todos os processos físicos e químicos por causas mecânicas, e, por meio destas últimas, também o processo vital. O corpo que empurra move o que está em repouso, e perde tanto movimento quanto ele transmite: aqui vemos a causa migrando para o efeito, por assim dizer – ambos são bastante homogêneos, exatamente comensuráveis e, ao mesmo tempo, palpáveis. E é assim que realmente acontece com todas as ações puramente mecânicas. Mas veremos que tudo isso é cada vez menos o caso e que, ao contrário, se aplica o que antes dissemos, quanto mais alto ascendemos e consideramos a relação entre causa e efeito em cada nível, por exemplo, entre o calor, como causa, e seus vários efeitos, como expansão, incandescência, fusão, evaporação, combustão, termoeletricidade etc., ou entre evaporação, como causa, e resfriamento, ou cristalização, como efeitos; ou entre a fricção do vidro como causa e a eletricidade livre, com seus estranhos fenômenos, como efeito; ou entre a oxidação lenta das placas como causa e o galvanismo, com todos os seus fenômenos elétricos, químicos e magnéticos como efeitos. Assim, causa e efeito *se separam* cada vez mais, tornam-se mais *heterogêneos*, sua conexão *mais ininteligível*, o efeito parece conter mais do que a causa poderia lhe fornecer; pois a causa se mostra cada vez menos material e palpável. Tudo isso ocorre ainda mais claramente quando passamos para os corpos *orgânicos*, nos quais as causas são meros *estímulos*, alguns externos, como os da luz, calor, ar, solo, nutrição, alguns internos, os da seiva e da inter-relação entre as partes; e nos quais a vida se apresenta como efeito deles, em sua infinita complexidade e nas inúmeras diferenças de tipo, nas múltiplas formas dos mundos vegetal e animal[7].

Mas, com essas crescentes heterogeneidade, incomensurabilidade e ininteligibilidade da relação entre causa e efeito, a *necessidade* imposta por essa relação também diminuiu? Absolutamente não, nem um pouco. Assim como a bola rolante coloca a estacionária em movimento, a garrafa de Leyden também deve se descarregar quando tocada com a outra mão, o arsênico também deve matar todos os seres vivos, o grão de semente, que mantido seco não mostrou nenhuma mudança por milhares de anos, também deve germinar, crescer e se desenvolver até uma planta, uma vez colocado no solo adequado, exposto à influência do ar, da luz, do calor e da umidade. A causa é mais complexa, o efeito mais heterogêneo, mas a necessidade com que este ocorre não é nem um pouco menor.

Na vida da planta e na vida vegetativa do animal, embora o estímulo seja em todos os aspectos muito diferente da função

---

7. A exposição mais detalhada dessa separação de causa e efeito é encontrada em *A vontade na natureza*, rubrica "Astronomia", p. 80ss. da 2ª edição.

orgânica que ele produz, e ambos sejam nitidamente distintos, eles ainda não são propriamente *separados*; deve haver um contato entre eles, por mais sutil e invisível que seja. A separação completa só ocorre na vida animal, cujas ações são causadas por motivos, de modo que a causa, que até então estava materialmente ligada ao efeito, desprende-se completamente dele, é de natureza totalmente diferente, algo imaterial a princípio, uma mera representação. Portanto, no *motivo*, que provoca o movimento do animal, essa heterogeneidade entre causa e efeito, a separação dos dois, sua incomensurabilidade, a imaterialidade da causa e, portanto, sua aparente exiguidade de conteúdo em relação ao efeito, atingiram o grau mais alto, e a incompreensibilidade da relação entre os dois tornar-se-ia absoluta se nós, como no caso das outras relações causais, também só a conhecêssemos *de fora*: mas aqui um conhecimento de um tipo completamente diferente, *interno*, completa o externo; e o processo que aqui se realiza como efeito depois da ocorrência da causa é-nos intimamente conhecido: nós o designamos com um *terminus ad hoc*: vontade. No entanto, ao reconhecê-la como uma *relação causal* e pensá-la como forma essencial para nosso entendimento, podemos afirmar que a relação causal não sofreu prejuízo algum em termos de necessidade, como também não o sofrera no caso do estímulo acima. Além disso, constatamos que a motivação é inteiramente análoga às duas outras formas de relação causal discutidas acima e é apenas o nível mais alto ao qual estas se elevam em transições bastante graduais. Nos níveis mais inferiores da vida animal, o motivo ainda é muito similar ao *estímulo*: zoófitos, radiários em geral, os acéfalos entre os moluscos, têm apenas um fraco crepúsculo de consciência, exatamente o quanto é necessário para perceber seu alimento ou sua presa e apoderar-se dele quando ele se apresenta e, no máximo, trocar seu lugar por um mais favorável: portanto, nesses níveis baixos, a ação do motivo aparece diante de nós de maneira tão clara, imediata, decisiva e inequívoca quanto a do estímulo. Pequenos insetos são atraídos para a chama pelo brilho da luz: moscas pousam confiantes na cabeça do lagarto que acabou de devorar seus semelhantes diante de seus próprios olhos. Quem sonhará com liberdade aqui? Nos animais superiores e mais inteligentes, a ação do motivo torna-se cada vez menos imediata: isto é, o motivo separa-se mais claramente da ação que ele provoca, de modo que essa diferença de distância entre motivo e ação pode até mesmo ser usada como medida da inteligência dos animais. No ser humano, torna-se imensurável. Por outro lado, mesmo no caso dos animais mais inteligentes, a representação que se torna o motivo de seu fazer deve ser sempre *intuitiva*: até mesmo onde uma escolha já é possível, esta só pode ocorrer entre coisas intuitivamente presentes. O cão fica hesitante entre o chamado de seu dono e a visão de uma cadela: o motivo mais forte determinará seu movimento; mas então este ocorre tão necessariamente quanto um efeito mecânico. Pois aqui também podemos ver um corpo desequilibrado oscilando alternadamente de um lado e para o outro por certo tempo até que seja decidido em qual deles está seu centro de gravidade e ele se precipite para aquele lado. Enquanto a motivação se limita a representações *intuitivas*, seu parentesco com o estímulo e a causa em geral permanece óbvia, porque o motivo, como causa efetiva, deve ser algo real, algo presente, e até mesmo atuar fisicamente nos sentidos, ainda que muito indiretamente, pela luz, pelo som ou pelo odor. Além disso, para o observador, a causa está tão evidente quanto o efeito: ele vê o motivo aparecendo, e a ação do animal se seguindo inevitavelmente, desde que nenhum outro motivo igualmente óbvio ou adestramento exerçam efeito contrário. É impossível duvidar da conexão entre os dois. Portanto, não ocorrerá a ninguém atribuir aos animais um *liberum arbitrium indifferentiae*, isto é, um fazer não determinado por alguma causa.

Mas onde a consciência é racional, isto é, capaz de conhecimento não intuitivo, ou seja, de conceitos e pensamentos, os motivos tornam-se completamente independentes do presente e do ambiente real e, assim, permanecem ocultos ao espectador. Porque eles são agora meros pensamentos que o ser humano carrega na cabeça, cuja origem, entretanto, está fora dela, muitas vezes muito distante, ora em sua própria experiência de anos passados, ora na transmissão por estranhos por meio da palavra e da escrita, até mesmo de tempos mais remotos, mas de tal forma que a sua *origem é sempre real e objetiva* – embora, pela amiúde difícil combinação de complicadas circunstâncias externas, haja entre os motivos muitos erros e muitos enganos devidos à transmissão, consequentemente também muita insensatez. Soma-se a isso o fato de que o ser humano muitas vezes oculta os motivos de suas ações de todos os outros, às vezes até mesmo de si próprio, em particular quando tem medo de reconhecer o que realmente o move a fazer isso ou aquilo. Nesse meio tempo, vemos seu ato acontecer e tentamos, por conjecturas, descobrir os motivos que supomos ali com tanta firmeza e confiança como o fazemos em relação à causa de todo movimento de corpos inanimados que tivéssemos visto acontecer, na convicção de que tanto um como o outro são impossíveis sem causa. Inversamente, em nossos próprios planos e empreendimentos também levamos em conta o efeito dos motivos sobre as pessoas com uma certeza que seria exatamente a mesma com que calculamos os efeitos mecânicos de dispositivos mecânicos, se conhecêssemos o caráter individual das pessoas a serem tratadas aqui tão precisamente quanto conhecemos ali o comprimento e a espessura das vigas, o diâmetro das rodas, o peso das cargas etc. Qualquer um se atém a esse pressuposto enquanto olha para fora, tem a ver com outras pessoas e persegue objetivos práticos: pois é para estes que o entendimento humano é determinado. Mas se alguém tenta julgar a questão teórica e filosoficamente – algo para o qual a inteligência humana não é realmente determinada – e se faz a si mesmo objeto do juízo, ele se deixa enganar pela natureza imaterial dos motivos abstratos que consistem em meros pensamentos, que acabamos de descrever, porque eles não estão vinculados a nenhum presente ou entorno e encontram seus obstáculos apenas em meros pensamentos, como contra-motivos; e se engana a tal ponto que duvida da existência de tais motivos ou da necessidade de sua ação e pensa que o que é feito poderia muito bem ser omitido, que a vontade decide por si própria, sem causa, e que cada um de seus atos seria o primeiro começo de uma série imprevisível de mudanças por ela provocadas. Esse erro é particularmente sustentado pela interpretação incorreta da afirmação da autoconsciência "posso fazer o que quero", suficientemente examinada na primeira seção, em especial quando ela ressoa, como sempre, sob a influência de vários motivos, os quais por um momento meramente solicitam e mutuamente se excluem. Tudo isso, em conjunto, é a fonte da ilusão natural da qual surge o erro segundo o qual residiria em nossa autoconsciência a certeza de uma liberdade de nossa vontade, no sentido de que esta, contrariamente a todas as leis do puro entendimento e da natureza, é algo que decide sem uma razão suficiente, e cujas decisões, em circunstâncias dadas, poderiam resultar de um modo ou do modo oposto na mesma pessoa.

Para explicar de uma maneira mais clara e concreta a origem desse erro, tão importante para o nosso tema, e assim complementar a investigação da autoconsciência feita na seção anterior, imaginemos um homem que, parado na rua, diga para si mesmo: "São 6 horas da tarde, o dia de trabalho terminou. Já posso dar um passeio; ou posso ir ao clube; também posso subir na torre para ver o sol se pôr; também posso ir ao teatro; também posso visitar este ou aquele amigo; sim, eu também posso correr para fora do portão, perder-me neste vasto mundo, e nunca mais voltar. Tudo isso depende apenas de mim, tenho total liberdade para fazê-lo; mas não faço nada disso agora e, com a mesma livre vontade, vou para casa ao encontro de minha esposa". Isso é como se a água dissesse: "Posso formar ondas altas (sim! no mar e na tempestade), posso descer tempestuosa (sim! no leito do rio), posso cair espumando e borbulhando (sim! numa cachoeira), posso subir livremente no ar como um jato (sim! numa fonte), posso, por fim, ferver e desaparecer (sim! a $80°$ de calor); no entanto, não faço nada de tudo isso agora, mas fico voluntariamente, calma e clara no lago espelhado". Assim como a água só pode fazer tudo isso quando ocorrem as causas determinantes de uma coisa ou de outra, aquele homem também não pode fazer o que ele imagina poder fazer senão sob a mesma condição. Até que ocorram as causas, é impossível para ele: mas então ele *deve* fazê-lo, assim como a água, quando é colocada nas circunstâncias correspondentes. Seu erro e, em geral, o engano que surge dessa falsa interpretação da autoconsciência, de que ele pode fazer tudo isso agora, baseia-se, numa consideração precisa, no fato de que em sua fantasia só pode estar presente uma imagem a cada vez, a qual nesse instante exclui todo o resto. Se ele agora representa para si o motivo de uma dessas ações propostas como possíveis, ele sentirá imediatamente seu efeito em sua vontade, que é desse modo solicitada: isso é chamado, na linguagem técnica, de *velleitas*. Mas agora ele acha que também poderia levar isso a uma *voluntas*, isto é executar a ação proposta: só que isso é engano. Pois logo a reflexão apareceria e traria à sua memória os motivos que estavam atraindo para outras direções, ou na direção oposta, e então ele veria que o ato não se produz. Com uma apresentação tão sucessiva de vários motivos mutuamente exclusivos, sob o acompanhamento constante do interno "posso fazer o que quero", a vontade, por assim dizer, como um cata-vento sobre uma vara bem lubrificada e um vento instável, gira imediatamente em direção para qualquer motivo que a imaginação lhe apresenta, sucessivamente em direção a todos os motivos que são apresentados como possíveis, e com cada um a pessoa pensa que pode *querê*-lo e assim fixar o cata-vento nesse ponto, o que é mero engano. Pois seu "eu posso querer isso" é na verdade hipotético e traz consigo a aposição "se eu não preferisse aquela outra coisa", o que, porém, suprime aquele poder querer. – Retornemos ao exemplo daquele homem que está deliberando às 6 horas da tarde e suponhamos que percebe que eu estou parado atrás dele, que filosofo a seu respeito e contesto sua liberdade de fazer todas aquelas ações possíveis para ele; então, poderia facilmente acontecer que ele, para me refutar, executasse uma delas: mas então o motivo que o compeliu a fazê-la seriam minha contestação e seu efeito sobre seu espírito contraditório. No entanto, este motivo apenas o induziria a uma ou outra das ações *mais fáceis* listadas acima, por exemplo, ir ao teatro; mas de modo algum a última, ou seja, perder-se no vasto mundo: tal motivo seria fraco demais para isso. – De maneira igualmente errônea, muitos pensam, segurando uma pistola carregada, que podem atirar em si mesmos com ela. O meio mecânico de execução é a coisa menos necessária para isso, enquanto a principal é um motivo extremamente forte e, portanto, raro, que tem o tremendo poder necessário para sobrepujar a alegria de viver, ou mais corretamente o medo da morte: somente depois de tal motivo ter ocorrido, essa pessoa pode realmente atirar em si mesma, e deve fazê-lo, a menos que um contramotivo ainda mais forte, se é que é possível, impeça o ato.

Posso fazer o que quero: posso, se *quiser*, dar tudo o que tenho aos pobres e assim me tornar um deles – se eu *quiser*! Mas não sou capaz de querê-lo, porque os motivos opostos têm muito poder sobre mim para que eu o possa. Por outro lado, se eu tivesse um caráter diferente, a ponto de ser santo, eu poderia querê-lo, mas então eu não só não poderia evitar querer, como também teria de fazê-lo. – Tudo isso é perfeitamente compatível com o "Posso fazer o que quero" da autoconsciência, no qual ainda hoje alguns filosofastros irrefletidos pensam ver a liberdade da vontade e, portanto, fazem-na valer como um fato dado da consciência. Entre estes destaca-se o Sr. Cousin, que, portanto, merece aqui uma menção honrosa, pois em seu *Cours d'histoire de la philosophie, professé en 1819, 20, et publié par Vacherot, 1841*, ele ensina que a liberdade da vontade é o fato mais confiável da consciência (v. 1, p. 19, 20), e censura *Kant* por apenas tê-la provado a partir da lei moral e tê-la estabelecido como postulado, enquanto ela é um fato: "pourquoi démontrer ce qu'il suffit de constater?" [por que demonstrar o que é suficiente constatar?] (p. 50). "La liberté est un fait, et non une croyance" [A liberdade é um fato, não uma crença] (p. 50). – Enquanto isso, na Alemanha, também não faltam ignorantes, que descartam tudo o que os grandes pensadores dizem há dois séculos e que, insistindo no fato da autoconsciência analisado na seção anterior e compreendido erroneamente por eles como pela grande massa, preconizam a liberdade da vontade como factualmente dada. Mas talvez eu lhes faça uma injustiça; pois pode ser que eles não sejam tão ignorantes quanto parecem, mas apenas famintos e, portanto, por um pedaço de pão seco, ensinem tudo o que possa agradar a um alto ministério.

Não é nem metáfora nem hipérbole, mas uma verdade bastante enxuta e literal, que, assim como uma bola de bilhar não pode se movimentar antes de receber um golpe, uma pessoa também não pode se levantar de sua cadeira antes que um motivo o puxe ou impulsione: mas então o levantar-se é tão necessário e inevitável quanto o rolar da bola após o golpe. E esperar que uma pessoa faça algo que ela não está interessada em fazer é como esperar que um pedaço de madeira se mova em minha direção sem uma corda que o puxe. Qualquer um que afirme isso em alguma reunião e encontre obstinada oposição resolveria a questão no menor tempo possível se fizesse um terceiro gritar de repente em voz alta e séria: "O vigamento está desabando!". Desse modo os oponentes viriam a constatar que um motivo é tão poderoso para expulsar as pessoas de casa quanto a mais tangível causa mecânica.

Pois o homem, como todos os objetos da experiência, é um fenômeno no tempo e no espaço, e como a lei da causalidade se aplica a todos estes *a priori* e, portanto, sem exceção, ele também deve estar sujeito a ela. Isso é o que diz o puro entendimento *a priori*, isso é o que confirma a analogia que se estende por toda a natureza, e é isso o que atesta a experiência a cada momento, se o indivíduo não se deixa enganar pela ilusão nascida do fato de que, enquanto os seres naturais, ascendendo cada vez mais e tornando-se sempre mais complexos, e sua receptividade se eleva e se refina, passando da meramente mecânica para a química, elétrica, irritável, sensível, intelectual e, finalmente, racional, a natureza das causas eficientes também devem acompanhar isso e, a cada nível, configurar-se em correspondência com os seres sobre os quais se deve exercer a ação: por isso, as causas também parecem cada vez menos palpáveis e materiais, de modo que, no final, não são mais visíveis aos olhos, mas acessíveis ao entendimento, que, em cada caso particular, as pressupõe com inabalável confiança e também as descobre com uma investigação apropriada. Porque aqui as causas eficientes se elevaram a meros pensamentos que lutam com outros pensamentos até que o mais poderoso deles seja o fator decisivo e coloque o ser humano em movimento; tudo isso ocorre numa conexão causal tão estrita como quando causas puramente mecânicas, numa complicada conexão, trabalham em oposição umas às outras, e o resultado calculado ocorre infalivelmente. As partículas de cortiça eletrificadas pulando em todas as direções no recipiente de vidro têm uma aparente falta de causalidade, devido à invisibilidade da causa, tanto quanto os movimentos do ser humano: mas o juízo não compete ao olho, mas ao entendimento.

Sob o pressuposto da liberdade da vontade, toda ação humana seria um milagre inexplicável – um efeito sem causa. E se alguém ousar tentar imaginar tal *liberum arbitrium indifferentiae*, logo se dará conta de que o entendimento realmente estaca aí, pois ele não tem uma forma de pensar tal coisa. Pois o princípio da razão, o princípio de determinação universal e a dependência dos fenômenos entre si, é a forma mais geral de nossa faculdade cognitiva, que, dependendo da variedade de seus objetos, também assume diferentes formas.

Aqui, porém, devemos pensar em algo que determina sem ser determinado, que não depende de nada, enquanto todo o restante depende dele; algo que sem necessidade, consequentemente sem razão, produz A, quando poderia igualmente produzir B, ou C, ou D; e poderia fazê-lo absolutamente, poderia fazê-lo nas mesmas circunstâncias, isto é, sem que houvesse algo em A que lhe conferisse alguma preferência (porque isso seria motivação e, daí, causalidade) em relação a B, C, D. Aqui somos reconduzidos ao conceito do absolutamente casual, que foi apresentado logo no início. Repito: aqui o entendimento genuinamente se paralisa, se alguém tenha sido capaz de levá-lo até esse ponto.

Mas agora vamos também recordar o que é, em geral, uma *causa*: a mudança precedente, que torna necessária a mudança subsequente. De modo nenhum, uma causa no mundo produz totalmente seu efeito, ou o faz do nada. Ao contrário, sempre há algo sobre o qual ela atua; e somente neste momento, neste lugar e sobre esse ser determinado ela ocasiona uma mudança, que está sempre de acordo com a natureza do ser, e para a qual a força já deve residir nesse ser. Portanto, todo efeito surge de dois fatores, um interno e outro externo: a saber, da força originária daquilo sobre o que se exerce o efeito, e da causa determinante, que obriga aquela força a se manifestar aqui e agora. A força originária é pressuposta por toda causalidade e toda explicação baseada nesta: portanto, a explicação nunca explica tudo, mas sempre deixa algo inexplicável. Vemos isso em toda a física e química: em suas explicações sempre se supõem as forças naturais que se manifestam nos fenômenos, e toda a explicação consiste numa recondução a elas. Uma força natural não está sujeita a nenhuma explicação, mas é o princípio de toda explicação. Da mesma forma, ela própria não está sujeita a nenhuma causalidade, mas é precisamente o que confere a cada causa sua causalidade, isto é, a capacidade de exercer efeito. Ela mesma é a base comum de todos os efeitos desse tipo e está presente em cada um deles. Desse modo, os fenômenos do magnetismo são reduzidos a uma força originária chamada eletricidade. Aqui a explicação se detém, apenas especificando as condições sob as quais tal força se manifesta, isto é, as causas que produzem a sua atividade. As explicações da mecânica celeste pressupõem a gravitação como a força em virtude da qual atuam aqui as causas individuais que determinam o curso dos corpos celestes. As explicações da química pressupõem as forças ocultas que se expressam como afinidades eletivas, segundo certas razões estequiométricas, e nas quais se baseiam, em última análise, todos os efeitos, que ocorrem pontualmente, quando suscitados por causas dadas. Da mesma forma, todas as explicações da fisiologia pressupõem a força vital, que reage de maneira determinada a estímulos internos e externos específicos. E é assim em todos os lugares e sempre. Mesmo as causas de que trata a tão compreensível mecânica, como o impacto e a pressão, baseiam-se em impenetrabilidade, coesão, rigidez, inércia, peso e elasticidade, que não são outra coisa senão as forças insondáveis da natureza que acabamos de mencionar. Portanto, em toda parte, as causas não determinam nada mais do que o quando e o onde das *manifestações* de forças originárias e inexplicáveis, e apenas sob a pressuposição destas elas são causas, isto é, provocam certos efeitos necessariamente.

Assim como esse é o caso com as causas no sentido mais estrito e com os estímulos, não é menos o caso com relação aos *motivos*, uma vez que a motivação não é essencialmente diferente da causalidade, mas apenas um tipo dela, a saber, a causalidade que procede pelo meio da cognição. Também aqui a causa provoca apenas a manifestação de uma força que não pode mais ser reconduzida a causas e, portanto, não pode ser explicada; uma força que aqui se chama *vontade*, que nos é conhecida não apenas de fora, como as outras forças naturais, mas, graças à autoconsciência, também de dentro e diretamente. Somente pressupondo que tal vontade exista e, no caso individual, que seja de certa constituição, as causas dirigidas a ela, aqui chamadas de motivos, terão efeito. Esta constituição da vontade, especial e individualmente determinada, em virtude da qual sua reação aos mesmos motivos é diferente em cada pessoa, é o que se chama seu *caráter*, e, porque não é conhecido *a priori*, mas apenas pela experiência, seu *caráter empírico*. É ele que determina, antes de tudo, a ação dos diversos motivos sobre um dado ser humano. Pois ele está na base de todos os efeitos que os motivos produzem, assim como as forças gerais da natureza estão na base dos efeitos provocados pelas causas no sentido mais estrito, e assim como a força vital é subjacente aos efeitos dos estímulos. E, tal como no caso das forças da natureza, ele também é originário, imutável, inexplicável. Nos animais, ele é diferente em cada espécie; no ser humano, em cada indivíduo. Somente nos animais superiores e mais inteligentes aparece um caráter individual perceptível, embora com o caráter da espécie totalmente predominante.

O *caráter do ser humano* é: 1) *individual*: ele é diferente em cada um. É verdade que o caráter da espécie está na base de todos, daí que as propriedades principais se reencontram em cada pessoa. Mas aqui há um mais e menos tão significativo de grau, uma tal diversidade na combinação e na modificação das propriedades entre si, que se pode supor que a diferença moral dos caracteres é igual àquela das habilidades intelectuais, o que significa muita coisa, e que ambas são incomparavelmente maiores do que a diferença corporal entre um gigante e um anão, Apolo e Tersites. Por isso, o efeito do mesmo motivo é totalmente diferente em pessoas diferentes, do mesmo modo que a luz do sol torna branca a cera, mas preto o cloreto de prata, e o calor amolece a cera, mas endurece a argila. Portanto, não se pode prever o ato apenas pelo conhecimento do motivo, mas também é preciso conhecer exatamente o caráter.

2) O caráter do ser humano é *empírico*. Apenas pela experiência, o indivíduo chega a conhecer não só o caráter dos outros, mas também o próprio. Por isso, muitas vezes ele se decepciona tanto consigo mesmo quanto com os outros, quando descobre que não possui esta ou aquela qualidade, por exemplo, justiça, altruísmo, coragem, no grau que, tão indulgentemente, supunha. Também por isso, diante de uma escolha difícil, nossa própria resolução, como a de qualquer outra pessoa, permanece um mistério para nós até que ela seja tomada: às vezes acreditamos que ela recairá deste lado, às vezes, daquele lado, conforme este ou aquele motivo seja apresentado mais de perto à vontade pelo conhecimento e seu poder sobre ela seja testado, situação em que aquele "Posso fazer o que quero" produz a ilusão da liberdade da vontade. Por fim, o motivo mais forte se impõe sobre a vontade, e a escolha muitas vezes acaba sendo diferente do que inicialmente suspeitávamos. Por isso, enfim, ninguém pode saber como o outro agirá, nem como ele próprio agirá em qualquer situação particular antes de ter estado nela: somente depois de ter superado a prova ele terá certeza da outra pessoa, e só então de si mesmo. Mas então ele está certo: amigos provados, servos provados, são pessoas seguras. Em geral, tratamos uma pessoa que conhecemos bem como qualquer outra coisa cujas propriedades já chegamos a conhecer; e antecipamos com confiança o que esperar dela e o que não. Quem já fez algo uma vez voltará a fazê-lo surgindo a ocasião, para o bem ou para o mal. É por isso que quem precisa de uma ajuda grande e extraordinária recorrerá a alguém que já deu provas de generosidade: e quem quiser contratar um assassino procurará entre pessoas que já sujaram as mãos no sangue. Segundo a narrativa de Heródoto (VII, 164), Gelão de Siracusa se viu na necessidade de confiar grande soma de dinheiro a um homem, o qual, com total disposição sobre ela, deveria levá-la ao exterior: para esse fim, ele escolheu Cadmos, pois este havia demonstrado honestidade e escrupulosidade raras, até mesmo sem precedentes. Sua confiança foi completamente corroborada. – De igual modo, somente pela experiência e quando surge a oportunidade, cresce o conhecimento de nós mesmos, sobre o qual se baseia a autoconfiança ou a desconfiança. Conforme tenhamos, em determinada

circunstância, demonstrado prudência, coragem, honestidade, discrição, finura, ou o que mais tenha sido necessário, ou tenha vindo à tona a falta de tais virtudes – nós, em consequência do conhecimento obtido a nosso respeito, ficamos depois satisfeitos com nós mesmos, ou o contrário. É somente o conhecimento preciso de seu próprio caráter empírico que dá ao ser humano o que se chama *caráter adquirido*: possui-o quem conhece com exatidão suas próprias qualidades, boas e más, e, portanto, sabe com certeza o que pode ou não confiar a si mesmo e pretender de si mesmo. Seu próprio papel, que antes, em virtude de seu caráter empírico, ele simplesmente cumpria com naturalidade, agora ele o desempenha hábil e metodicamente, com firmeza e dignidade, sem nunca, como se costuma dizer, descaracterizar--se, o que sempre prova que alguém estava equivocado a respeito de si mesmo num caso particular.

3) O caráter do ser humano é *constante*: permanece o mesmo ao longo da vida. Sob o invólucro cambiante de seus anos, suas relações, até mesmo seus conhecimentos e opiniões, como um caranguejo em sua casca, encerra-se o ser humano idêntico e real, totalmente imutável e sempre o mesmo. É apenas na direção e na matéria que seu caráter sofre as aparentes modificações que são o resultado da diferença de idades e suas necessidades. *O homem nunca muda*: como ele agiu num caso, ele sempre agirá novamente, em circunstâncias totalmente idênticas (o que, no entanto, também inclui o conhecimento correto dessas circunstâncias). A confirmação dessa verdade pode ser extraída da experiência diária: mas a obtemos da maneira mais impressionante quando reencontramos um conhecido depois de 20 ou 30 anos e imediatamente o surpreendemos fazendo as mesmas brincadeiras de antes. Certamente muitos negarão essa verdade com palavras, mas eles mesmos a pressupõem em suas ações, pois nunca mais confiam naquele que outrora consideraram desonesto, ao passo que confiam naquele que antes provou ser honesto. Pois naquela verdade repousa a possibilidade de todo conhecimento sobre os seres humanos e da firme confiança naqueles que foram testados, provados e corroborados. Mesmo que essa confiança tenha nos enganado uma vez, nunca dizemos

"seu caráter mudou", mas sim "eu estava errado a seu respeito". – É com base naquela verdade que, quando queremos julgar o valor moral de uma ação, tentamos antes de tudo obter certeza sobre seu motivo, mas então nosso elogio ou censura não se dirige ao motivo, mas ao caráter que se deixa determinar por tal motivo, como o segundo fator desse ato, um fator que é inerente unicamente ao ser humano. – É sobre a mesma verdade que reside o fato de que a genuína honra (não cavalheiresca ou honra de idiotas), uma vez perdida, nunca pode ser restaurada; ao contrário, a mancha de um único ato indigno se adere ao homem para sempre, e, por assim dizer, marca-o com ferro quente. Daí o ditado: "Quem rouba uma vez é ladrão para o resto da vida". – É com base nessa verdade que repousa o fato de que se alguma vez ocorrer, em importantes questões de Estado, que a traição seja desejada e, portanto, o traidor seja procurado, usado e recompensado, a prudência ordena, quando alcançado o fim, que ele seja removido, porque as circunstâncias são variáveis, mas seu caráter é imutável. – É com base nela que assenta o fato de que a maior falha de um poeta dramático é que o caráter de seus personagens não seja mantido, isto é, que eles não sejam, como aqueles representados pelos grandes poetas, conduzidos com a constância e a consistência rigorosa de uma força da natureza, como demonstrei para Shakespeare com um exemplo detalhado em *Parerga*, v. 2, § 118, p. 196 da 1ª edição (2ª edição, § 119, p. 248). – Sim, sobre a mesma verdade repousa a possibilidade da consciência, na medida em que esta, com frequência, nos reprova ainda em idade avançada pelos delitos da juventude, como o fez, por exemplo, com J. J. Rousseau, depois de 40 anos, por ele ter acusado a criada Marion de um roubo que ele mesmo havia cometido. Isso só é possível com a condição de que o caráter permaneça inalterado; pelo contrário, os erros mais ridículos, a ignorância mais grosseira, as mais estranhas loucuras de nossa juventude não nos envergonharão na velhice: pois a situação mudou, aquelas coisas eram uma questão de conhecimento, nós nos afastamos delas, há muito nos desembaraçamos delas, como trajes de nossa juventude. – É baseado na mesma verdade o fato de que um homem, mesmo com o mais claro conhecimento de suas faltas e enfermidades morais, e até mesmo com aversão a elas e a mais sincera intenção de melhorar, realmente não melhora e, ao invés disso, apesar de sérios propósitos e honestas promessas, na próxima oportunidade, se deixa apanhar para sua própria surpresa nos mesmos caminhos de antes. Somente seu conhecimento pode ser corrigido; portanto, ele pode vir a se dar conta de que este ou aquele meio que ele empregou anteriormente não levam ao fim desejado, ou trazem mais dano do que ganho: então ele muda os meios, não os fins. Nisto se baseia o sistema penitenciário americano: ele não se propõe melhorar o *caráter*, o *coração* do homem, mas sim colocar sua *cabeça* em ordem e mostrar-lhe que os fins que ele persegue invariavelmente em virtude de seu caráter seriam alcançados com muito mais dificuldade pelo caminho da desonestidade até então trilhado, como muito mais fadiga e perigo do que pela via da honestidade, do trabalho e da sobriedade. Em geral, a esfera e a área de todo aperfeiçoamento e enobrecimento residem unicamente no *conhecimento*. O caráter é imutável, os motivos atuam com necessidade: mas eles têm de passar pelo *conhecimento*, que é o meio dos motivos. Mas o conhecimento é passível da mais variada expansão, de correção constante em inúmeros graus: toda educação trabalha para isso. O aperfeiçoamento da razão, mediante conhecimentos e discernimentos de todo tipo, é moralmente importante porque abre o acesso a motivos para os quais o homem, sem ele, permaneceria fechado. Enquanto ele não podia entender tais motivos, estes não estavam disponíveis para sua vontade. Por isso, em circunstâncias externas iguais, a posição de uma pessoa na segunda vez pode, de fato, ser bem diferente da primeira vez, se ela, no meio tempo, conseguiu compreender aquelas circunstâncias correta e completamente. E, com isso, agora atuam sobre ela motivos que anteriormente lhe eram inacessíveis. Nesse sentido os escolásticos diziam com razão: "*causa finalis* (propósito, motivo) *movet non secundum suum esse reale, sed secundum esse cognitum*" [A causa final não move de acordo com seu ser real, mas sim de acordo com o que seu ser é conhecido]. Mas nenhuma influência moral vai além da correção do conhecimento, e o empreendimento de eliminar as falhas de caráter de uma pessoa por meio de discurso e moralização e, assim, querer transformar seu caráter mesmo, sua própria moralidade, é exatamente igual ao propósito de converter chumbo em ouro por influência externa, ou de fazer que um carvalho, com esmerados cuidados, dê damascos.

Encontramos a convicção da imutabilidade do caráter já expressa como indubitável por Apuleio em seu *Oratio de magia*, em que ele, defendendo-se da acusação de feitiçaria, apela ao seu conhecido caráter e diz: *"Certum indicem cujusque animum esse, qui sempre eodem ingenio ad virtutem vel ad malitiam moratus, firmum argumentum est accipiendi criminis, aut respuendi"* [Há certa prova no ânimo de cada um, que reside sempre na disposição para a virtude ou para o mal, e constitui um argumento firme para admitir ou rejeitar uma acusação].

4) O caráter individual é *inato*: não é obra de arte, nem de circunstâncias sujeitas ao acaso, mas obra da própria natureza. Ele já se revela na criança, mostra ali em pequena escala o que ela será no futuro em grande. Por isso, com a criação e o ambiente em tudo iguais, duas crianças mostram claramente o caráter mais fundamentalmente diferente: é o mesmo que elas terão na velhice. Em suas características básicas, ele é até mesmo hereditário, mas somente da parte do pai, enquanto a inteligência, da mãe; a isso me refiro ao cap. 43 do segundo volume de minha obra principal.

Desta afirmação da natureza do caráter individual segue-se, de fato, que as virtudes e os vícios são inatos. Esta verdade pode ser inconveniente para alguns preconceitos e para certa filosofia de roca de fiar, com seus chamados interesses práticos, isto é, seus pequenos e estreitos conceitos e suas limitadas visões de escola infantil: mas ela já era a convicção do pai da moral, Sócrates, que, segundo Aristóteles (*Eth. magna*, I, 9) afirmou: "οὐκ ἐφ' ἡμῖν γενέσθαι τὸ σπουδαίους εἶναι ἢ φαύλους, κ. τ. λ." (*in arbitrio nostro positum non esse, nos probos, vel malos esse*) [Não depende de nós o ser bom ou mau]. O que Aristóteles recorda aqui contra isso é obviamente inválido: ele mesmo compartilha da opinião de Sócrates e a expressa mais claramente no *Eth. Nicom.*, VI, 13: "Πᾶσι γὰρ δοκεῖ ἕκαστα τῶν ἠθῶν ὑπάρχειν φύσει πως, καὶ γὰρ δίκαιοι καὶ σωφρονικοὶ καὶ ἀνδρεῖοι καὶ τἆλλα ἔχομεν εὐθὺς ἐκ γενετῆς" (*Singuli enim mores in omni-*

bus hominibus quodammodo videntur inesse natura: namque ad justitiam, temperantiam, fortitudinem, ceterasque virtutes proclivitatem statim habemus, cum primum nascimur) [Pois parece que o tipo de caráter pertence a todos os homens de alguma forma por natureza, e, de fato, nossa propensão à justiça, temperança, fortaleza e outras virtudes começa em nós desde o nascimento]. E se examinarmos todas as virtudes e vícios no livro de Aristóteles *De virtutibus et vitiis*, onde eles são agrupados para uma breve sinopse, veremos que, no ser humano real, todos eles só podem ser pensados como qualidades *inatas*, e só seriam genuínos como tais; por outro lado, se derivassem da reflexão e fossem assumidos voluntariamente, equivaleriam realmente a um tipo de dissimulação, seriam inautênticos, e, portanto, não se poderia contar com sua continuidade e confiabilidade sob a pressão das circunstâncias. E ainda que acrescentemos a virtude cristã do amor, *caritas*, ausente em Aristóteles e em todos os antigos, com ela as coisas também não seriam diferentes. Como a bondade infatigável de *um* homem e a maldade incorrigível e profundamente enraizada do outro, o caráter de Antonino, Adriano, Tito, por um lado, e o de Calígula, Nero, Domiciano, por outro, sobreviriam do exterior e seriam obra de circunstâncias fortuitas, ou de mero conhecimento e instrução! Nero, afinal, teve Sêneca como educador. – Em vez disso, é no caráter inato, esse núcleo real de todo o ser humano, que se encontra o germe de todas as suas virtudes e vícios. Essa convicção, que é natural para homem sem preconceitos, também guiou a mão de Veleio Patérculo quando ele (II, 35) escreveu o seguinte sobre o Catão: *"Homo virtuti consimillimus, et per onmia genio diis, quam hominibus propior: qui nunquam recte fecit, ut facere videretur, sed quia aliter facere non poterat"* [Um homem muito semelhante à virtude e, em tudo, mais próximo em seu caráter dos deuses do que dos homens: que nunca agiu retamente para ser visto assim, mas porque não podia fazer de outra forma].[8]

---

8. Essa passagem gradualmente se torna uma peça regular no arsenal dos deterministas, uma honra com a qual o bom e velho historiador, de 1.800 anos atrás, certamente não se permitiu sonhar. Primeiro Hobbes elogiara a passagem, depois dele Priestley. Schelling mais tarde a reproduziu em seu tratado sobre liberdade, p. 478, numa tradução um tanto distorcida para seus propó-

Por outro lado, sob o pressuposto da liberdade da vontade, é absolutamente impossível saber de onde provêm a virtude e o vício, ou em geral o fato de que duas pessoas criadas da mesma maneira, sob circunstâncias e ocasiões completamente iguais, agem de maneiras bastante diferentes, até contrárias. A diferença fundamental, real e originária de caráter é incompatível com a suposição de tal liberdade de vontade, que consiste no fato de que qualquer pessoa seja igualmente capaz de realizar ações opostas em qualquer situação. Pois nesse caso seu caráter deve ser uma *tabula rasa* desde o início, como o intelecto de Locke, e não deve ter nenhuma inclinação inata para um lado ou outro, porque isso destruiria o equilíbrio perfeito que se atribui ao *libero arbitrio indiferenceiae*. Sob esse pressuposto, portanto, a razão da diferença nos modos de agir de diferentes pessoas não pode residir no *subjetivo*, mas ainda menos no *objetivo*: pois então seriam os objetos que determinariam a ação, e a pretendida liberdade se perderia por completo. Na melhor das hipóteses, a única saída seria colocar a origem dessa grande e real diferença de modos de agir no ponto intermediário entre sujeito e objeto, ou seja, fazê-la surgir da maneira diferente como o objetivo é apreendido pelo subjetivo, isto é, *conhecido* por pessoas diferentes. Mas então tudo retrocederia ao *conhecimento* correto ou incorreto das circunstâncias presentes, o que transformaria a diferença moral dos modos de agir em mera diferença na correção ou incorreção do juízo, e converteria a moral em lógica. Se, por fim, os proponentes da liberdade da vontade tentassem se salvar desse grave dilema dizendo: De fato, não há uma diferença inata de caráter, mas uma diferença desse tipo surge de circunstâncias externas, impressões, experiências, exemplos, ensinamentos etc., e se um caráter se formou desse modo, então a diferença no agir é subsequentemente explicada por isso – aqui poderíamos, em primeiro lugar, replicar que nesse caso o caráter apareceria muito tarde (embora na verdade já seja reconhecível em crianças) e a maioria das pessoas morreria antes

---

sitos, razão pela qual não cita expressamente Veleio Patérculo, mas, de modo tão prudente quanto elegante, diz "um antigo". Por fim, eu também não quis deixar de citá-la, pois realmente é pertinente aqui.

de ter obtido um caráter; em segundo lugar, que todas essas circunstâncias externas cuja obra deveria ser o caráter estão completamente fora de nosso poder e são provocadas de uma maneira ou de outra pelo acaso (ou, se assim se quiser, pela Providência): ou seja, se o caráter procedesse delas e a diferença no agir derivasse, por sua vez, do caráter, toda a responsabilidade moral por essa diferença desapareceria completamente, já que ela evidentemente seria, no fim das contas, obra do acaso ou da Providência. Vemos, portanto, que, sob a suposição da liberdade da vontade, a origem da diversidade nos modos de agir e, com isso, da virtude, ou do vício, juntamente com a da responsabilidade, flutua no ar sem nenhum suporte e não encontra lugar onde se enraizar. Daí se segue, no entanto, que aquela suposição, por mais que agrade à primeira vista ao entendimento rude, está no fundo em contradição tanto com nossas convicções morais quanto com a regra suprema de nosso entendimento, como já foi suficientemente demonstrado.

A necessidade com que os motivos, como todas as causas em geral, exercem seu efeito – como expliquei detalhadamente acima – não é isenta de pressupostos. Agora sabemos qual é seu pressuposto, o fundamento e o solo em que se apoia: o *caráter individual* inato. Assim como todo efeito na natureza inanimada é um produto necessário de dois fatores, a saber, a *força natural* universal que aqui se manifesta e a *causa* particular que aqui produz essa manifestação, da mesma forma toda ação de um ser humano é o produto necessário de seu *caráter* e do *motivo* que interveio. Dados esses dois fatores, ela se segue inevitavelmente. Para que ocorresse outra ação, ou outro motivo ou outro caráter teria de ser posto. Além disso, toda ação poderia ser prevista com certeza, até mesmo calculada, se, em parte, o caráter não fosse tão difícil de sondar, e se, em parte, o motivo não estivesse, com frequência, oculto e sempre exposto ao efeito contrário de outros motivos que se situam exclusivamente na esfera do pensamento do homem e são inacessíveis aos outros. O caráter inato do homem já determina essencialmente os fins que ele persegue invariavelmente: os meios que ele usa para alcançá-los são determinados, em parte, pelas circunstâncias externas, em parte por sua compreensão deles, cuja correção depende, por sua vez, de seu entendimento e de sua educação. Como resultado final de tudo isso, seguem-se suas ações individuais e, com isso, todo o papel que ele deve desempenhar no mundo. – A síntese da teoria do caráter individual aqui exposto encontra-se expressa, de forma exata como também poética, numa das mais belas estrofes de Goethe:

> Como no dia que te deu ao mundo
> Estava o sol para a saudação dos planetas,
> Cresceste logo e sem cessar,
> De acordo com a lei de teu ingresso.
> Assim tens de ser, não podes escapar de ti mesmo;
> Assim o disseram as sibilas, e também os profetas;
> Nenhum tempo, nenhum poder rompem
> A forma impressa que, vivendo, se desenvolve.

Portanto, a pressuposição sobre a qual repousa a necessidade dos efeitos de todas as causas é a essência interna de todas as coisas, quer seja ela meramente uma força natural universal que se manifesta nela, quer seja a força vital, quer seja a vontade: todo ser, não importa de qual tipo, sempre reagirá de acordo com sua peculiar natureza, por ocasião das causas eficientes. Esta lei, à qual todas as coisas do mundo estão sujeitas sem exceção, foi expressa pelos escolásticos na fórmula *operari sequitur esse* [o agir segue o ser]. De acordo com isso, o químico testa os corpos por meio de reagentes, e um ser humano testa outro mediante provas a que o submete. Em todos os casos, as causas externas produzirão, com necessidade, o que está contido no ser: pois este não pode reagir senão de acordo com o que ele é.

Aqui deve ser lembrado que toda *existentia* pressupõe uma *essentia*: isto é, todo existente deve ser também algo, ter uma essência determinada. Não pode *existir* e ser um *nada*, ou seja, algo como o *ens metaphysicum*, isto é, uma coisa que é e nada mais que é, sem quaisquer determinações e propriedades e, portanto, sem o decidido tipo de agir que delas emana: assim como uma *essentia* sem *existentia* não fornece uma realidade (o que Kant ilustrou com o conhecido exemplo de cem táleres), uma *existentia* sem *essentia* também não pode fazê-lo. Pois todo existente deve ter uma natureza essencial e peculiar a ele, em virtude da qual ele é o que é; uma natureza que ele sempre afirma e cujas manifestações são necessariamente provocadas pelas causas, ao passo que essa natureza mesma, por outro lado, não é de modo algum obra dessas causas, nem é modificável por elas. Mas tudo isso se aplica ao homem e à sua vontade tanto quanto a todos os demais seres da natureza. Ele também tem, além de *existencia*, uma *essentia*, isto é, propriedades fundamentais que constituem seu caráter e requerem apenas uma ocasião externa para irromper. Consequentemente, esperar que um homem, diante da mesma ocasião, aja uma vez de uma maneira, mas diferentemente outra vez, é como esperar que a mesma árvore que deu cerejas neste verão produza peras no próximo. Estritamente falando, a liberdade da vontade significa uma *existência* sem *essentia*: o que significa que alguma coisa é e, ao mesmo tempo, é nada, o que, por sua vez, significa que *não* é; portanto, é uma contradição.

A compreensão disso, bem como da validade certa *a priori* e, portanto, sem exceções da lei da causalidade, é responsável pelo fato de que todos os pensadores realmente profundos de todos os tempos, por mais diferentes que sejam suas outras opiniões, concordam em afirmar a necessidade de atos de vontade quando ocorrem os motivos, e em rejeitar o *liberum arbitrium*. De fato, precisamente porque a maioria incalculável de pessoas incapazes de pensar e a massa entregue à aparência e ao preconceito sempre resistiram obstinadamente a essa verdade, esses pensadores a levaram ao extremo para afirmá-la nas expressões mais decisivas e até mesmo audazes. A mais conhecida delas é a do asno de Buridan, a qual, no entanto, há quase cem anos é buscada em vão nos escritos remanescentes de Buridan. Eu mesmo tenho uma edição de seus *Sophismata*, que aparentemente foi impressa no século XV, sem local de edição, ano ou número de páginas, na qual procurei por ela sem sucesso, embora asnos apareçam como exemplos em quase todas as páginas. Bayle, cujo artigo sobre *Buridan* é a base de tudo o que foi escrito a esse respeito desde então, diz muito incorretamente que só se conhece *um* sofisma de

Buridan, pois tenho todo um volume in-quarto de *Sophismata* seus. Além disso, Bayle, já que trata o tema tão detidamente, deveria conhecer algo que, contudo, também não parece ter sido notado desde então, a saber, que aquele exemplo que, em certa medida, se tornou o símbolo ou tipo da grande verdade defendida por mim aqui é muito mais antigo do que Buridan. Encontra-se em Dante, que possuía todo o conhecimento de seu tempo, viveu antes de Buridan, e fala não de burros, mas de homens, nas seguintes palavras, que abrem o quarto livro de seu *Paraíso*:

> *Intra duo cibi, distanti e movente*
> *D'un modo, prima si morria di fame,*
> *Che liber' uomo l'un recasse a' denti*[9].

> [Entre duas iguarias igualmente distantes e apetitosas,
> o homem livre morreria de fome
> antes de levar uma delas aos dentes.]

De fato, já se encontra em Aristóteles, *De coelo*, II, 13, nestas palavras: "Καὶ ὁ λόγος τοῦ πεινῶντος καὶ διψῶντος σφόδρα μέν, ὁμοίως δὲ καὶ τῶν ἐδωδίμων καὶ ποτῶν ἴσον ἀπέχοντος καὶ γὰρ τοῦτον ἠρεμεῖν ἀναγκαῖον" (*item ea, quae de sitiente vehementer esurienteque dicuntur, cum aeque ab his, quae eduntur atque bibuntur, distat: quiescat enim necesse est*) [O mesmo se diz daquele que tem muita sede e fome igualmente intensas, quando está à mesma distância da comida e da bebida: necessariamente ficará parado onde está].

Buridan, que havia extraído o exemplo dessas fontes, trocou o homem por um asno, simplesmente porque é hábito desse pobre escolástico tomar como exemplos Sócrates e Platão, ou um *asinum*.

A questão da liberdade da vontade é realmente uma pedra de toque pela qual se podem distinguir os espíritos de pensamento profundo daqueles de pensamento superficial, ou é um

---

9. *Inter duos cibos aeque remotos unoque modo motos constitutus, homo prius fame periret, quam ut, absoluta liberrate usus, unum eorum dentibus admoveret.*

marco de fronteira onde ambos os grupos divergem, na medida em que os primeiros afirmam unanimemente a necessária ocorrência da ação, dados um caráter e um motivo, enquanto os últimos, com a grande massa, aderem à liberdade da vontade. Em seguida, há ainda uma classe intermediária, que, sentindo-se confusa, oscila de um lado para o outro, desloca seu ponto de chegada para si e para os outros, se refugia atrás de palavras e frases, ou torce e vira a questão até não saber mais do que se trata. Assim fez Leibniz, que era muito mais matemático e polímata do que filósofo[10]. Mas para conduzir esses oradores hesitantes diretamente ao tema, é preciso fazer-lhes a pergunta dessa maneira, e não se desviar dela.

1) Para uma respectiva pessoa, em circunstâncias dadas, são possíveis duas ações, ou apenas *uma*? – Resposta de todos os pensadores profundos: apenas uma.

2) O curso de vida percorrido por uma dada pessoa – considerando que, de um lado, seu caráter é imutavelmente fixo e que, por outro, as circunstâncias cuja influência ela teve de experimentar eram necessariamente determinadas por causas externas, completamente e até o mais ínfimo detalhe, causas estas que sempre ocorrem com estrita necessidade e cuja cadeia, consistindo tão somente em membros igualmente necessários, se estende até o infinito – poderia resultar diferentemente do que resultou, em algum ponto ou outro, por mínimo que fosse, em algum evento ou cena? – "Não!" é aqui a resposta lógica e correta.

A conclusão de ambas as proposições é: tudo o que ocorre, da maior coisa à menor, ocorre necessariamente. *Quidquid fit necessario fit* [O que quer que aconteça, acontece necessariamente].

Quem se assusta com essas duas proposições ainda tem algumas coisas a aprender e outras a desaprender: mas depois reconhecerá que elas são a mais abundante fonte de consolo e tranquilidade. – Nossas ações certamente não são um primeiro

---

10. A inconsistência de Leibniz neste ponto se mostra da maneira mais clara em sua carta a Coste, *Opera Phil*.Ed. Erdmann, p. 447; posteriormente, também na *Teodiceia*, § 45-53.

começo, e, portanto, nada realmente novo vêm à existência nelas: *por meio do que fazemos, simplesmente experimentamos o que somos.*

Sobre a convicção, não claramente reconhecida, mas ao menos sentida, da estrita necessidade de tudo o que acontece repousam também a visão do Fatum, do εἱμαρμένη, tão firmemente estabelecida entre os antigos, bem como o fatalismo dos maometanos, e até mesmo a universal e indestrutível crença nos *omina*, porque até mesmo o menor acidente ocorre necessariamente, e todos os eventos estão, por assim dizer, compassados uns com os outros, de modo que tudo ressoa em tudo. Por fim, também está relacionado com isso o fato de que alguém, sem a menor intenção e por puro acidente, mutilou ou matou outra pessoa, lamenta esse *piaculum* ao longo de sua vida, com um sentimento que parece semelhante ao de culpa, e também experimenta por parte dos outros um tipo especial de descrédito, como *persona piacularis* (pessoa desafortunada). De fato, até mesmo a doutrina cristã da predestinação teve influência da sentida convicção da imutabilidade do caráter e da necessidade de suas manifestações. – Finalmente, não quero suprimir aqui a seguinte observação, completamente secundária, que cada um, dependendo de como pensa sobre certas coisas, pode acolher ou rechaçar como quiser. Se não aceitamos a estrita necessidade de tudo o que acontece, em virtude de uma cadeia causal que liga todos os eventos indistintamente, mas permitimos que esta cadeia seja interrompida em inúmeros pontos por uma liberdade absoluta, então toda *previsão do futuro*, nos sonhos, no sonambulismo clarividente e na segunda visão (*second sight*), torna-se ela mesma *objetivamente* e, por conseguinte, absolutamente *impossível* e, portanto, impensável, porque então não há futuro objetivamente real com a mínima possibilidade que seja de ser previsto, ao passo que nós agora apenas duvidamos das condições *subjetivas* para isso, ou seja, da possibilidade *subjetiva*. E mesmo essa dúvida não pode mais ganhar espaço entre os bem informados de hoje, depois que inúmeros testemunhos, das fontes mais críveis, confirmaram tais antecipações do futuro.

Acrescento algumas considerações, como corolários à doutrina estabelecida da necessidade de tudo o que acontece.

O que seria deste mundo se a necessidade não permeasse e mantivesse todas as coisas juntas e, em especial, se não presidisse a procriação dos indivíduos? Um monstro, um amontoado de escombros, uma careta sem sentido ou significado – ou seja, obra do verdadeiro e puro acaso.

Desejar que alguma ocorrência não tivesse acontecido é um autotormento ridículo: pois é desejar o absolutamente impossível, e é tão irracional quanto desejar que o sol nasça no Oeste. Uma vez que todo acontecimento, tanto grande quanto pequeno, ocorre de modo *estritamente* necessário, é inteiramente inútil refletir sobre como foram triviais e acidentais as causas que provocaram essa ocorrência, e como facilmente poderiam ter sido diversas: pois isso é ilusório, na medida em que elas ocorreram com uma necessidade tão rigorosa e atuaram com um poder tão perfeito como aquelas em consequência das quais o sol nasce no Leste. Em vez disso, devemos considerar os eventos, tal como ocorrem, com o mesmo olhar com que observamos o material impresso que lemos, sabendo muito bem que estava lá antes que o lêssemos.

IV

PREDECESSORES

Como corroboração à afirmação acima sobre o juízo de todos os pensadores profundos em relação ao nosso problema, lembrarei alguns dos grandes homens que se pronunciaram nesse sentido.

Em primeiro lugar, para tranquilizar aqueles que talvez acreditem que razões religiosas se opõem à verdade que defendo, gostaria de lembrar que Jr 10,23 já havia dito: "O fazer do homem não está em seu poder, e não está no poder de ninguém como caminha, ou dirige seus passos". Mas me refiro, em particular, a Lutero, que, em um livro especialmente escrito para este fim, *De servo arbitrio*, nega a liberdade da vontade com toda a sua veemência. Algumas passagens dali são suficientes para caracterizar sua opinião, que ele naturalmente não apoia em bases filosóficas, mas sim teológicas. Cito-as da edição de Seb. Schmidt. Estrasburgo, 1707. – Na p. 145, podemos ler: "*Quare simul in omnium cordibus scriptum invenitur, liberum arbitrium nihil esse; licet obscuretur tot disputationibus contrariis et tanta tot virorum auctoritate*" [Portanto, está escrito em todos os corações que o livre-arbítrio não é nada, por mais que tal afirmação seja obscurecida por tantos argumentos contrários e pela autoridade de tantos homens]. P. 214: "*Hoc loco admonitos velim liberi arbitrii tutores, ut sciant, sese esse abnegatores Christi, dum asserunt liberum arbitrium*" [Quero alertar aqui aos defensores do livre-arbítrio que, ao afirmarem o livre-arbítrio, estão negando a Cristo]. P. 220: "*Contra liberum arbitrium pugnabunt Scripturae testimonia, quotquot de Christo loquuntur. At ea sunt innumerabilia, imo tota Scriptura. Ideo, si Scriptura judice causam agimus, omnibus modis vicero, ut ne jota unum aut apex sit reliquus, qui non damnet dogma liberi arbitrii*" [Em contradição com o livre-arbítrio, haverá tantos testemunhos da Escritura quantos os que falam de Cristo. E estes são inumeráveis, de fato, são toda a Escritura. Pela mesma razão, se tomamos a Escritura como juiz na matéria, vencerei de todos os modos, pois não há um jota ou um ponto que não condenem a crença no livre-arbítrio].

Passemos agora aos filósofos. Os antigos não devem ser levados seriamente em consideração aqui, pois sua filosofia, ainda em estado de inocência, por assim dizer, ainda não havia tido uma consciência clara dos dois problemas mais profundos e mais sérios da filosofia moderna, a saber: a questão da liberdade da vontade e a da realidade do mundo exterior, ou da relação do ideal com o real. De resto, até que ponto o problema da liberdade da vontade se tornara claro para os antigos pode ser visto relativamente bem na *Ethica Nicom.*, III, c. 1-8, de Aristóteles, onde descobriremos que seu pensamento sobre isso diz respeito, em essência, apenas à liberdade física e intelectual, o que o leva a falar sempre de ἑκούσιον καὶ ἀκούσιον [voluntário e involuntário], tomando o voluntário e o livre como uma coisa só. O muito mais difícil problema da liberdade moral ainda não se apresentara a ele, embora seus pensamentos às vezes cheguem a esse ponto, especialmente em *Ethica Nicom.*, II, 2, e III, 7 , onde ele, entretanto, cai no erro de deduzir o caráter das ações, e não no sentido inverso. Ele também, muito erroneamente, critica a convicção de Sócrates, que citei acima; em outros lugares, no entanto, ele a torna sua novamente, por exemplo, em *Nicom.*, X, 10: "Τὸ μὲν οὖν τῆς φύσεως δῆλον ὡς οὐκ ἐφ᾽ἡμῖν ὑπάρχει, ἀλλὰ διά τινας θείας αἰτίας τοῖς ὡς ἀληθῶς εὐτυχέσιν ὑπάρχει" *(quod igitur a natura tribuitur, id in nostra potestate non esse, sed, ab aliqua divina causa profectum, inesse in iis, qui revera sunt fortunati, perspicuum est)* [Portanto, é evidente que o que é devido à natureza não depende de nós, mas, vindo de alguma causa divina, encontra-se naqueles que são realmente afortunados]. *Mox*: "Δεῖ δὴ τὸ ἦθος προϋπάρχειν πως οἰκεῖον τῆς ἀρετῆς, στέργον τὸ καλὸν καὶ δυσχεραῖνον τὸ αἰσχρόν" *(Mores igitur ante quodammodo insint oportet, ad virtutem accommodati, qui honestum amplectantur, turpitudineque offendantur*) [Assim, é necessário que exista previamente um caráter próprio para a virtude, que abrace o que é honesto e repudie o que é torpe], o que concorda com a passagem que forneci acima, bem como com *Eth. magna*, I, 11: "Οὐκ ἔσται ὁ προαιρούμενος εἶναι σπουδαιότατος, ἂν μὴ καὶ ἡ φύσις ὑπάρξῃ, βελτίων μέντοι ἔσται" *(non enim ut quisque voluerit, erit omnium optimus, nisi etiam natura existiterit: melior quidem recte erit)* [Pois não será o melhor de todos quem quer sê-lo, a não ser que a natureza o ajude: mas será, pelo menos, melhor].

Aristóteles trata a questão da liberdade da vontade da mesma maneira em *Ethica magna*, I, 9-18, e *Ethica Eudemia*, II, 6-10, onde ele se aproxima um pouco mais do problema real: mas tudo é vacilante e superficial. Em toda a parte, ele tem como método não entrar diretamente nas questões, nem proceder analiticamente, mas sinteticamente para tirar conclusões de sinais externos: em vez de penetrar para chegar ao cerne das coisas, ele se detém em características externas, até mesmo em palavras. Este método facilmente conduz ao erro e, no caso de problemas mais profundos, nunca atinge o objetivo. Aqui ele se mantém parado diante do suposto contraste entre o necessário e o voluntário, ἀναγκαῖον καὶ ἑκούσιον, como perante uma parede: mas apenas para além desta se encontra a noção de que o voluntário, precisamente *como tal*, é necessário em virtude do motivo, sem o qual um ato de vontade é tão impossível quanto sem um sujeito que quer; e de que o motivo é uma causa tão boa quanto a mecânica, da qual só difere em coisas não essenciais; ele mesmo diz (*Eth. Eudem.*, II, 10): "Ἡ γὰρ οὗ ἕνεκα μία τῶν αἰτιῶν ἐστίν" *(nam id, cujus gratia, una e causarum numero est)* [A causa final é uma das causas]. Portanto, esse contraste entre o voluntário e o necessário é fundamentalmente falso, embora muitos supostos filósofos hoje ainda estejam do lado de Aristóteles.

Cícero expõe com relativa clareza o problema da liberdade da vontade no livro *De fato*, c. 10 e c. 17. Com efeito, o assunto de seu tratado leva muito fácil e naturalmente a ele. Ele próprio é partidário da liberdade da vontade, mas vemos que Crisipo e Diodoro já deviam ter uma consciência mais ou menos clara do problema. – Destaca-se também o trigésimo diálogo dos mortos de Luciano, entre Minus e Sostratos, que nega a liberdade da vontade e com ela a responsabilidade.

Mas, em certa medida, o quarto livro dos Macabeus, na Septuaginta (ausente em Lutero), é um tratado sobre a liberdade da vontade, na medida em que se propõe demonstrar que a razão ((λογισμός) possui o poder de superar todas as paixões e afetos, e atesta isso com mártires judeus no segundo livro.

Para mim, o mais antigo e claro conhecimento do nosso problema se encontra em Clemente de Alexandria (*Strom*. I, § 17), que diz: "Οὔτε δὲ οἱ ἔπαινοι, οὔτε οἱ ψόγοι, οὔθ'αἱ τιμαί, οὔθ'αἱ κολάσεις, δίκαιαι μὴ τῆς ψυχῆς ἐχούσης τὴν ἐξουσίαν τῆς ὁρμῆς καὶ ἀφορμῆς, ἀλλ'ἀκουσίου τῆς κακίας οὔσης" *(nec laudes, nec vituperationes, nec honores, nec supplicia justa sunt, si anima non habeat liberam potestatem et appetendi et abstinendi, sed sit, vitium involuntarium)* [Nem elogios, nem vitupérios, nem honras, nem torturas se justificam se a alma não tem a faculdade livre de desejar e de se abster, mas o vício é involuntário]. E então, após uma referência a algo dito anteriormente, Clemente acrescenta: "ἵν' ὅτι μάλιστα ὁ θεὸς μὲν ἡμῖν κακίας ἀναίτιος" *(ut vel maxime quidem Deus nobis non sit causa vitii)* [Então, certamente, Deus não é a causa do vício em nós].

Este acréscimo altamente notável mostra em que sentido a Igreja imediatamente compreendeu o problema e qual decisão ela rapidamente antecipou, de acordo com seus interesses – quase 200 anos depois encontramos a doutrina da liberdade da vontade tratada já minuciosamente por Nemésio, em sua obra *De natura hominis*, final do cap. 35, e cap. 39-41. Aqui a liberdade do querer é identificada, sem hesitação, com arbítrio ou poder decisional e, portanto, zelosamente firmada e demonstrada. Apesar de tudo, isso já é uma ventilação do tema.

Mas a consciência plenamente desenvolvida do nosso problema, com tudo o que a ele se prende, nós a encontramos primeiramente no Padre da igreja Agostinho, que por isso entra em consideração aqui, embora seja muito mais teólogo do que filósofo.

Em seguida, contudo, nós o vemos em notável embaraço e insegura oscilação diante do problema, o que o leva a inconsistências e contradições em seus três livros *de libero arbitrio*. Por um lado, ao contrário de Pelágio, ele não quer conceder muito à liberdade da vontade até o ponto de que o pecado original, a necessidade de redenção e a livre predestinação fossem suprimidos, e consequentemente o ser humano pudesse se tornar justo e digno de bem-aventurança por suas próprias forças. Ele até mesmo dá a entender no *Argumento in libros de lib. arb. ex Lib*. I, c. 9, *Retractationum desumto*, que ele teria dito mais sobre este lado da controvérsia (que Lutero mais tarde defendeu com tanto vigor) se esses livros não tivessem sido escritos antes do aparecimento de Pelágio, contra cuja opinião ele publicou o livro *De natura et gratia*. Nesse meio tempo, em *De lib. arb*. III, 18, ele diz: *"Nunc autem homo non est bonus, nec habet in potestate, ut bonus sit, sive non videndo qualis esse debeat, sive videndo et non volendo esse, qualem debere esse se videt. – Mox: vel ignorando non habet liberum arbitrium voluntatis ad eligendum quid recte faciat; vel resistente carnali consuetudine, quae violentia mortalis successionis quodammodo naturaliter inolevit, videat quid recte faciendum sit, et velit, nec possit implere"* [Mas o homem não é bom nem tem o poder de ser bom, seja porque não vê o que deveria ser, ou vê e não quer ser o que pensa que deveria ser. – Ou, por ignorância, ele não tem livre-arbítrio para escolher como agir retamente; ou, então, pela resistência do hábito carnal que de alguma forma cresce naturalmente com a violência da sucessão dos mortais, ele vê o que deve fazer e quer, mas não pode fazê-lo]; e no *Argumento* mencionado: *"Voluntas ergo ipsa, nisi gratia Dei liberatur a servitute, qua facta est serva peccati, et, ut vitia superet, adjuvetur, recte pieque vivi non potest a mortalibus"* [Portanto, se a própria vontade não é libertada pela graça de Deus da servidão que a tornou escrava do pecado, e não é auxiliada a vencer os vícios, os mortais não podem viver justa e piedosamente].

Por outro lado, porém, as três razões seguintes o levaram a defender a liberdade do querer:

1) Sua oposição aos *maniqueus*, contra quem os livros *De lib. arg*. são expressamente dirigidos, porque eles negavam

o livre-arbítrio e assumiam outra fonte da perversidade e do mal. Ele já faz alusão a eles no último capítulo do livro *De animae quantitate*: *"datum est animae liberum arbitrium, quod qui nugatoriis ratiocinationibus labefactare conantur, usque adeo coeci sunt, ut caet"* [O livre-arbítrio é dado à alma, e aqueles que procuram com raciocínio frívolo negá-lo são tão cegos que... etc.].

2) O equívoco natural, por mim revelado, em virtude do qual o "Posso fazer o que quero" é tomado por liberdade da vontade e "voluntário" é tomado como imediatamente idêntico a "livre": *De lib. arb.* I, 12: *"Quid enim tam in voluntate, quam ipsa voluntas, situm est?"* [O que, de fato, depende tanto da vontade quanto a vontade mesma?].

3) A necessidade de conciliar a responsabilidade moral do homem com a justiça de Deus. De fato, a perspicácia de Agostinho não deixou escapar uma dificuldade extremamente séria cuja eliminação é tão difícil que, tanto quanto sei, todos os filósofos posteriores, com exceção de três, que examinaremos mais de perto em seguida, preferiram evitá-la sutil e silenciosamente, como se não existisse. Agostinho, por outro lado, a expressa com nobre franqueza, sem complicações, logo nas palavras iniciais dos livros *De lib. arb.* I, 12. *"Dic mihi, quaeso, utrum Deus non sit auctor mali?"* [Diz-me, eu te rogo, se não é Deus o autor do mal?]. E então, com mais detalhes, já no segundo capítulo: *"Movet autem animum, si peccata ex his animabus suntquas Deus creavit, illae autem animae ex Deo; quomodo non, parvo intervallo, peccata referantur in Deum"* [Mas isso perturba meu ânimo: se os pecados vêm dessas almas que Deus criou, e essas almas vêm de Deus, como os pecados, em breve intervalo, não recairão sobre Deus?]. Ao que o interlocutor responde: *"Id nunc plane abs te dictum est, quod me cogitantem satis excruciat"* [Agora disseste exatamente o que também me atormenta, não pouco, em meus pensamentos]. – Lutero retomou essa consideração, extremamente problemática, e a enfatizou com toda a veemência de sua eloquência, em *De servo arbitrio*, p. 144: *"At talem oportere esse Deum, qui* libertate *sua* necessitatem *imponat nobis, ipsa ratio naturalis cogitur confiteri. –*

Concessa praescientia et omnipotentia, sequitur naturaliter, irrefragabili consequentia, nos per nos ipsos non esse factos, nec vivere, nec agere quidquam, sed per illius omnipotentiam. – Pugnat ex diametro praescientia et omnipotentia Dei cum nostro libero arbitrio. – Omnes homines coguntur inevitabili consequentia admittere, nos non fieri nostra voluntate, sed necessitate; ita nos non facere quod libet, pro jure liberi arbitrii, sed prout Deus praescivit et agit consilio et virtute infallibili et immutabili [E a mesma razão natural é obrigada a confessar que Deus deve ser tal que, em sua *liberdade,* nos impõe a *necessidade.* Admitidas a presciência e onipotência, segue-se naturalmente e como consequência irrefutável, que não somos criados, nem vivemos, nem agimos por nós mesmos, mas por sua onipotência. A presciência e a onipotência de Deus são diametralmente opostas ao nosso livre-arbítrio. Todos os homens são irremediavelmente forçados a admitir como consequência que não nos tornamos o que somos por nossa vontade, mas por necessidade; e assim, não fazemos o que nos apraz em virtude do livre-arbítrio, mas de acordo com o que Deus previu e *faz* de acordo com seu conselho e sua virtude infalíveis e imutáveis].

No início do século XVII, encontramos Vanini completamente repleto desse conhecimento, que são o cerne e a alma de sua persistente rebelião contra o teísmo, embora, sob a pressão da época, ele a tenha ocultado da maneira mais astuta possível. Ele retorna a ela em todas as oportunidades e não se cansa de apresentá-la sob os mais variados pontos de vista. Por exemplo, em seu *Amphitheatro aeternae providentiae,* exercitatio 16 , ele diz: "*Si Deus vult peccata, igitur facit: scriptum est "enim omnia quaecunque voluit fecit". Si non vult, tamen committuntur: erit ergo dicendus improvidus, vel impotens, vel crudelis; cum voti sui compos fieri aut nesciat, aut nequeat, aut negligat.... Philosophi inquiunt: si nollet Deus pessimas ac nefarias in orbe vigere actiones, procul dubio uno nutu extra mundi limites omnia flagitia exterminaret, profligaretque: quis enim nostrum divinae potest resistere voluntati? Quomodo invito Deo patrantur scelera, si in actu quoque peccandi scelestis vires subministrat? Ad haec, si contra Dei voluntatem homo labitur, Deus erit inferior homine, qui ei adversatur, et praevalet. Hinc deducunt:*

Deus ita desiderat hunc mundum, qualis est: si meliorem vellet, meliorem haberet" [Se Deus quer pecados, ele também os fará ocorrer; de fato está escrito: "todas as coisas que ele quer, ele faz". Se ele não os quer e, no entanto, eles são cometidos, então se deve dizer que ele é imprudente ou impotente ou cruel, porque ou ele não sabe ou não quer, ou negligencia o cumprimento de seu desejo... Dizem os filósofos: se Deus não quisesse que houvesse atos ruins e hediondos no mundo, então sem dúvida ele poderia, com um único aceno de cabeça, exterminar e banir todas as transgressões além dos confins do mundo; quem de nós pode, de fato, resistir à vontade divina? Como pode um delito ser cometido contra a sua vontade se ele mesmo dá ao ímpio a força para pecar? Além disso, se o homem peca contra a vontade de Deus, então Deus é inferior ao homem que se opõe a ele e o vence. Disso eles deduzem que Deus, portanto, quer que o mundo seja o que é; se ele quisesse um melhor, ele teria um melhor]. – E no *exercitatio* 44 podemos ler: *"Instrumentum movetur prout a suo principali dirigitur: sed nostra voluntas in suis operationibus se habet tanquam instrumentum, Deus vero ut agens principale; ergo si haec male operatur, Deo imputandum est.... Voluntas nostra non solum quoad motum, sed quoad substantiam quoque tota a Deo dependet: quare nihil est, quod eidem imputari vere possit, neque ex parte substantiae, neque operationis, sed totum Deo, qui voluntatem sic formavit, et ita movet.... Cum essentia et motus voluntatis sit a Deo, adscribi eidem debent vel bonae, vel malae voluntatis operationes, si haec ad illum se habet velut instrumentum"* [O instrumento é movido de acordo como dispõe aquele que o opera: mas nossa vontade se comporta em suas operações como um instrumento, e Deus é verdadeiramente seu agente principal: então, se ela opera mal, isso deve ser imputado a Deus. Nossa vontade depende totalmente de Deus, não só quanto a seus movimentos, mas também quanto à sua substância: por isso não há nada que possa ser realmente imputado a ela, nem da parte da substância nem de suas operações, mas somente a Deus, que assim fez a vontade e assim a move... Como a essência e o movimento da vontade vêm de Deus, as boas ou más operações da vontade devem ser atribuídas a Ele, se ela se relaciona a Ele como um instrumento]. Mas deve-se ter em mente, no caso de Vanini, que ele usa consistentemente o estratagema de expor na pessoa de um adversário sua opinião real, como uma opinião ele detesta e pretende refutar, e apresentá-la de forma convincente e aprofundada; para então, em sua própria pessoa, opor-se a ela com razões superficiais e argumentos frouxos, e sair triunfante *tanquam re bene gesta* [como se o tivesse feito bem] confiando na malícia de seu leitor. Com essa astúcia, ele enganou até mesmo a altamente erudita Sorbonne, que, levando tudo ao pé da letra, confiadamente concedeu seu *imprimatur* aos seus escritos mais ímpios. Com alegria ainda mais cordial, ela o viu ser queimado vivo três anos depois, após sua língua blasfema ter sido cortada. Pois este é o argumento realmente forte dos teólogos, e desde que o perderam, as coisas retrocederam bastante para eles.

Entre os filósofos no sentido mais estrito, Hume é, se não me engano, o primeiro a não se esquivar da grave dificuldade inicialmente levantada por Agostinho; ao contrário, embora sem mencionar Agostinho ou Lutero, muito menos Vanini, ele a apresenta sem dissimulação em seu *Ensaio sobre liberdade e necessidade*, onde, no final, ele diz: *"The ultimate author of all our volitions is the creator of the world, who first bestowed motion on this immense machine, and placed all beings in that particular position, whence every subsequent event, by an unevitable necessity, must result. Human actions therefore either can have no turpitude at all, as proceeding from so good a cause, or, if they have any turpitude, they must involve our creator in the same guilt, while he is acknowledged to be their ultimate cause and author. For as a man, who fired a mine, is answerable for all the consequences, whether the train employed be long or short; so wherever a continued chain of necessary causes is fixed, that Being, either finite or infinite, who produces the first, is likewise the author of all the rest"*[11]. Ele tenta resolver essa dificuldade, mas no fim admite que a considera insolúvel.

---

11. Para alguns leitores será bem-vinda a tradução desta e outras passagens em inglês. "O Autor último de todas as nossas vontades é o Criador do mundo, quem, no início, deu o impulso a esta imensa máquina e colocou todos os seres nesta posição particular, de onde deve resultar, por uma necessidade inevitável, todo evento posterior. Portanto, as ações humanas, ou não podem

Kant também, independentemente de seus antecessores, encontra o mesmo obstáculo na *Crítica da razão prática*, p. 180ss. da 4ª edição e p. 232 da edição de Rosenkranz: "Mas parece que, desde que se aceite que Deus, como ser primário universal, é também a *causa* da *existência da substância*, deveremos, também, aceitar que as ações do homem têm n'Aquele o seu fundamento determinante, o que, desse modo, se encontra inteiramente fora do seu poder, isto é, na causalidade de um ser supremo distinto inteiramente dele, do qual dependem absolutamente sua própria existência e toda a determinação de sua causalidade... O ser humano não passaria de um autômato de Vaucanson, construído, carregado de força e posto em movimento pelo Supremo Artífice de todas as coisas; e a autoconsciência faria dele, é verdade, um autômato pensante, no qual, todavia, a consciência de sua espontaneidade, se considerada como liberdade, seria um simples equívoco, já que só comparativamente mereceria ser assim denominada, pois, embora as causas próximas determinantes do seu movimento e uma extensa série de suas causas determinantes sejam internas, a última e suprema se encontra inteiramente em mão alheia". – Ele então procura remover essa grande dificuldade recorrendo à distinção entre coisa em si e fenômeno; mas é tão óbvio que, com essa distinção, não muda nada no essencial desse tema que estou convencido de que Kant não a levava a sério. Além disso, ele mesmo admite a inadequação de sua solução, na p. 184, onde acrescenta: "Mas então qualquer outra solução que se tentou ou poderá ser tentada é mais fácil, mais compreensível? Poder-se-ia, antes, dizer que os mestres dogmáticos da metafísica mostraram mais *astúcia* do que sinceridade, ao deslocar da vista o quanto possível este ponto dificílimo, com a esperança de que, se nada dissessem sobre ele, provavelmente ninguém pensaria nele".

---

ser em nada moralmente depravadas, porquanto elas procedem de uma tão boa causa; ou se são depravadas devem envolver nosso Criador na mesma culpa, visto que é reconhecido como sua última Causa e Autor. Pois, do mesmo modo que um homem que faz explodir uma bomba é responsável por todas as consequências, quer seja comprida ou curta a mecha que ele empregou, assim, uma vez que se tenha fixado uma cadeia contínua de causas necessárias, este Ser, seja finito ou infinito, que produz a primeira causa, é igualmente o autor de toda a cadeia."

Após esta notável compilação de vozes altamente heterogêneas, todas dizendo a mesma coisa, retorno ao nosso Padre da Igreja. Os fundamentos com as quais ele espera remover a dificuldade que ele já sentira em toda a sua severidade são teológicos, não filosóficos e, portanto, não têm validade incondicional. Como foi dito, o apoio deles é o terceiro motivo, além dos dois mencionados acima, pelo qual ele busca defender um *liberum arbitrium* concedido ao ser humano por Deus. Semelhante coisa, por se colocar no meio separando o Criador e os pecados de sua criatura, seria realmente suficiente para eliminar toda a dificuldade, mas isso se apenas o *liberum arbitrium* – tal como é dito facilmente em palavras e que talvez baste a um pensamento que não vai muito além de palavras – permanecesse ao menos pensável numa consideração séria e profunda. Mas como se pode imaginar que um ser que, segundo toda a sua *existentia* e *essentia*, é obra de outro, é capaz, contudo, de determinar-se radicalmente a si mesmo desde o início e, portanto, ser responsável por suas ações? O princípio *Operari sequitur esse*, isto é, os efeitos de cada ser decorrem de sua constituição, refuta essa suposição, mas é, ele próprio, irrefutável. Se um homem age mal, é porque ele é mau. Mas a esse princípio se une seu corolário: *ergo unde esse, inde operari* [Portanto, de onde vem o ser, daí vem o agir]. O que diríamos do relojoeiro que estivesse zangado com seu relógio porque não funciona bem? Por mais que se queira fazer da vontade uma *tabula rasa*, ninguém poderá deixar de admitir que se, por exemplo, de duas pessoas, uma delas, do ponto de vista moral, segue um curso de ação totalmente oposto ao da outra, então essa diferença, que deve provir de algum lugar, tem sua razão ou nas circunstâncias externas, caso em que a culpa obviamente não afeta os seres humanos, ou então em uma diferença originária em sua vontade mesma, caso em que novamente a culpa e o mérito não os afetam, se toda sua existência e essência são obras de outrem. Depois que os grandes homens mencionados se esforçaram em vão para encontrar uma saída desse labirinto, admito de bom grado que pensar a responsabilidade moral da vontade humana sem sua asseidade supera minha capacidade de compreensão. Foi, sem dúvida, essa mesma incapacidade que ditou a sétima das oito definições com que Espinosa abre sua Ética: *"ea res libera dicetur, quae ex sola naturae suae necessitate existit, et a se sola ad agendum determinatur; necessaria autem, vel potius coacta, quae ab alio determinatur ad existendum et operandum"* [Diz-se livre a coisa que existe exclusivamente pela necessidade de sua natureza e que por si só é determinada a agir; e necessária, ou melhor, coagida, a que é determinada por outro a existir e a operar de certa e determinada maneira].

Pois se uma ação má deriva da natureza, isto é, da constituição inata do ser humano, então a culpa obviamente reside sobre o originador dessa natureza. Por isso, a vontade livre foi inventada. Mas, sob essa suposição, absolutamente não se pode ver de onde surge a ação, porque a livre vontade é, no fundo, uma qualidade puramente *negativa* e significa apenas que nada obriga nem impede o ser humano de agir de uma maneira ou de outra. No entanto, isso nunca deixa claro *do que* a ação, em última análise, surge, pois não deve provir da natureza inata ou adquirida do homem, caso em que se tornaria um fardo para seu criador, nem apenas das circunstâncias externas, na medida em que ela seria atribuída ao acaso; portanto, de toda maneira o ser humano permaneceria isento de culpa – enquanto, de fato, é declarado responsável por ela. A imagem natural de uma vontade livre é uma balança sem peso: está lá suspensa tranquilamente e nunca perderá o equilíbrio, a menos que algo seja colocado em um de seus pratos. Assim como ela não pode mover-se por si mesma, a vontade livre também não pode suscitar uma ação por si mesma, porque nada se deriva do nada. Para que a balança se incline para um lado, sobre ela um corpo estranho deve ser colocado, que é então a fonte do movimento. De igual modo, a ação humana deve ser provocada por algo que atue positivamente e seja algo mais do que uma mera liberdade negativa. Mas isso só pode significar duas coisas: ou os motivos o fazem por si sós, isto é, as circunstâncias externas: então o ser humano obviamente não seria responsável pela ação, e, além disso, todas as pessoas teriam de agir da mesma maneira sob as mesmas circunstâncias; ou então surge de sua receptividade a tais motivos, ou seja, de seu caráter inato, isto é, das inclinações que habitam originariamente no homem, que podem variar nos indivíduos e em virtude das quais os motivos têm seu efeito. Mas então a vontade não é mais uma vontade livre, pois essas inclinações são o peso colocado no prato da balança. A responsabilidade recai sobre aquele que as colocou ali, ou seja, sobre aquele de quem o ser humano com tais inclinações é obra. Portanto, o ser humano é responsável por seu fazer apenas no caso em que ele mesmo é sua própria obra, isto é, que tem asseidade.

Todo o ponto de vista aqui exposto sobre o tema permite-nos apreciar tudo o que depende dessa liberdade da vontade, a qual constitui um abismo indispensável entre o Criador e os pecados de sua criatura – e daí se compreende por que os teólogos se apegam a ela com tanta persistência, e por que seus escudeiros, os professores de filosofia, a apoiam devidamente com tanto zelo que, surdos e cegos às mais conclusivas contraprovas dos grandes pensadores, se aferram à liberdade da vontade e lutam por ela como *pro ara et focis* [por altar e lareira].

Mas para finalmente concluir meu relato sobre Agostinho, que interrompi acima: sua opinião, em geral, é que o ser humano realmente só teve uma vontade completamente livre antes da queda, mas depois dela, tendo caído no pecado original, ele teve de esperar sua salvação da predestinação e da Redenção – e isso é o que se chama falar como um Padre da Igreja.

Nesse meio tempo, por meio de Agostinho e sua disputa com maniqueus e pelagianos, a filosofia despertou para a consciência de nosso problema. A partir de então, por meio dos escolásticos, foi-se tornando cada vez mais claro para a filosofia o que testemunham o sofisma de Buridan e a passagem de Dante acima citada. – Mas quem primeiro chegou ao fundo da questão é, ao que parece, Thomas Hobbes, cujo ensaio dedicado expressamente a esse tema, *Quaestiones de libertate et necessitate, contra Doctorem Branhallum*, apareceu em 1656: é um escrito agora raro. Em inglês, encontra-se em *Th. Hobbes moral and political works*, um volume *in folio*, Londres, 1750, p. 469ss., a partir do qual construo a seguinte passagem principal, p. 483:

6) Nothing takes a beginning from itself; but from the action of some other immediate agent, without itself. Therefore,

when first a man has an appetite or will to something, to which immediately before he had no appetite nor will; the cause of his will is not the will itself, but something else not in his own disposing. So that, whereas it is out of controversy, that of voluntary actions the will is the necessary cause, and by this which is said, the will is also necessarily *caused* by other things, whereof it disposes not, it follows that voluntary actions have all of them necessary causes, and therefore are *necessitated*.

7) I hold *that* to be a *sufficient* cause, to which nothing is wanting that is needfull to the producing of the *effect*. The same is also a necessary cause: for, if it be possible that a sufficient cause shall not bring forth the effect, then there wanteth somewhat, which was needfull to the producing of it; and so the cause was not *sufficient*. But if it be impossible that a *sufficient* cause should not produce the effect; then is a sufficient cause a *necessary* cause. Hence it is manifest, that whatever is produced, is produced *necessarily*. For whatsoever is produced has had a *sufficient* cause to produce it, or else it had not been: and therefore also voluntary actions are *necessitated*.

8) That ordinary definition of a free agent (namely that a free agent is that, which, when all things are present, which are needfull to produce the effect, can nevertheless not produce it) implies a contradiction and is Nonsense; being as much as to say, the cause may be *sufficient*, that is to say *necessary*, and yet the effect shall not follow...

– P. 485. Every accident, how contingent soever it seem, or how *voluntary* soever it be, is produced *necessarily*[12].

---

12. 6) Nada começa por si mesmo, mas da ação de algum outro agente imediato externo. Portanto, quando um homem deseja ou quer algo que imediatamente antes não desejava ou queria, a causa de seu querer não é o próprio querer, mas alguma outra coisa que não depende dele. Assim, visto que está fora de questão que das ações voluntárias a vontade é a sua causa, e como consequência do que foi dito, a vontade é também *causada* por outras coisas que não dependem dela, segue-se que todas as ações voluntárias têm causas necessárias e, portanto, são *necessitadas*. / 7) Considero causa *suficiente aquela* à qual nada falta do que é necessário para a produção do *efeito*. Tal causa é também uma causa necessária. Pois se fosse possível que uma causa suficiente não produzisse o efeito, então lhe teria faltado algo necessário para a produção dele; e assim a causa não era *suficiente*. Mas se é impossível

Em seu famoso livro *De cive*, cap. 1, § 7, ele diz: *"Fertur unusquisque ad appetitionem ejus, quod sibi bonum, et ad fugam ejus, quod sibi malum est, maxime autem maximi malorum naturalium, quae est mors; idque necessitate quadam naturae non minore, quam qua fertur lapis deorsum"* [Cada qual é desejoso do que é bom, e foge do que é mau, mas acima de tudo do maior dentre todos os males naturais, que é a morte, e isso por certa necessidade da natureza não menor do que aquela pela qual a pedra cai].

Imediatamente após Hobbes, vemos Espinosa imbuído da mesma convicção. Algumas passagens serão suficientes para caracterizar sua doutrina sobre este ponto:

Eth., Parte I, prop. 32: *"Voluntas non potest vocari causa libera, sed tantum necessaria. – Coroll 2. Nam voluntas, ut reliqua omnia, causa indiget, a qua ad operandum certo modo determinatur"* [A vontade não pode ser chamada de causa livre, mas apenas necessária. Corolário 2: Pois a vontade, como todas as outras coisas, precisa de uma causa pela qual é determinada a operar de certo modo].

Eth., Parte II, *scholium ultimum*: *"Quod denique ad quartam objectionem (de Buridani asina) attinet, dico, me omnino concedere, quod homo in tali aequilibrio positus (nempe qui nihil aliud percipit quam sitim et famem, talem cibum el talem potum, qui aeque ab eo distant) fame et siti peribit"* [No que diz respeito à quarta objeção (sobre o burro de Buridan), afirmo poder admitir plenamente que um homem posto em tal equilíbrio (o de não perceber nada além de sede e fome, aquela comida e aquela bebida, igualmente distantes dele) morreria de fome e sede].

---

que uma causa *suficiente* não produza o efeito, então uma causa suficiente é uma causa *necessária*. Daí se segue manifestamente que tudo o que é produzido é produzido *necessariamente*. Pois o que quer que seja produzido teve uma causa *suficiente* que a produziu, do contrário, não teria sido; portanto, também as ações voluntárias são *necessitadas*. / 8) A definição usual de agente livre (a saber, um agente livre é aquele que, mesmo que todas as coisas necessárias para produzir a ação estejam presentes, pode, contudo, não produzi-la) implica uma contradição e é sem sentido; pois equivale a dizer que uma causa pode ser *suficiente*, isto é, *necessária* e não ser seguida pelo efeito. / P. 485: Todo acidente, por mais casual que possa parecer ou por mais *voluntário* que seja, ocorre *necessariamente*.

Eth., Parte III, prop. 2. "*Schol. Mentis decreta eadem necessitate in mente oriuntur, ac ideae rerum actu existentium. Qui igitur credunt, se ex libero mentis decreto loqui vel tacere, vel quidquam agere, oculis apertis somniant. – Epist 62. Unaquaeque res necessario a causa externa aliqua determinatur ad existendum et operandum certa ac determinata ratione. Ex. gr. lapis a causa externa, ipsum impellente, certam motus quantitatem accipit, qua postea moveri necessario perget. Concipe jam lapidem, dum moveri pergit, cogitare et scire, se, quantum potest, conari, ut moveri pergat. Hic sane lapis, quandoquidem sui tantummodo conatus est conscius et minime indifferens, se liberrimum esse et nulla alia de causa in motu perseverare credet, quam quia vult. Atque haec humana illa libertas est, quam omnes habere jactant, et quae in hoc solo sonsistit, quod homines sui appetitus sint conscii, et causarum, a quibus determinantur, ignari. – His, quaenam mea de libera et coacta necessitate, deque ficta humana libertate sit sententia, satis explicui*" [E, assim, essas decisões da mente surgem na mente com a mesma necessidade que as ideias das coisas existentes em ato. Aqueles, portanto, que julgam que é por uma livre decisão da mente que falam, se calam ou fazem seja o que for, sonham de olhos abertos. – Carta 62. Com efeito, cada coisa é necessariamente determinada por alguma causa externa a existir e a operar de maneira certa e determinada. Por exemplo, uma pedra recebe de uma causa externa, sua impelente, certa quantidade de movimento, a qual depois, cessando o impulso da causa externa, continuará necessariamente a mover-se. Concebe agora uma pedra que, enquanto continua em movimento, é capaz de pensar e saber que ela está se esforçando tanto quanto pode para continuar a se mover. Esta pedra, sendo consciente apenas de seu próprio esforço, e de modo nenhum indiferente, acreditará que é completamente livre e que a causa de perseverar no movimento é unicamente porque quer e nenhuma outra causa. E esta é aquela liberdade humana que todos se vangloriam de possuir, e que consiste apenas no fato de que os homens são conscientes de seus apetites, mas ignoram as causas pelas quais eles são determinados... Expliquei, assim, suficientemente meu parecer acerca da necessidade livre e coagida, e acerca do que é a fictícia liberdade humana].

É, no entanto, uma circunstância digna de nota que Espinosa tenha chegado a essa percepção apenas em seus últimos anos (ou seja, aos quarenta), ao passo que anteriormente, em 1665, quando ainda era cartesiano, em sua *Cogitatis metaphysicis*, c. 12, havia defendido decidida e vigorosamente a opinião contrária. E até mesmo em direta contradição com o *Scholio ultimo Partis* II há pouco citado, ele havia dito em relação ao sofisma de Buridan: *"Si enim hominem loco asinae ponamus in tali aequilibrio positum, homo, non pro re cogitante, sed pro turpissimo asino erit habendus, si fame et siti pereat"* [Mas se supusermos um homem no lugar do burro posto em tal equilíbrio, e caso morra de fome e sede, ele deveria ser considerado, não uma substância pensante, mas o mais vil dos burros].

Mais abaixo, terei de relatar a mesma mudança de opinião e conversão de dois outros grandes homens. Isso mostra como é difícil e profunda a correta compreensão do nosso problema.

Hume, em seu *Ensaio sobre liberdade e necessidade*, do qual já citei acima uma passagem, escreve com a mais clara convicção da necessidade de atos individuais de vontade, uma vez dados os motivos, e os apresenta com suma clareza em sua maneira compreensível a todos. Ele diz: *"Thus it appears that the conjunction between motives and voluntary actions is as regular and uniform as that between the cause and effect in any part of nature. E mais adiante: It seems almost impossible, therefore, to engage either in science or action of any kind, without acknowledging the doctrine of necessity and this inference from motives to voluntary actions, from character to conduct*[13].

Mas nenhum escritor mostrou a necessidade dos atos de vontade de forma tão detalhada e convincente quanto Priestley, em sua obra dedicada exclusivamente a esse assunto, *A doutrina da necessidade filosófica*. Quem não é convencido por esse livro escrito de forma extremamente clara e compreensível deve realmente ter o entendimento paralisado por preconceitos. Para

---

13. Parece então que a conjunção entre motivos e ações voluntárias é tão regular e uniforme como a que existe entre a causa e o efeito em qualquer parte da natureza. Por conseguinte, parece quase impossível empreender algo, seja na ciência ou em ações de qualquer tipo, sem reconhecer a doutrina da necessidade, e aquela inferência dos motivos às ações voluntárias, do caráter à conduta.

caracterizar seus resultados, apresento algumas passagens, que cito da 2ª edição, Birmingham, 1782.

> Prefácio, p. XX: *There is no absurdity more glaring to my understanding, than the notion of philosophical liberty.* – P. 26: *Without a miracle, or the intervention of some foreign cause, no volition or action of any man could have been otherwise, than it has been.* – P. 37: *Though an inclination or affection of mind be not gravity, it influences me and acts upon me as certainly and necessarily, as this power does upon a stone.* – P. 43: *Saying that the will is* self-determined, *gives no idea at all, or rather implies an absurdity, viz: that a* determination, *which is an* effect, *takes place, without any cause at all. For exclusive of every thing that comes under the denomination of* motive, *there is really nothing at all left, to produce the determination. Let a man use what* words *he pleases, he can have no more conception how we can sometimes be determined by motives, and sometimes without any motive, than he can have of a scale being sometimes weighed down by weights, and sometimes by a kind of substance that has no weight at all, which, whatever it be in itself, must, with respect to the scale be* nothing. – P. 66: *In proper philosophical language, the motive ought to be call'd the proper cause of the action. It is as much so as any thing in nature is the cause of any thing else.* – P. 84: *It will never be in our power to choose two things, when all the previous circumstances are the very same.* – P. 90: *A man indeed, when he reproaches himself for any particular action in his passed conduct, may fancy that, if he was in the same situation again, he would have acted differently. But this is a mere deception; and if he examines himself strictly, and takes in all circumstances, he may be satisfied that, with the same inward disposition of mind, and with precisely the same view of things, that he had then, and exclusive of all others, that he has acquired by reflection since, he could not have acted otherwise than he did.* – P. 287: *In short, there is no choice in the case, but of the doctrine of necessity or absolute nonsense*[14].

---

14. Prefácio, P. XX:Para meu entendimento, não há absurdo mais flagrante do que o conceito de liberdade moral. P. 26: Sem um milagre ou a intervenção de

Agora deve-se notar que ocorreu a Priestley o mesmo que a Espinosa e ainda a outro grande homem que logo será mencionado. Pois Priestley diz no Prefácio da 1ª edição, p. xxvii:

> *I was not however a ready convert to the doctrine of necessity. Like Dr. Hartley himself, I gave up my liberty with great reluctance, and in a long correspondence, which I once had on the subject, I maintained very strenuously the doctrine of liberty, and did not at all yield to the arguments then proposed to me*[15].

O terceiro grande homem a quem aconteceu a mesma coisa é Voltaire, que o relata com sua amabilidade e singeleza características. De fato, em seu *Traité de metaphysique*, cap. 7, ele ha-

---

alguma causa externa, nenhum ato de vontade ou ação de um homem qualquer poderia ter sido diferente de como foi. – P. 37: Ainda que uma inclinação ou determinação de meu ânimo não seja a gravidade, ela ainda assim tem uma influência tão certa e necessária sobre mim como aquela força tem sobre uma pedra. – P. 43: A afirmação de que a vontade é *autodeterminada* não fornece absolutamente nenhuma ideia ou, antes, implica um contrassenso, a saber, o de que uma *determinação*, que é um *efeito*, ocorre sem causa alguma. Pois, se excluímos tudo que é entendido sob a denominação de *motivo*, não resta, de fato, nada que pudesse provocar aquela determinação. Que alguém use as palavras que bem entender, ele não pode conceber como nós seríamos determinados a algo umas vezes por motivos, e outras sem quaisquer motivos, mais do que pode conceber que uma balança ora se incline para baixo por pesos, ora por um tipo de substância que não tivesse peso algum e que, fosse o que fosse em si mesma, não seria *nada* em relação à balança. P. 66: Na expressão filosófica adequada, o motivo deveria ser chamado de *causa própria* da ação: pois ele o é tanto quanto qualquer coisa na natureza é a causa da outra. P. 84: Nunca estará em nosso poder fazer duas escolhas diferentes, quando todas as circunstâncias anteriores são exatamente as mesmas. – P. 90: De fato, quando um homem se censura por qualquer ação particular em sua conduta passada, pode imaginar que, se estivesse de novo na mesma situação, agiria de maneira diferente. Mas isso é mero *engano*; e se ele se examina estritamente e leva em conta todas as circunstâncias, pode-se convencer de que, com a mesma disposição de ânimo, e com precisamente a mesma visão das coisas que ele tinha então, e excluindo todas as outras que ele adquiriu *depois* pela reflexão, não poderia ter agido diferentemente de como agiu. – P. 287: Em suma, não há nesse caso senão a alternativa entre a doutrina da necessidade ou o contrassenso absoluto.

15. No entanto, não me converti facilmente à doutrina da necessidade. Como o próprio Dr. Hartley, abri mão de minha liberdade com grande relutância e, em longa correspondência que tive certa vez sobre o assunto, defendi muito vigorosamente a doutrina da liberdade, e não cedi de modo algum aos argumentos a mim propostos.

via defendido detalhada e vigorosamente a chamada liberdade da vontade. Mas em seu livro *Le philosophe ignorante*, escrito mais de quarenta anos depois, ele ensina a estrita necessidade dos atos de vontade, no capítulo 13, que ele conclui assim: *"Archimède est* également *nécessité de rester dans sa chambre, quand on l'y enferme, et quand il est si fortement occupé d'un problème, qu'il ne reçoit pas l'idée de sortir: Ducunt volentem fata, nolentem trahunt. L'ignorant qui pense ainsi n'a pas toujours pensé de même, mais il est enfin contraint de se rendre"* [Arquimedes é obrigado a permanecer em seu quarto porque o trancaram aí, como quando está tão ocupado com um problema que não lhe ocorre a ideia de sair. O destino conduz quem consente, arrasta quem resiste. O ignorante que pensa assim nem sempre pensou igual, mas acaba sendo forçado a se render]. No livro seguinte, *Le principe d'action*, ele diz no cap. 13: *"Une boule, qui en pousse une autre, un chien de chasse, qui court nécessairement et volontairement après un cerf, ce cerf, qui franchit un fossé immense avec non moins de nécessité et de volonté: tout cela n'est pas plus invinciblement déterminé que nous le sommes à tout ce que nous fesons"* [Uma bola que empurra outra, um cão de caça que corre necessária e voluntariamente atrás de um cervo, este cervo que salta um fosso imenso com não menos necessidade e vontade: tudo isto não é mais invencivelmente determinado do que nós somos a tudo o que fazemos].

Essa idêntica conversão de três cabeças tão eminentes à nossa visão certamente deve deixar pensativo qualquer um que se proponha desafiar as verdades bem fundamentadas com o "mas posso fazer o que quero" de sua autoconsciência simplória, que não diz nada sobre o tema.

Depois desses seus predecessores mais próximos, não deve nos surpreender que Kant tenha tomado a necessidade com que o caráter empírico é determinado a ações pelos motivos como algo já estabelecido, tanto para ele como para outros, sem perder tempo para prová-la novamente. Ele inicia suas "Ideias para uma história universal" da seguinte maneira: "Qualquer que seja o conceito que se faça, em termos metafísicos, da *liberdade da vontade*, os seus *fenômenos*, as ações humanas, são determinados segundo leis naturais universais como todo outro acontecimento natural". – Na *Crítica da razão pura* (p. 548 da 1ª edição, ou p. 577, da 5ª edição), ele diz: "Visto que o caráter empírico mesmo deve ser extraído, enquanto efeito, dos fenômenos e das regras destes que a experiência fornece, então todas as ações humanas, no fenômeno, são determinadas, segundo a ordem da natureza, a partir de seu caráter empírico e das demais causas concomitantes; e se nós pudéssemos investigar até o fundamento todos os fenômenos de seu arbítrio, não haveria uma única ação humana que não pudéssemos prever com segurança e conhecer como necessária a partir de suas condições precedentes. Portanto, em relação a esse caráter empírico, não há liberdade; e somente de acordo com esse caráter podemos considerar o homem quando simplesmente *observamos* e, tal como ocorre na antropologia, queremos investigar fisiologicamente as causas motrizes de suas ações". No mesmo livro, p. 798 da 1ª edição ou p. 826 da 5ª edição, lemos: "Mesmo que a nossa vontade possa ser livre, isto só pode dizer respeito à causa inteligível de nosso querer. Pois, no que se refere aos fenômenos de suas exteriorizações, ou seja, às suas ações, nós, segundo uma máxima fundamental e inviolável sem a qual não podemos exercitar a razão em seu uso empírico, temos de explicá-los da mesma forma como explicamos todos os demais fenômenos da natureza, a saber, segundo suas leis imutáveis". – Então, na *Crítica da razão prática*, p. 177 da 4ª edição ou p. 230 da edição de Rosenkranz: "Portanto podemos admitir que, se nos fosse possível conhecer a maneira de pensar de um homem do modo como esta se mostra nas ações tanto internas como externas, tão a fundo que nos fossem conhecidos todos os seus móveis, mesmo os menores, assim como todas as circunstâncias externas atuando sobre eles, poderíamos calcular a conduta futura de um homem, com a mesma certeza com que calculamos um eclipse lunar ou solar".

Mas a isso ele vincula sua doutrina da coexistência de liberdade e necessidade, em virtude da distinção entre o caráter inteligível e o empírico, uma visão a que retornarei abaixo, já que a abraço plenamente. Kant a expôs duas vezes, nomeadamente na *Crítica da razão pura*, p. 532-554 da 1ª edição ou p. 560-582 da 5ª edição;, porém, ainda mais claramente na *Crítica da razão prática*, p. 169-179 da 4ª edição ou p. 224-231 da edição de Rosenkranz. Quem pretende adquirir um conhecimento fundamental sobre a compatibilidade da liberdade humana com a necessidade das ações deve ler estas passagens pensadas com extrema profundidade.

O presente tratado sobre o assunto difere das realizações de todos esses nobres e veneráveis predecessores em dois pontos principais: primeiro, porque, guiado pela questão do concurso, separei estritamente a percepção interna da vontade na autoconsciência da externa, e considerei cada uma das duas por si mesma, o que permitiu, pela primeira vez, desvendar a origem do engano que atua tão irresistivelmente sobre a maioria das pessoas; em segundo lugar, considerei a vontade em conexão com todo o restante da natureza, o que ninguém fez antes de mim, e pelo que o assunto pôde ser tratado, pela primeira vez, com a profundidade, a compreensão metódica e a totalidade de que é capaz.

Agora algumas palavras sobre alguns autores que escreveram depois de Kant, mas que não considero meus predecessores.

Schelling forneceu uma paráfrase explicativa da importantíssima doutrina de Kant, há pouco elogiada, sobre o caráter inteligível e empírico, em seu *Investigação sobre a liberdade humana*, p. 465-471. Essa paráfrase, pela vivacidade de seu colorido, pode servir a muitos para tornar as coisas mais compreensíveis do que poderia fazê-lo a profunda, mas seca, apresentação kantiana. Entretanto, não devo mencioná-la, sem censurar, em honra da verdade e de Kant, o fato de que Schelling aqui, onde apresenta uma das mais importantes e admiráveis e até mesmo, na minha opinião, a mais profunda de todas as doutrinas kantianas, não diz claramente que o que ele está apresentando pertence, em termos de conteúdo, a Kant, e, ao contrário, se expressa de tal modo que a grande maioria dos leitores, que não tem exatamente presente o conteúdo das extensas e difíceis obras do grande homem, é levada a supor que está lendo ali os próprios pensamentos de Schelling. Por meio de apenas *um* testemunho entre muitos, quero mostrar até que ponto o sucesso correspondeu a essa intenção. Ainda em nossos dias, um jovem professor de filosofia de Halle, o Sr. Erdmann, em seu livro de 1837, intitulado *Corpo e alma*, p. 101, diz: "Embora Leibniz, de maneira semelhante a Schelling em seu tratado sobre a liberdade, admita que a alma seja determinada anteriormente a todo tempo" etc. Aqui, portanto, Schelling está, em relação a Kant, na afortunada posição de Amerigo em relação a Columbus: a descoberta feita por outrem está carimbada com seu nome. Mas Schelling também deve isso à sua astúcia, não ao acaso. Pois ele começa, na página 465: "Foi o idealismo o primeiro a elevar a doutrina da liberdade àquele âmbito" etc., e então se seguem imediatamente os pensamentos de Kant. Assim, em vez de dizer Kant aqui, de acordo com a honestidade, ele diz astutamente *idealismo*: sob essa expressão ambígua, porém, todos compreenderão a filosofia de Fichte e a primeira filosofia fichteana de Schelling, mas não a doutrina de Kant, já que este havia protestado contra a denominação de idealismo para sua filosofia (por exemplo, *Prolegomena*, p. 51, e p. 155, Rosenkr.), e até mesmo acrescentado uma "Refutação do idealismo" em sua 2ª edição da *Crítica da razão pura*, p. 274. Na página seguinte, Schelling menciona muito habilmente o "conceito kantiano" numa frase secundária, a fim de apaziguar aqueles que já sabem que aqui são riquezas kantianas que são tão pomposamente trazidas à luz como se fossem seus próprios bens. Mas então é dito na página 472, desafiando toda verdade e justiça, que Kant *não* tinha se elevado a essa visão na teoria etc., embora todos possam ver claramente, das duas passagens imortais de Kant cuja leitura recomendei acima, que essa visão pertence original e exclusivamente a ele, uma visão que, sem Kant, nem mil cabeças como as dos senhores Fichte e Schelling teriam sido capazes de compreender. Como eu tinha de falar aqui do tratado de Schelling, não poderia me calar sobre este ponto, mas apenas cumpri meu dever para com esse grande mestre da humanidade, o único que, junto com Goethe, é o justo orgulho da nação alemã, reivindicando para ele o que indiscutivelmente somente a ele pertence – especialmente em um momento em que o dito de Goethe se aplica com toda propriedade: "A garotada é dona da rua". – Aliás, Schelling, no mesmo ensaio, demonstra a mesma falta de escrúpulo em se apropriar dos pensamentos e até mesmo das palavras de Jakob Böhme, sem revelar sua fonte.

Além dessa paráfrase dos pensamentos kantianos, essas "Investigações sobre a liberdade" não contêm nada que possa servir para nos fornecer explicações novas ou completas sobre ela. Isso também é anunciado logo no início, pela definição: a liberdade é uma "faculdade do bem e do mal". Tal definição pode ser adequada para o catecismo, mas em filosofia ela não diz nada e, consequentemente, com ela também não se inicia nada. Pois bem e mal estão longe de serem conceitos simples (*notiones simplices*) que, sendo claros em si mesmos, não requereriam nenhuma explicação, estabelecimento ou fundamentação. Em geral, apenas uma pequena parte daquele tratado trata da liberdade: seu conteúdo principal é, antes, um relato detalhado de um deus de quem o senhor autor revela ter um conhecimento íntimo, já que ele nos descreve até mesmo sua origem; só é lamentável que ele não mencione uma palavra sequer sobre como chegou a essa intimidade. O começo do tratado é uma teia de sofismas, cuja superficialidade será reconhecida por quem não se deixa intimidar pela audácia do tom.

Desde então e como resultado deste e de outros produtos semelhantes, "intuição intelectual" e "pensamento absoluto" tomaram o lugar de conceitos claros e da pesquisa honesta na filosofia alemã: impressionar, desconcertar, mistificar, jogar poeira nos olhos do leitor com todo tipo de truques converteu-se em método, e a discussão é sempre guiada pela intenção em vez da compreensão. Com tudo isso, a filosofia, se ainda queremos chamá-la assim, teve de cair cada vez mais e mais fundo, até que finalmente atingiu o nível mais profundo de rebaixamento na criatura ministerial Hegel: este, para sufocar de novo a liberdade de pensamento conquistada por Kant, fez da filosofia, filha da razão e futura mãe da verdade, o instrumento dos fins do Estado, do obscurantismo e do jesuitismo protestante: mas para encobrir a desgraça e, ao mesmo tempo, produzir o maior embotamento possível das mentes, Hegel lançou sobre ela o manto da verborragia mais vazia e do galimatias mais absurdo que já foram ouvidos, pelo menos fora do hospício.

Na Inglaterra e na França, a filosofia, como um todo, se encontra quase onde Locke e Condillac a deixaram. Maine de Biran, chamado por seu editor, o Sr. Cousin, "le premier métaphysicien Français de mon temps", é em suas *Nouvelles considérations du physique et Moral*, publicadas em 1834, um defensor fanático do *liberum arbitrium indifferentiae* e o toma como uma coisa completamente autoevidente. Muitos dos recentes escribas filosóficos alemães procedem de igual modo: para eles, o *liberum arbitrium indifferentiae*, sob o nome de "liberdade moral", aparece como uma coisa estabelecida, como se todos os grandes homens listados acima nunca tivessem existido. Eles explicam a liberdade de vontade como dada imediatamente na autoconsciência e, portanto, tão solidamente constatada que todos os argumentos contrários não podem ser nada mais que sofismas. Essa sublime confiança só surge do fato de que essa boa gente nem sabe o que é e o que significa liberdade de vontade; mas, na sua inocência, entende por ela tão somente o domínio da vontade sobre os membros do corpo analisado em nossa segunda seção, e do qual nenhuma pessoa sensata jamais duvidou e cuja expressão é justamente aquele "Posso fazer o que quero".

Eles creem honestamente que essa é a liberdade da vontade, e insistem que ela está além de qualquer dúvida. É precisamente a esse estado de inocência que, depois de tantos grandes predecessores, a filosofia hegeliana reduziu o espírito pensante alemão. A pessoas desse tipo poderíamos de fato gritar:

> Não sois como as mulheres que
> sempre voltam à primeira palavra
> quando já se argumentou com elas durante horas?

No entanto, em alguns deles, os motivos teológicos indicados acima podem estar silenciosamente em ação silenciosamente.

E, de novo, os autores de medicina, zoologia, história, política e literatura de nossos dias: com que prazer aproveitam todas as oportunidades para mencionar a "liberdade humana", a "liberdade moral"! Ao fazê-lo, eles julgam ser alguma coisa. Evidentemente, não se aventuram a oferecer uma explicação disso; mas se nos permitissem examiná-los, descobriríamos que ou eles não estão pensando em absolutamente nada, ou estão pensando no nosso velho, honesto e conhecido *liberum arbitrium indifferentiae*, não importa com que locuções elegantes eles tentem revesti-lo. Este é um conceito de cuja inadmissibilidade nunca teremos êxito em convencer a grande multidão, mas sobre o qual os doutos deveriam se guardar de falar com tanta inocência. Por isso há também entre eles alguns desesperados, que chegam a ser divertidos porque não ousam mais falar de liberdade da vontade, mas, para dar-lhe um ar mais requintado, dizem "liberdade de espírito" e esperam com isso se safar despercebidos. Felizmente, ao leitor que me olha interrogativamente, posso dizer o que eles pensam com isso: nada, absolutamente nada – exceto que esta é, conforme o bom costume e estilo alemães, uma expressão indecisa, aliás, uma expressão que não diz absolutamente nada, que oferece ao seu vazio e sua covardia a desejada emboscada para escapar. A palavra espírito, na verdade uma figura de linguagem, designa em toda parte as habilidades intelectuais, em oposição à vontade: mas essas habilidades não devem ser livres em seu atuar, mas tem de primeiramente se adaptar, se submeter e se subjugar às regras da lógica, e, então, a cada *objeto* de seu conhecimento, a fim de apreender puramente, isto é, objetivamente, e nunca se diga *"stat pro ratione voluntas"* [a vontade está no lugar da razão]. Em geral, esse "espírito", que perambula por toda parte na literatura alemã atual, é uma figura totalmente suspeita, cujo passaporte, portanto, deve ser pedido onde quer que ela se encontre. Seu ofício mais comum é servir de máscara para a pobreza de pensamento associada à covardia. Ademais, sabe-se que a palavra *Geist* [espírito] está relacionada à palavra *Gas*, que, derivada do árabe e da alquimia, significa vapor ou ar, assim como *spiritus*, πνεῦμα, *animus*, é aparentado com ἄνεμος.

Assim, esse é o estado de coisas em relação ao nosso tema, no mundo filosófico e no mundo cultural mais amplo, após tudo o que os grandes espíritos mencionados ensinaram sobre ele; o que novamente confirma que não só a natureza, em todos as épocas, produziu pouquíssimos pensadores reais, como raras exceções, mas que também esses poucos sempre existiriam para muito poucos. Justamente por isso, a ilusão e o erro continuam a afirmar seu domínio.

Em matéria moral, o testemunho dos grandes poetas também é importante. Eles não falam de acordo com uma investigação sistemática, mas a natureza humana está aberta ao seu olhar penetrante: portanto, suas declarações atingem a verdade imediatamente. – Em Shakespeare, *Medida por medida*, ato 2, cena 2, Isabela pede ao vice-regente Ângelo misericórdia para seu irmão, condenado à morte:

> *Angelo. I will not do it.*
> *Isab. But can you if you would?*
> *Ang. Look, what I* will *not, that I*
>   cannot *do*[16].

Em *Noite de reis*, ato 1, lemos:

> *Fate show thy force, ourselves we do*
> *not owe,*
> *What is decree'd must be, and be this so*[17].

Também Walter Scott, esse grande conhecedor e pintor do coração humano e seus movimentos mais secretos, trouxe à luz essa verdade profunda em seu *St. Ronan's Well*, v. 3, cap. 6. Ele retrata uma pecadora penitente moribunda que, em seu leito de morte, tenta aliviar com confissões sua consciência perturbada, e, em meio a elas, ele a faz dizer:

> *Go, and leave me to my fate; I am the most detestable*
> *wretch, that ever liv'd, – detestable to myself, worst of all;*
> *because even in my penitence there is a secret whisper*
> *that tells me, that were I as I have been, I would again act*

---

16. Angêlo – Não o farei.
Isabela – Mas poderíeis, caso o quisésseis?
Ângelo – Olha, não *posso* fazer o que não *quero*.

17. Destino, mostra tua força. Não somos donos de nós mesmos. O que está decretado deve ser, e que assim seja.

over all the wickedness I have done, and much worse. Oh!
for Heavens assistance, to crush the wicked thought![18]

Uma corroboração *dessa* apresentação poética é fornecida pelo seguinte fato que é paralelo a ela e ao mesmo tempo confirma fortemente a doutrina da constância do caráter. Em 1845, foi transmitida do jornal francês *La Presse* para o *Times*, em 2 de julho de 1845, do qual o traduzo. A manchete diz: "Execução militar em Oran".

Em 24 de março, o espanhol Aguilar, também conhecido como Gomez, foi condenado à morte. Na véspera da execução, ele disse, em conversa com seu carcereiro: "Não sou tão culpado quanto dizem que sou: sou acusado de ter cometido 30 assassinatos, enquanto cometi só 26. Desde a infância tenho sede de sangue: aos 7 anos e meio esfaqueei uma criança. Matei uma mulher grávida e, mais tarde, um oficial espanhol, pelo que me senti compelido a fugir da Espanha. Fugi para a França, onde cometi dois crimes antes de ingressar na Legião Estrangeira. De todos os meus crimes, o que mais me causa arrependimento é o seguinte: em 1841, à frente da minha companhia, fiz prisioneiro um comissário geral, que era escoltado por um sargento, um cabo e 7 homens: mandei decapitá-los todos. A morte dessas pessoas pesa sobre mim: eu as vejo em meus sonhos, e amanhã eu as verei nos soldados que receberam ordens para atirar em mim. *No entanto, se eu recuperasse minha liberdade, ainda mataria outros*".

A seguinte passagem em *Ifigênia,* de Goethe (ato 4, cena 2), também é pertinente aqui:

> Arkas. Pois não atendeste ao conselho fiel.
> Ifigênia. O que pude, eu o fiz com gosto.
> Arkas. Ainda tens tempo para mudar de ideia.
> Ifigênia. Isso nunca está em nosso poder.

---

18. Vai, e abandona-me ao meu destino; sou a mais miserável e detestável criatura que já viveu – detestável para mim mesma, a pior de todas. Pois, mesmo em minha penitência, há um sussurro secreto que me diz que, se agora fosse como fui, faria novamente todos os males que cometi, e muito piores. Oh!, que o céu me ajude a esmagar esse pensamento perverso!

Uma passagem famosa no *Wallenstein*, de Schiller, também expressa nossa verdade fundamental.

> Conheci os feitos e pensamentos do homem!
> Não são como as ondas do mar movendo-se cegamente.
> O mundo interior, seu microcosmo, é
>   o poço profundo de onde brotam eternamente.
> São necessários, como o fruto da árvore,
> E o jogo do acaso não pode mudá-los.
> Depois de examinar o âmago do ser humano,
>   também sei o que ele quer e o que faz.

V

CONCLUSÃO E CONSIDERAÇÃO SUPERIOR

Foi com prazer que recordei aqui todos aqueles gloriosos predecessores, tanto poéticos como filosóficos, da verdade que defendi. No entanto, as armas do filósofo não são autoridades, mas razões; portanto, foi apenas com elas que conduzi meu caso. Mas espero ter-lhes dado tal evidência que agora estou justificado em extrair a conclusão *a non posse ad non esse* [de não ser possível a não ser]. Sua resposta negativa à questão formulada pela Real Sociedade – resposta que, após a investigação da autoconsciência, foi fundamentada acima direta e efetivamente e consequentemente *a posteriori* – agora também é fundamentada indiretamente e *a priori*: pois aquilo que absolutamente não existe não pode ter na autoconsciência dados a partir dos quais possa ser demonstrado.

Embora a verdade aqui defendida seja daquelas que podem se opor às noções preconcebidas da multidão míope e até mesmo escandalizar os fracos e os ignorantes, isso não pôde me impedir de expô-la sem hesitação ou reservas: considerando que não estou falando ao povo, mas a uma Academia esclarecida, que não formulou sua questão de grande atualidade para fortalecer o preconceito, mas para honrar a verdade. – Além disso, enquanto se tratar de apurar e autenticar uma verdade, o honesto investigador da verdade olhará sempre apenas para as suas razões e não as suas consequências, para as quais terá tempo depois, quando a verdade for estabelecida. Examinar as razões apenas, sem preocupação com as consequências, e não perguntar primeiramente se uma verdade reconhecida também está ou não em harmonia com o sistema de nossas convicções restantes – isso é o que Kant já recomendou, cujas palavras não posso me abster de repetir aqui: "Isso fortalece a máxima, já conhecida e enaltecida por outros, de, em toda investigação científica, prosseguir o caminho com toda a exatidão e a franqueza possível, sem se voltar para o que porventura ela pudesse infringir fora de seu campo, mas, na medida do possível, executando-a por si só, verdadeira e completamente. A observação reiterada convenceu-me de que, quando se levou a este assunto a termo, aquilo que no meio do caminho pareceu-me por vezes muito duvidoso em vista de outras doutrinas estranhas, tão logo eu afastava por longo tempo dos olhos essa dúvida e prestava atenção somente em meu assunto até que ele estivesse concluído, finalmente, de modo inesperado, concordava perfeitamente com aquilo que se havia descoberto por si mesmo, sem a mínima consideração por aquelas doutrinas, sem parcialidade e preferência por elas. Os escritores poupariam muitos erros, e esforço desperdiçado (pois ele se fundava em ilusão), se apenas pudessem decidir-se a proceder com um pouco mais de franqueza" (*Crítica da razão prática*, p. 190 da 4ª edição ou p. 239 da edição de Rosenkranz).

Nossos conhecimentos metafísicos em geral ainda estão extremamente longe de uma certeza tal que devêssemos rejeitar alguma verdade fundamentalmente provada porque as consequências desta não correspondam a tais conhecimentos. Pelo contrário, toda verdade alcançada e estabelecida é uma parte conquistada no território dos problemas do saber em geral, e um ponto fixo no qual se podem aplicar as alavancas que moverão outras cargas, e do qual, em casos favoráveis, podemos nos projetar, de uma vez, para uma visão mais elevada do todo. Pois o encadeamento das verdades em cada área do saber é tão grande que qualquer um que tenha assegurado a posse de uma só pode sempre esperar que conquistará o todo a partir daí. Assim como no caso de um problema algébrico difícil, uma única quantidade positivamente dada é de valor inestimável porque torna a solução possível, também na mais difícil de todas as tarefas humanas, que é a metafísica, o conhecimento certo, demonstrado *a priori* e *a posteriori*, da estrita necessidade com que os atos procedem de um determinado caráter e de determinados motivos é um tal dado inestimável, só a partir do qual se pode chegar à solução da tarefa total. Portanto, tudo o que não tem uma certificação científica sólida deve ceder perante uma tal verdade bem fundamentada toda vez que se ponha no caminho desta, e não o contrário: e de modo algum essa verdade deve consentir em acomodações e restrições para se conciliar com afirmações infundadas e talvez até mesmo errôneas.

Permitam-me mais uma observação geral. Um olhar retrospectivo em nosso resultado dá ensejo para considerar que, com relação aos dois problemas que já foram descritos na seção anterior como os mais profundos na filosofia dos modernos, ainda que não claramente conhecidos para os antigos – a saber, o problema da liberdade da vontade e o da relação entre o ideal e o real –, o entendimento são, mas rude, não é apenas incompetente, mas tem até mesmo uma decidida inclinação natural para o erro, sendo necessária uma filosofia já bem desenvolvida para trazê-lo de volta. Pois para ele é verdadeiramente natural, no que concerne ao *conhecimento*, atribuir demasiado ao *objeto*; por isso, foram necessários Locke e Kant para mostrar quanto disso brota do *sujeito*. No que concerne ao *querer*, por outro lado, o entendimento tende a atribuir muito pouco ao *objeto* e demais ao *sujeito*, fazendo com que ele emane inteiramente deste, sem adequadamente levar em conta o fator situado no *objeto*, os motivos, que realmente determinam a inteira constituição individual das ações, enquanto apenas o que é universal e essencial, a saber, seu caráter moral básico, emana do *sujeito*. Mas tal distorção nas investigações especulativas, natural ao entendimento, não deve nos surpreender, pois o entendimento é originariamente destinado apenas a fins práticos, e de forma alguma especulativos.

Se, como resultado de nossa exposição até aqui, suprimimos por completo toda liberdade da ação humana e a reconhecemos como sujeita à mais estrita necessidade, agora fomos conduzidos ao ponto em que poderemos compreender a verdadeira *liberdade moral*, que é de um tipo superior.

Pois há mais um fato da consciência que desconsiderei completamente até agora, a fim de não perturbar o curso da investigação. Trata-se do perfeitamente claro e seguro sentimento de *responsabilidade* pelo que fazemos, de *imputabilidade* por nossas ações, baseado na certeza inabalável de que nós mesmos somos *os executores de nossos atos*. Em virtude dessa consciência, nunca ocorre a ninguém, nem mesmo a quem está plenamente convencido da necessidade com a qual nossas ações ocorrem como acima descrito, desculpar-se por uma transgressão por meio dessa necessidade e transferir a culpa de si mesmo para os motivos, pois, com a ocorrência destes, o ato foi inevitável. Pois tal indivíduo vê muito bem que essa necessidade tem uma condição *subjetiva*, e que aqui objetivamente, isto é, nas circunstâncias existentes, ou seja, sob a influência dos motivos que o determinaram, uma ação completamente diferente, sim, exatamente oposta à sua, era inteiramente possível e poderia ter acontecido *se ele tivesse sido outra pessoa*: tudo dependeu apenas disso. *Para ele*, porque ele é este e não outro, porque ele tem tal e tal caráter, nenhuma outra ação foi, de fato, possível; mas em si mesma, ou seja, objetivamente, ela era possível. Portanto, a *responsabilidade* da qual ele tem consciência diz respeito primária e ostensivamente ao ato, mas fundamentalmente ao *seu caráter*: é por *este* que ele se sente responsável. E é por *este* que os outros também o responsabilizam, pois o julgamento deles abandona imediatamente o ato para definir as características do autor: "é uma pessoa má, um vilão"; ou "é um canalha"; ou é "uma alma pequena, falsa, vil" – esse é o seu julgamento, e suas censuras remetem ao seu *caráter*. O ato, juntamente ao motivo, só entra em consideração aqui como testemunho do caráter do culpado, mas conta como um sintoma seguro dele, pelo qual ele será marcado irrevogavelmente e para sempre. Aristóteles, portanto, diz corretamente: ἐγκωμιάζομεν πράξαντας· τὰ δ'ἔργα σημεῖα τῆς ἕξεώς ἐστιν, ἐπεὶ ἐπαινοῖμεν ἂν καὶ μὴ πεπραγότα, εἰ πιστεύοιμεν εἶναι τοιοῦτον. – *Retórica*, I, 9 (*Encomio celebramus eos, qui egerunt: opera autem signa habitus sunt; quoniam laudaremus etiam qui non egisset, si crederemus esse talem*) [Louvamos aqueles que fizeram algo: mas as obras são, de fato, sinais do hábito moral; por isso também louvaríamos aqueles que não o fizeram, se o crêssemos capaz disso]. Portanto, o ódio, a aversão e o desprezo são lançados não sobre o ato temporário, mas sobre as qualidades permanentes do executor, isto é, do caráter do qual eles surgiram. Portanto, em todas as línguas, os epítetos de maldade moral, os insultos que a designam, são predicados mais do *ser humano* do que das ações. Eles se prendem ao *caráter*: pois este deve suportar a culpa, que lhe foi meramente atribuída por ocasião dos atos.

Onde está a *culpa*, ali também deve estar a *responsabilidade*: como esta é o único dado que permite inferir a liberdade moral, a *liberdade* também deve estar aí, isto é, no *caráter* do homem, e tanto mais quando estamos suficientemente convencidos de que ela não será encontrada imediatamente nas ações individuais que, sob o pressuposto do caráter, são estritamente necessárias. Mas o caráter, como mostrado na terceira seção, é inato e imutável.

Consideremos agora mais de perto a liberdade nesse sentido, o único para o qual dados estão disponíveis, a fim de que, depois de deduzi-la de um fato da consciência e encontrar seu lugar, também possamos compreendê-la filosoficamente até onde for possível.

Na terceira seção, havia sido mostrado que toda ação de um homem é produto de dois fatores: seu caráter e o motivo. Isso não significa de maneira alguma que ela seja um meio-termo, um compromisso, por assim dizer, entre motivo e caráter; pelo contrário, ela satisfaz plenamente a ambos, na medida em que, segundo toda a sua possibilidade, se apoia em ambos ao mesmo tempo, isto é, no fato de que o motivo atuante afeta esse caráter, e no de que esse caráter é determinável por tal motivo. O caráter é a constituição empiricamente reconhecida, persistente e imutável de uma vontade individual. Uma vez que esse caráter é um fator tão necessário em cada ação quanto o motivo, isso explica o sentimento de que nossos atos emanam de nós mesmos, ou aquele "Eu quero" que acompanha todas as nossas ações e em virtude do qual cada um deve reconhecê-las como *seus* atos, pelos quais, portanto, cada um se sente moralmente responsável. Este é, de novo, aquele "Eu quero, e quero sempre o que quero", encontrado acima na investigação da autoconsciência e que induz o entendimento rude a afirmar obstinadamente uma absoluta liberdade do fazer e do abster-se, um *liberum arbitrium indiferentiae*. Mas ele nada mais é do que a consciência do segundo fator da ação, que por si só seria completamente incapaz de produzi-la e que, por outro lado, quando o motivo se apresenta, é igualmente incapaz de refreá-la. Mas só quando é posto em atividade dessa maneira é que o caráter revela sua própria constituição à faculdade cognitiva, que, essencialmente dirigida para fora, não para dentro, chega a conhecer até mesmo a constituição de sua própria vontade empiricamente, a partir de suas ações. Esse conhecimento mais próximo e cada vez mais íntimo é, na verdade, o que se chama *consciência moral*, que por isso mesmo se faz ouvir *diretamente* apenas *após* a ação; antes dela, ela se faz ouvir, no máximo, apenas *indiretamente*, na medida em que, talvez por meio da reflexão e retrospecção de casos semelhantes sobre os quais ela já se esclareceu, é levada em conta em deliberação como algo que intervirá no futuro.

Aqui é o lugar para relembrar a exposição (já mencionada na seção anterior) que Kant fez sobre relação entre o caráter empírico e inteligível e, com isso, sobre a compatibilidade da liberdade com a necessidade, e que é uma das coisas mais belas e profundamente pensadas que esse grande espírito, e até mesmo a humanidade, já produziu. Só preciso me referir a ela, pois seria uma supérflua prolixidade repeti-la aqui. Mas só a partir dela podemos compreender, na medida em que os poderes humanos são capazes, como a estrita necessidade de nossas ações coexiste com aquela liberdade testemunhada pelo sentimento de responsabilidade, e em virtude da qual somos os executores de nossos atos e estes são moralmente atribuíveis a nós. – Essa relação entre o caráter empírico e o inteligível apresentada por Kant repousa inteiramente no que constitui o traço básico de toda a sua filosofia, a saber, na distinção entre fenômenos e coisa em si: e assim como, em Kant, a perfeita *realidade empírica* do mundo da experiência coexiste com sua *idealidade transcendental*, do mesmo modo a estrita *necessidade empírica* do agir coexiste com sua *liberdade transcendental*. Pois enquanto objeto da experiência, o caráter empírico, tal como a totalidade do ser humano, é mero fenômeno, e, portanto, está ligado às formas de todo fenômeno, tempo, espaço e causalidade, e sujeito às suas leis; por outro lado, a condição e o fundamento de todo esse fenômeno, como coisa em si independente dessas formas e, portanto, não sujeita a nenhuma diferença de tempo e, assim, persistente e imutável é o *caráter inteligível*, isto é, a vontade como coisa em si, à qual, nessa qualidade, também pertence a liberdade absoluta, ou seja, a independência da lei da causalidade (a qual é mera forma dos fenômenos). Mas esta liberdade é *transcendental*, isto é, não ocorre no fenômeno, mas está presente apenas na medida em que abstraímos do fenômeno e de todas as suas formas para chegar ao que, fora de todo o tempo, deve ser pensado como a essência interna do ser humano em si mesmo. Em virtude dessa liberdade, todos os atos do ser humano são sua própria obra, por mais necessariamente que surjam do caráter empírico em sua confluência com os motivos; porque esse caráter empírico é apenas o fenômeno do caráter inteligível em nossa *faculdade do conhecimento,* ligada ao tempo, ao espaço e à causalidade, ou seja, é a maneira em que a essência em si de nosso próprio eu se apresenta a essa faculdade cognoscitiva. Portanto, a *vontade* é, de fato, livre, mas somente em si mesma e fora do fenômeno: neste, por outro lado, ela já se apresenta com um caráter determinado, ao qual todos os seus atos devem corresponder e, portanto, quando determinadas com mais precisão pelos motivos ocorrentes, devem resultar *desse modo* e não de outro.

Esse caminho, como é fácil de ver, nos leva a buscar a obra de nossa *liberdade* não mais em nossas ações individuais, como faz a visão comum, mas em toda a existência e a essência (*existentia et essentia*) do ser humano mesmo, que devem ser pensadas como seu ato livre, o qual meramente se apresenta à faculdade cognoscitiva – ligada ao tempo, ao espaço e à causalidade – numa multiplicidade e diversidade de ações. No entanto, essas ações, justamente pela unidade originária do que se apresenta nelas, devem portar, todas, exatamente o mesmo caráter e, portanto, aparecer como estritamente necessitadas pelos motivos pelos quais são evocadas e individualmente determinadas a cada ocasião. Por conseguinte, para o mundo da experiência, o *operari sequitur esse* se aplica sem exceção. Cada coisa atua de acordo com sua constituição; e seu atuar, subsequente às causas, manifesta essa constituição. Todo ser humano atua como ele é, e a ação necessária correspondente é a cada vez determinada, no caso individual, apenas pelos motivos. A liberdade, que, portanto, não pode ser encontrada no *operari*, *deve residir* no *esse*. Tem sido um erro fundamental de todos os tempos, um ὕστερον πρότερον, atribuir necessidade ao *esse* e liberdade ao *operari*. Pelo contrário, a *liberdade se encontra apenas no esse*; mas a partir dele e dos motivos se segue necessariamente o *operari*: e *no que fazemos conhecemos o que somos*. No *esse*, e não no suposto *libero arbitrio indifferentiae*, repousam a consciência da responsabilidade e a tendência moral da vida. Tudo depende do que alguém é: o que ele *faz* emergirá disso por si mesmo, como corolário necessário. A consciência da autonomia e originalidade que inegavelmente acompanha todos os nossos atos, apesar de sua dependência dos motivos, e em virtude da qual elas são *nossas* ações, não é enganosa: mas seu verdadeiro conteúdo se estende além dos atos e começa mais acima, na medida em que aí estão compreendidas nossa existência e essência mesmas, das quais todos os atos (por ocasião dos motivos) necessariamente procedem. Nesse sentido, essa consciência de autonomia e originalidade, bem como a de responsabilidade, que acompanha nosso fazer, pode ser comparada a uma seta apontando para um objeto mais distante do que aquele que está mais próximo na mesma direção e que a seta parece apontar.

Em suma: o ser humano faz sempre o que quer, mas o faz necessariamente. Mas isso porque ele é o que *quer*: pois tudo o que ele faz sempre decorre necessariamente do que ele é. Se consideramos seu fazer objetivamente, ou seja, de fora, reconhecemos apoditicamente que ele, como o atuar de todo ser natural, deve estar sujeito à lei da causalidade em seu total rigor: subjetivamente, por outro lado, cada um sente que sempre faz apenas o que quer. Mas isso significa apenas que seu atuar é a pura expressão de sua própria essência. Portanto, todo ser natural sentiria o mesmo, até mesmo o mais ínfimo, se pudesse sentir.

A liberdade, portanto, não é suprimida por minha exposição, mas apenas movida para fora, ou seja, para fora da área de ações individuais, onde comprovadamente não será encontrada, para uma região superior, mas não tão facilmente acessível ao nosso conhecimento: isto é, ela é transcendental. E este é também o sentido em que eu gostaria de entender a afirmação de Malebranche, *La liberté est un mystère*, sob cuja égide o presente tratado tentou resolver a tarefa proposta pela Real Sociedade.

APÊNDICE

COMO COMPLEMENTO DA PRIMEIRA SEÇÃO

Em consequência da divisão da liberdade em física, intelectual e moral estabelecida no início, tenho agora, depois que a primeira e a última foram tratadas, de elucidar a segunda, o que será feito brevemente, apenas por uma questão de completude.

O intelecto, ou faculdade do conhecimento, é o *meio dos motivos*, pelo qual estes agem sobre a vontade, a qual é o verdadeiro núcleo do ser humano. Somente na medida em que esse meio dos motivos se encontra em um estado normal, desempenha suas funções corretamente e, portanto, apresenta à vontade os motivos inadulterados para que eleja, tal como eles existem no mundo exterior real, pode ela decidir de acordo com sua natureza, isto é, segundo o caráter individual do homem, isto é, pode se exprimir sem impedimentos, de acordo com sua própria essência. Então o homem é *intelectualmente livre*, isto é, suas ações são o puro resultado da reação de sua vontade a motivos que se acham no mundo exterior para ele, bem como para todos os outros. Por conseguinte, suas ações lhe são imputáveis moralmente e também juridicamente.

Essa liberdade intelectual é suprimida ou porque o meio dos motivos, a faculdade do conhecimento, é permanentemente ou apenas temporariamente destruída, ou porque as circunstâncias externas falseiam a compreensão dos motivos, em casos individuais. O primeiro caso é o da loucura, do delírio, do paroxismo e da sonolência; o último é o do erro claro e sem culpa própria, por exemplo, se alguém toma veneno em vez de remédio, ou confunde o servo que entra à noite com um ladrão e atira nele etc. Pois em ambos os casos os motivos são falseados, e por isso a vontade não pode decidir como decidiria perante as circunstâncias presentes se o intelecto as transmitisse corretamente.

Os crimes cometidos em tais circunstâncias não são, portanto, puníveis por lei. Pois as leis partem da premissa correta de que a vontade não é moralmente livre, caso em que não seria possível *dirigi*-la, mas sim que está sujeita à necessidade por meio dos motivos: por conseguinte, as leis buscam contrapor a quaisquer possíveis motivos para o crime contramotivos mais fortes nas ameaças de punições; e um código penal nada mais é do que uma lista de contramotivos para ações criminosas. No entanto, se o intelecto, por meio do qual esses contramotivos deviam atuar, mostrou-se incapaz de apreendê-los e apresentá-los à vontade, a atuação destes foi impossível: eles não estavam disponíveis para a vontade. É como quando descobrimos que um dos fios que deviam fazer uma máquina se mover se rompeu. Nesse caso, portanto, a culpa passa da vontade ao intelecto, que, porém, não está sujeito a nenhuma punição, pois as leis, como a moral, têm a ver apenas com a vontade. Só ela é o ser humano genuíno: o intelecto é apenas seu órgão, sua antena para o exterior, isto é, o meio pelo qual os motivos atuam sobre ela.

Tais atos também não são *moralmente* imputáveis. Pois eles não são um traço do caráter do homem: ou ele fez algo diferente do que pensava estar fazendo, ou foi incapaz de pensar no que deveria tê-lo refreado, isto é, foi incapaz de admitir os contramotivos. É como quando uma substância a ser examinada quimicamente é exposta à ação de vários reagentes, para que se possa ver com qual ela tem afinidade mais forte: se, após a realização do experimento, se descobre que, devido a um impedimento acidental, um dos reagentes não pôde exercer sua ação, então o experimento é inválido.

A liberdade intelectual, que aqui consideramos completamente suprimida, também pode ser meramente *diminuída* ou parcialmente suprimida. Isso acontece especialmente pelo afeto e pela embriaguez. O *afeto* é a excitação súbita e violenta da vontade por uma representação que penetra desde fora e se torna um motivo, que tem tal vivacidade que obscurece todas as outras que poderiam ter atuado nela como contramotivos, e não permite que elas cheguem claramente à consciência. Estas últimas representações – que em sua maioria são apenas de natureza abstrata, meros pensamentos, enquanto aquela primeira é intuitiva e presente – não chegam, por assim dizer, a disparar e, portanto, não têm o que se chama *fair play*: o ato já ocorreu antes que elas pudessem atuar no sentido contrário. É como quando, num duelo, uma pessoa atira antes da palavra de comando. Portanto, também aqui, a responsabilidade jurídica e moral, dependendo da natureza das circunstâncias, é em maior ou menor grau suprimida. Na Inglaterra, um assassinato cometido com toda precipitação e sem a mínima reflexão, na ira mais violenta e repentinamente despertada, é chamado de *manslaughter* e é punido levemente, às vezes nem o é. – A *embriaguez* é uma condição que predispõe aos afetos, na medida em que aumenta a vivacidade das representações intuitivas, ao mesmo tempo que enfraquece o pensamento abstrato e, nesse processo, aumenta a energia da vontade. No lugar da responsabilidade pelos atos, entra a responsabilidade pela própria embriaguez: portanto, ela não é juridicamente desculpada, embora a liberdade intelectual tenha sido parcialmente suprimida aqui.

Aristóteles já fala dessa liberdade intelectual, τὸ ἑκούσιον καὶ ἀκούσιον κατὰ διάνοιαν [o voluntário e o involuntário de acordo com o pensamento], ainda que de maneira muito breve e insuficiente, na *Ethic. Eudem* II, c. 7 e 9, e, de uma maneira mais completa, na *Ethic. Nicom.*, III, c. 2. – Faz-se referência a ela quando a *medicina forensis* e o sistema de justiça criminal questionam se um criminoso estava em estado de liberdade e se era, consequentemente, imputável.

Em geral, portanto, devem ser vistos como cometidos na ausência de liberdade intelectual todos os crimes em que a pessoa ou não sabia o que estava fazendo, ou não foi absolutamente capaz de levar em conta o que deveria tê-la detido, ou seja, as consequências do ato. Nesses casos, tal pessoa consequentemente não deve ser punida.

Por outro lado, aqueles que pensam que, simplesmente pela inexistência de liberdade *moral* e a consequente inevitabilidade de todas as ações de uma dada pessoa, nenhum criminoso deve ser punido, partem da visão equivocada de punição, segundo a qual ela é uma pena pelos crimes por si mesmos, uma retribuição do mal com o mal devido a razões morais. Mas tal coisa, mesmo que Kant a tenha ensinado, seria absurda, inútil e inteiramente injustificada. Pois como um homem seria autorizado a se erigir como juiz absoluto dos outros do ponto de vista moral e, como tal, atormentá-lo por causa de seus erros! Pelo contrário, a lei, isto é, a ameaça de punição, tem a finalidade de ser o contramotivo para o crime ainda não cometido. Se a lei não produz esse efeito num caso particular, ela deve ser executada, porque senão também fracassaria em todos os casos futuros. Por sua vez, o criminoso, neste caso, realmente sofre a punição como consequência de sua constituição moral, que – em conjunto com as circunstâncias que foram os motivos e com seu intelecto, que o iludiu com a esperança de escapar da punição – inevitavelmente produziu o ato. Aqui, ele só poderia sofrer injustiça se seu caráter moral não fosse sua própria obra, seu ato inteligível, mas obra de outro. A mesma relação do ato com sua consequência ocorre quando as consequências de seu fazer vicioso não ocorrem de acordo com as leis humanas, mas de acordo com leis da natureza, por exemplo, quando excessos de devassidão provocam doenças terríveis, ou também quando, ao tentar um roubo, é vítima de um acidente; por exemplo, se no chiqueiro que ele invade durante a noite para levar embora seus ocupantes habituais, ele encontra em seu lugar um urso, cujo domador se alojou nesta estalagem ao anoitecer, e que avança ao seu encontro de braços abertos.

JUDICIUM

Regiae Danicae Scientiarum Societatis

Quaestionem anno 1837 propositam, utrum philosophiae moralis fons et fundamentum in idea moralitatis, quae immediate conscientia contineatur, et ceteris notionibus fundamentalibus, quae ex illa prodeant, explicandis quaerenda sint, an in alio cognoscendi principio, unus tantum scriptor explicare conatus est, cujus commentationem, germanico sermone compositam et his verbis notatam: Moral predigen ist leicht, Moral begründen ist[19] schwer ["Pregar a moral é fácil, fundamentar a moral é difícil"] *praemio dignam judicare nequivimus. Omisso enim eo, quod potissimum postulabatur, hoc expeti putavit, ut principium aliquod ethicae conderetur, itaque eam partem commentationis suae, in qua principii ethicae a se proposti et metaphysicae suae nexum exponit, appendicis loco habuit, in qua plus quam postulatum esset praestaret, quum tamen ipsum thema ejusmodi disputationem flagitaret, in qua vel praecipuo loco metaphysicae et ethicae nexus consideraretur. Quod autem scriptor in sympathia fundamentum ethicae constituere conatus est, neque ipsa disserendi forma nobis satisfecit, neque reapse, hoc fundamentum sufficere, evicit; quin ipse contra esse confiteri coactus est. Neque reticendum videtur, plures recentioris aetatis summos philosophos tam indecenter commemorari, ut justam et gravem offensionem habeat.*

[À questão proposta no ano de 1837: "A fonte e o fundamento da filosofia moral se encontram numa ideia de moralidade que está imediatamente contida na consciência, e na análise de outras noções fundamentais que dela decorrem, ou em outro

---

19. Este segundo "é" foi acrescentado pela Academia por conta própria, a fim de fornecer uma prova da doutrina de Longino (*de sublim.*, c. 39) segundo a qual, adicionando ou subtraindo *uma* sílaba, pode-se aniquilar toda a energia de uma frase.

princípio de conhecimento?, um único escritor tentou uma resposta, cujo comentário, redigido em língua alemã e marcado com estas palavras: "Pregar a moral é fácil, fundar a moral é difícil", não pudemos julgar merecedor do prêmio. Tendo omitido o mais importante que era pedido, ele pensou que a tarefa era estabelecer algum princípio de ética, de modo que colocou a parte de seu ensaio onde expõe a conexão entre o princípio ético proposto por ele e sua metafísica em um apêndice, no qual ofereceu mais do que era exigido, enquanto o tema em si exigia o tipo de investigação em que a conexão entre metafísica e ética teria sido considerada em lugar precípuo. Mas quando o escritor tentou mostrar que a base da ética consiste na compaixão, ele nem nos satisfez com a forma de seu ensaio, nem de fato provou que essa base é suficiente; em vez disso, foi forçado a admitir o contrário. Também não se deve deixar de mencionar que vários sumos filósofos dos últimos tempos são citados de maneira tão indecente que provoca justa e grave ofensa.]

TRATADO SOBRE
O FUNDAMENTO DA MORAL

TRATADO

SOBRE

O FUNDAMENTO DA MORAL

Não premiado pela Real Sociedade Dinamarquesa de Ciências, Copenhague, 30 de janeiro de 1840.

Motto:

Pregar a moral é fácil, fundamentar a moral, difícil
(Schopenhauer. *Sobre a vontade na natureza*, p. 140).

A questão formulada pela Real Sociedade, juntamente à introdução anteposta, é:

Quum primitiva moraitatis idea, sive de summa lege morali principalis notio, sua quadam propria eaque minime logica necessitate, tum in ea disciplina appareat, cui propositum est cognitionem του ηθικου *explicare, tum in vita. partim in conscientiae judicio de nostris actionibus, partim in censura morali de actionibus aliorum hominum; quumque complures, quae ab illa idea inseparabiles sunt, eamque tanquam originem respiciunt, notiones principales ad* το ηθικου *spectantes, velut officii notio et imputationis, eadem necessitate eodemque ambitu vim suam exserant, – et tamen inter eos cursus viasque, quas nostrae aetatis meditatio philosophica persequitur, magni momenti esse videatur, hoc argumentum ad disputationem revocare, – cupit Societas, ut accurate haec quaestio perpendatur et pertractetur:*

Philosophiae moralis fons et fundamentum *utrum in idea moralitatis, quae immediate conscientia contineatur, et ceteris notionibus fundamentalibus, quae ex illa prodeant, explicandis quaerenda sunt, an in alio cognoscendi principio?*

Em tradução:

Visto que a ideia original de moralidade, ou o conceito principal da lei moral suprema, se apresenta com uma necessidade peculiar a ela, embora de nenhuma maneira lógica, tanto naquela ciência cujo objetivo é expor o conhecimento da moral, quanto na vida real, onde se mostra, em parte, no juízo da consciência moral sobre nossas próprias ações e, em parte, em nossa avaliação moral dos outros; e visto que, além disso, vários conceitos morais fundamentais que são inseparáveis dessa ideia e surgiram dela, como o conceito do dever e o da imputabilidade, se fazem valer com a mesma necessidade e o mesmo alcance – e visto que, ainda assim, dados os caminhos trilhados pela pesquisa filosófica de nosso tempo, parece muito importante, trazer esse assunto de volta à investigação – a Sociedade deseja que a seguinte questão seja cuidadosamente considerada e tratada:

A fonte e o fundamento da filosofia moral devem ser buscados em uma ideia de moralidade que reside imediatamente na consciência e na análise dos outros conceitos morais fundamentais que dela surgem, ou em outro princípio de conhecimento?

I

INTRODUÇÃO

§ 1. Sobre o problema

A questão do concurso formulada pela Real Sociedade *Holandesa* em Harlem em 1810, e resolvida por J. C. F. Meister, "Por que os filósofos diferem tanto nos primeiros princípios da moral, mas concordam nas consequências e nos deveres que derivam de seus princípios?", foi uma tarefa muito fácil em comparação com a atual. Pois:

1) A presente questão da Real Sociedade concerne a nada menos do que ao fundamento objetivamente verdadeiro da moral e, consequentemente, também da moralidade. É uma academia que levanta a questão: ela não quer, como tal, uma exortação à retidão e à virtude voltada para fins práticos e baseada em razões cuja plausibilidade é enfatizada e cuja debilidade é ocultada, como se faz nas palestras para o povo; em vez disso, já que ela, como academia, conhece apenas fins teóricos e não práticos, quer uma exposição puramente filosófica, isto é, independente de todo estatuto positivo, de todo pressuposto não demonstrado e, daí, também de toda hipóstase metafísica ou até mesmo mítica, uma exposição nua, sem véus, do fundamento último de todo bom comportamento moral. – Mas este é um problema cuja exuberante dificuldade é atestada pelo fato de que não apenas os filósofos de todos os tempos e os países deixaram os dentes rombos de tanto mordiscá-lo, mas até mesmo todos os deuses do Oriente e do Ocidente devem sua existência a ele. Se ele, portanto, for resolvido nesta ocasião, a Real Sociedade não terá investido mal seu ouro.

2) Além disso, a investigação teórica do fundamento da moral padece da peculiar desvantagem de ser facilmente considerada um solapamento da moral, o que pode acarretar a queda do próprio edifício. Pois aqui o interesse prático está tão próximo do teórico que é difícil manter seu bem-intencionado zelo longe de interferências inoportunas. Nem todo mundo é capaz de distinguir claramente entre a busca puramente teórica da verdade objetiva, alheia a todo interesse, até mesmo o moral-prático, e o ultrajante ataque a convicções sagradas do coração. Portanto, quem aqui põe a mão para trabalhar deve, para seu próprio encorajamento, ter sempre em mente que nada se distancia mais dos afazeres triviais dos seres humanos, bem como da agitação e azáfama do mercado, do que o santuário da Academia, recolhido em profundo silêncio, onde nenhum som de fora pode penetrar, e onde nenhum outro deus tem uma estátua senão a sublime e nua Verdade.

A conclusão dessas duas premissas é que devo ter permissão para uma completa liberdade de expressão, juntamente ao direito de duvidar de tudo; e que se, mesmo assim, eu *realmente* conseguir alguma coisa nessa matéria, muito terá sido realizado. Mas outras dificuldades me confrontam. A Real Sociedade também exige que o fundamento da ética seja exposto sozinho, separadamente, em uma pequena monografia, consequentemente à parte de sua conexão com o sistema total de qualquer filosofia, isto é, da metafísica propriamente dita. Isso deve não apenas complicar o trabalho, mas necessariamente torná-lo imperfeito. Christian Wolf já diz: *"Tenebrae in philosophia practica non dispelluntur, nisi luce metaphysica affulgente"*(Phil. *pract.*, p. II, § 28) [As trevas na filosofia prática não se dissipam a menos que sejam iluminadas pela luz da metafísica], e Kant: "A metafísica deve vir primeiro, e sem ela não pode haver filosofia moral" (*Fundamentação da metafísica dos costumes*. Prefácio). Pois, assim como toda religião da Terra, ao prescrever a moralidade, não a faz repousar em si mesma, mas a sustenta na dogmática, cujo objetivo principal é precisamente este, também na filosofia, o fundamento ético, seja ele qual for, deve ter seu ponto de referência e seu suporte em alguma metafísica, isto é, em uma explicação dada do mundo e da existência em geral; pois a explicação última e verdadeira da essência interior da totalidade das coisas deve estar necessariamente em estreita conexão com a explicação do significado ético do agir humano; e, em todo caso, aquilo que é posto como fundamento da moralidade, para que não seja mero princípio abstrato flutuando livremente no ar, sem suporte no mundo real, deve ser algum fato que resida ou no mundo objetivo ou na consciência humana, um fato que, como tal, só pode ser um fenômeno e, consequentemente, como todos os fenômenos do mundo, requer uma explicação adicional, que é então exigida da metafísica. Em geral, a filosofia é um todo tão coerente que é impossível apresentar qualquer parte dele exaustivamente sem, ao mesmo tempo, dar todo o resto. Por isso, Platão diz corretamente: "Ψυχῆς οὖν φύσιν ἀξίως λόγου κατανοῆσαι οἴει δυνατὸν εἶναι ἄνευ τῆς τοῦ ὅλου φύσεως"; (*Animae vero naturam absque totius natura sufficienter cognosci posse existimas? – Phaedr.*, p. 371, Bip.) [Mas pensas, então, que a natureza da alma pode ser suficientemente conhecida sem conhecer a natureza do todo?]. A metafísica da natureza, a metafísica dos costumes e a metafísica do belo pressupõem-se mutuamente e, somente em sua conexão, completam a explicação da essência das coisas e da existência em geral. Portanto, quem quer que tivesse examinado *uma* dessas três até o último fundamento, deveria ter incluído as outras em sua explicação ao mesmo tempo; assim como aquele que tivesse uma compreensão exaustiva, clara até o último fundamento, de *uma* coisa qualquer no mundo, teria entendido perfeitamente todo o restante do mundo também.

De uma metafísica dada e aceita como verdadeira, chegar-se-ia, por uma via *sintética*, ao fundamento da ética, pelo que este seria construído desde baixo, e, consequentemente, a ética apareceria firmemente apoiada. Por outro lado, com a separação da ética de toda metafísica que a tarefa torna necessária, não resta nada senão o procedimento *analítico*, que parte dos fatos, seja da experiência externa, seja da consciência. É verdade que ele pode reconduzir estes últimos até sua raiz última no ânimo humano, a qual, contudo, deve então permanecer como um fato fundamental, como um fenômeno originário, sem ser reconduzido a nenhuma outra coisa mais; e assim toda a explicação permanece puramente *psicológica*. No máximo, sua conexão com alguma visão básica metafísica geral ainda pode ser explicada acessoriamente. Por outro lado, esse fato fundamental, esse fenômeno ético primordial, poderia, por sua vez, ser fundamentado se, tratando primeiramente a metafísica, pudéssemos derivar dela a ética, procedendo sinteticamente. Mas isso significaria estabelecer um sistema completo de filosofia, o que iria muito além dos limites da questão formulada. Sou, portanto, obrigado a responder à pergunta dentro dos limites que, por seu isolamento, ela mesma traçou para si.

E agora, finalmente, o fundamento sobre o qual pretendo estabelecer a ética será muito estreito: como resultado, das muitas coisas que são legítimas, dignas de aprovação e elogios nas ações humanas, apenas a menor parte se mostrará derivada de motivos puramente morais, enquanto a maior parte recairá em outros motivos. Isso é menos satisfatório e menos reluzente do que, digamos, um imperativo categórico, que está sempre pronto às ordens para ordenar, ele mesmo, por sua vez, o que se deve e não se deve fazer; para não falar de outros fundamentos morais materiais. Aqui não tenho escolha senão recordar o dito de Eclesiastes (4,6): "É melhor uma mão cheia com descanso do que ambos os punhos cheios com trabalho e aflição de espírito". Em todo conhecimento, há sempre pouco que seja genuíno, provado e indestrutível, tal como o minério, que contém algumas onças de ouro escondidas em meio a quintal de pedra. Mas se as pessoas vão realmente preferir, comigo, a posse *segura* à grande, o pouco ouro que resta no cadinho à vasta massa da qual foi separado; ou se vão, antes, me acusar de mais ter despojado a moral de seu fundamento do que de lhe ter dado um, na medida em que demonstro que as ações legais e louváveis dos seres humanos não possuem amiúde nenhum conteúdo puramente moral e, geralmente, apenas uma pequena *parte*, e que eles se baseiam em motivos cuja eficácia pode ser remontada ao egoísmo do agente – devo deixar tudo isso suspenso; não sem preocupação, mas sim com resignação; pois há muito concordo com o cavaleiro von Zimmermann quando diz: "Pensa em teu coração, até morrer, que nada no mundo é tão raro quanto um bom juiz" (*Sobre a solidão*, Parte I, cap. 3, p. 93). Sim, já posso ver na mente minha exposição – capaz de mostrar apenas uma base tão estreita para toda ação justa, autêntica e voluntária, para toda filantropia, toda nobreza, onde quer que se possam encontrar – ao lado das dos concorrentes, que confiantemente apresentam amplos fundamentos da moral que podem lidar com qualquer carga e ser inculcados na consciência de qualquer cético, com um olhar de soslaio ameaçador para sua própria moralidade – eu a vejo ali, tão pobre e acanhada, como Cordélia diante do rei Lear, com a segurança taciturna de sua disposição obediente, ao lado das declarações efusivas de suas irmãs mais eloquentes. – É preciso fortalecer o coração com um sábio ditado venatório, como: *magna est vis veritatis, et praevalebit* [Grande é a força da verdade, e ela prevalecerá], que, entretanto, já não anima quem viveu e trabalhou. Enquanto isso, quero arriscar com a verdade: pois o que acontece *comigo* acontecerá *também* com ela.

§ 2. Retrospecto geral

Para o povo, a moral é fundamentada pela teologia, como vontade expressa de Deus. Por outro lado, vemos os filósofos, com algumas exceções, esforçando-se cuidadosamente para excluir por completo esse tipo de fundamentação, até mesmo preferindo recorrer a razões sofísticas somente para evitá-lo. De onde vem esse contraste? Sem dúvida, não se pode imaginar um fundamento de moral mais eficaz do que o teológico: pois quem seria tão audacioso a ponto de se opor à vontade do Todo-Poderoso e Onisciente? Certamente ninguém, se ao menos ela fosse proclamada de maneira completamente autêntica, sem deixar margem para dúvidas, de um modo oficial, por assim dizer. Mas é esta condição que não pode ser cumprida. Em vez disso, procura-se, inversamente, autenticar a lei proclamada como a vontade de Deus como tal, provando sua concordância com outros conhecimentos morais nossos de outro tipo, isto é, naturais, apelando a eles, portanto, como o que há de mais imediato e certo. Acrescente-se a isso o reconhecimento de que o comportamento moral provocado apenas pela ameaça de punição, ou promessa de recompensa, seria algo mais na aparência do que na verdade; porque se basearia fundamentalmente no egoísmo, e o que, em última instância, seria decisivo aqui seria a maior ou menor facilidade com que uma pessoa tem, frente a outra, em crer a partir de razões insuficientes. Mas desde que Kant destruiu os fundamentos da *teologia especulativa* até então considerados sólidos, e depois quis apoiar a teologia – que até então servia de suporte para a ética – inversamente sobre a ética, a fim de lhe proporcionar uma existência, ainda que apenas ideal, é menos pensável do que nunca fundamentar a ética por meio da teologia, já que não se sabe mais qual das duas deve ser a carga e qual deve ser o apoio, e no final cairíamos em um *circulus vitiosus*.

Precisamente pela influência da *filosofia kantiana*, como também pelo efeito simultâneo dos avanços excepcionais de todas as ciências naturais, em relação às quais cada época anterior parece como de infância frente à nossa e, finalmente, pelo conhecimento da literatura sânscrita, com o bramanismo e o budismo, essas religiões mais antigas e difundidas, ou seja, as mais ilustres religiões da humanidade em termos de tempo e espaço, que são também a religião nativa originária de nossa própria estirpe, sabidamente asiática, que agora, em sua pátria estrangeira, novamente recebe notícias tardias delas – por tudo isso, digo, ao longo dos últimos cinquenta anos, as fundamentais convicções filosóficas da Europa culta sofreram uma transformação, que talvez alguns admitam apenas com hesitação, mas que não pode ser negada. Como resultado disso, os antigos pilares da ética também apodreceram, mas permaneceu a confiança de que ela própria nunca pode soçobrar, o que gera a convicção de que deve haver outros suportes além dos até hoje estabelecidos, que sejam adequados aos conhecimentos avançados da época. Sem dúvida, é o reconhecimento dessa necessidade, cada vez mais tangível, que levou a Sociedade Real à atual e significativa questão do concurso.

Em todos os tempos, houve muita e boa pregação da moral, mas sua fundamentação sempre esteve em condição deplorável. De modo geral, é visível nesta o esforço em encontrar alguma verdade objetiva da qual se possam deduzir logicamente os preceitos éticos: ela foi buscada na natureza das coisas ou na do homem, mas em vão. Sempre se constatou que a vontade do ser humano se dirige apenas ao seu próprio bem-estar, cuja soma é pensada sob o conceito de felicidade, uma tendência que o conduz por um caminho bem diferente daquele que a moral gostaria de lhe indicar. Tentou-se, então, apresentar a felicidade ora como idêntica à *virtude*, ora como *consequência* e efeito desta: ambas tentativas sempre falharam, embora não tenham poupado sofismas. Depois houve tentativas com princípios puramente objetivos, abstratos, encontrados ora *a posteriori*, ora *a priori*, dos quais o bom comportamento ético poderia, talvez, ser deduzido: mas faltava a eles um ponto de referência na natureza humana por meio do qual pudessem ter o poder de dirigir seus esforços, contra sua tendência egoísta. Parece-me supérfluo corroborar tudo isso listando e criticando todos os fundamentos prévios da moral, não só porque partilho da opinião de Agostinho, "*non est pro magno habendum quid homines senserint, sed quae sit rei veritas*" [não se deve dar importância ao que os homens pensam, mas ao que é a verdade das coisas], mas também porque significaria γλαῦκας εἰς Ἀθήνας κομίζειν [trazer corujas para Atenas], uma vez que a Real Sociedade está suficientemente familiarizada com as tentativas anteriores de fundamentar a ética e, mediante a própria questão do concurso, revela que também está convencida da inadequação destas. O leitor menos instruído encontrará uma compilação incompleta, mas suficiente quanto ao principal, das tentativas anteriores na *Visão geral dos princípios mais eminentes da doutrina dos costumes*, de Garve, como também na *História da filosofia moral*, de Stäudlin, e livros semelhantes. – De fato, é deprimente a constatação de que a ética, essa ciência que afeta diretamente a vida, não se saiu melhor do que a metafísica abstrusa e, que sempre praticada desde que Sócrates a fundou, ainda procura seu primeiro princípio. Mas, por outro lado, na ética, muito mais do que em qualquer outra ciência, o essencial está contido nos primeiros princípios, uma vez que as deduções aqui são tão fáceis que se fazem por si sós. Pois todos são capazes de *inferir*, mas poucos de *julgar*. É por isso que longos livros didáticos e palestras sobre moral são tão supérfluos quanto monótonos. Para mim é um alívio dar por conhecidos todos os fundamentos anteriores da ética. Pois quem examina como tanto os filósofos da Antiguidade quanto os dos Tempos Modernos (a crença na igreja era suficiente para a Idade Média) recorreram aos mais diversos, às vezes mais surpreendentes, argumentos para fornecer um fundamento demonstrável para as exigências da moral tão universalmente reconhecidas, e isso, contudo, com sucesso manifestamente ruim, estimará a dificuldade do problema e julgará depois meu desempenho. E quem viu como todos os caminhos percorridos até agora não levaram à meta estará mais disposto a se juntar a mim para trilhar outro muito diferente, que até agora não foi visto ou foi negligenciado com desprezo, talvez porque ele fosse o mais natural[20]. De fato, para alguns, minha solução para o problema lembrará o ovo de Colombo.

Apenas à *mais recente* tentativa de justificar a ética, a *kantiana*, devo dedicar uma investigação crítica, e certamente ainda mais detalhada, em parte porque a grande reforma moral de Kant deu a essa ciência uma base que tinha vantagens reais sobre as anteriores, em parte porque ainda é a última coisa importante a acontecer na ética; por isso, sua fundamentação kantiana ainda hoje tem validade geral e é ensinada por toda a parte, mesmo que seja embelezada de maneira diferente por algumas mudanças na apresentação e nas expressões. Ela é a ética dos últimos sessenta anos, que deve ser posta de lado antes de seguirmos qualquer outro caminho. Além disso, examiná-la me dará motivos para investigar e discutir a maioria dos conceitos éticos

---

20. *Io dir non vi saprei per qual sventura,*
O piuttosto per qual fatalità,
Da noi credito ottien più l'impostura,
Che la semplice e nuda verità. Casti
[Não saberia dizer por que desventura,
ou melhor, por que fatalidade,
o engano encontra mais crédito entre nós
do que a simples e nua verdade.]

fundamentais para poder mais tarde pressupor seu resultado. Mas, em especial, como os contrastes se tornam claros, a crítica da fundamentação moral de Kant será a melhor preparação e introdução, e até mesmo o caminho direto para a minha, que é diametralmente oposto à de Kant nos pontos mais essenciais. Por isso, o modo de começar mais errôneo seria pular a crítica que agora se segue e ir direto à parte positiva da minha exposição, que então seria compreensível apenas pela metade.

Em geral, já é hora de submeter a ética, de uma vez por todas, a um sério questionamento. Há mais de meio século, ela está repousando sobre a confortável almofada que Kant lhe ofereceu: o imperativo categórico da razão prática. Em nossos dias, no entanto, este geralmente é introduzido pelo título menos ostensivo, porém mais suave e fluente, a "lei moral", sob o qual, após uma ligeira reverência à razão e à experiência, ele desliza sem ser notado: porém, uma vez em casa, o mandar e o comandar não têm fim, sem nunca precisar prestar contas. – Era justo e necessário que Kant, como inventor da coisa, e depois de ter com ela suprimido erros mais grosseiros, se sentisse satisfeito. Mas ter agora de ver como até os burros rolam sobre a almofada que ele preparou e que desde então foi cada vez mais pisada e alargada – isso é difícil. Refiro-me aos escritores de compêndio rotineiros que, com a confiança relaxada da incompreensão, pensam ter fundamentado a ética simplesmente por apelar àquela "lei moral" supostamente inerente à nossa *razão* e, em seguida, confiadamente, impor sobre ela aquela teia de frases desconexas e confusas com a qual eles sabem como tornar ininteligíveis as relações mais claras e simples da vida – sem nunca terem se perguntado seriamente se, nesse empreendimento, a tal "lei moral", como um confortável código da moral, está realmente escrita em nossa cabeça, peito ou coração. Confesso, portanto, o particular prazer com que agora procedo a arrancar da moral a ampla almofada de conforto e anuncio abertamente minha intenção de mostrar que a razão prática e o imperativo categórico de Kant são suposições completamente injustificadas, infundadas e fictícias, provar também que a ética de Kant carece de um fundamento sólido e, assim, entregar a moral de novo à sua antiga e total perplexidade – na qual deve permanecer antes que eu comece a expor o verdadeiro princípio moral da natureza humana, fundado em nossa essência e indubitavelmente eficaz. E, uma vez que isso não oferece um fundamento tão amplo quanto aquela almofada, aqueles que estão mais acostumados a um maior conforto nesse âmbito não abandonarão seu antigo local de descanso até que tenham percebido nitidamente a profunda cavidade no solo sobre a qual ele se encontra.

II

CRÍTICA AO FUNDAMENTO DADO
À ÉTICA POR KANT

§ 3. Visão geral

Kant tem o grande mérito de ter purificado a ética de todo eudemonismo. A ética dos antigos era eudemonista; a dos modernos é, em sua maior parte, a doutrina da salvação. Os antigos queriam mostrar a virtude e a felicidade como idênticas; mas estas eram como duas figuras que nunca coincidem, não importa como as dispomos. Os modernos queriam conectar ambas, não segundo o *princípio da identidade*, mas segundo o da *razão*, ou seja, fazer da felicidade a consequência da virtude; mas, para tanto, tinham de recorrer a um mundo diferente daquele que é possível conhecer, ou a sofismas. Entre os antigos, Platão é a única exceção: sua ética não é eudemonista; em vez disso, torna-se mística. Por outro lado, até mesmo a ética dos cínicos e estoicos é apenas um tipo especial de eudemonismo; não me faltam razões e provas para demonstrar isso, mas sim espaço, dado meu presente propósito[21]. – Assim, entre os antigos e os modernos, com a única exceção de Platão, a virtude era apenas um meio para um fim. Sem dúvida, a rigor, até mesmo Kant teria banido o eudemonismo da ética mais aparentemente do que de fato, pois ele ainda deixa uma conexão oculta entre virtude e felicidade, em sua doutrina do sumo bem, em que elas se juntam em um capítulo obscuro e isolado, embora seja manifesto que a virtude age totalmente alheia à felicidade. Além disso, o princípio

---

21. A exposição pormenorizada encontra-se em *O mundo como vontade e representação*, v. 1, § 16, p. 103ss. e 3. ed., v. 2, cap. 16, p. 166ss.

ético aparece em Kant como algo completamente independente da experiência e de sua instrução, como algo transcendental ou metafísico. Ele reconhece que o modo de agir humano tem um significado que vai além de toda possibilidade de experiência e é, portanto, a verdadeira ponte para o que ele chama de mundo inteligível, *mundus noumenon*, o mundo da coisa em si.

A fama que a ética kantiana alcançou deve-se, além das vantagens já mencionadas, à pureza e à sublimidade morais de seus resultados. A maioria se ateve a estes, sem se preocupar particularmente com sua fundamentação, que é muito complexa, abstrata e apresentada de uma forma excessivamente artificial, e na qual Kant teve de usar toda sua argúcia e talento para a combinação a fim de lhe dar um aspecto sustentável. Felizmente, ele dedicou uma obra própria à apresentação do *fundamento* de sua ética, separado desta mesma, a *Fundamentação da metafísica dos costumes*, cujo tema é, portanto, exatamente o mesmo que o objeto da questão do presente concurso. Pois ele diz ali, à p. XIII do Prefácio: "A presente fundamentação nada mais é do que a busca e o estabelecimento do princípio supremo da moralidade, o que constitui só por si no seu propósito uma tarefa completa e bem distinta de qualquer outra investigação moral". Nesse livro encontramos o fundamento, ou seja, o essencial de sua ética, apresentado de maneira rigorosamente sistemática, concisa e precisa, como em nenhum outro. Além disso, ele tem a importante vantagem de ser a mais velha de suas obras morais, publicada apenas quatro anos após a *Crítica da razão pura*, sendo consequentemente da época em que, embora Kant já contasse 61 anos, a influência deletéria da idade em sua mente ainda não era perceptível. Por outro lado, isso já pode ser sentido claramente na *Crítica da razão prática*, que foi publicada em 1788, ou seja, um ano depois da infeliz reelaboração da *Crítica da razão pura* na 2ª edição, com a qual ele nitidamente arruinou sua obra-prima imortal. Recebemos uma discussão sobre isso no Prefácio da nova edição preparada por Rosenkranz, com a qual, depois de examinar a matéria, não posso deixar de concordar[22]. A *Crítica da razão prática* tem essencialmente o

---

22. Sua fonte provém de mim mesmo, mas aqui estou falando como incógnito.

mesmo conteúdo da *Fundamentação*, mencionada acima; só que esta última o oferece de maneira mais concisa e estrita, enquanto a primeira o faz com grande amplitude de execução e interrompida por digressões, e também para aumentar a impressão, apoiada por algumas declamações morais. Quando escreveu isso, Kant havia, final e tardiamente, alcançado sua merecida fama: e, tendo a certeza de uma atenção ilimitada, ele concedeu mais espaço para a loquacidade da velhice. Por outro lado, como algo peculiar à *Crítica da razão prática*, pode-se aduzir, em primeiro lugar, a exposição da relação entre liberdade e necessidade (p. 169-179 da 4ª edição e p. 223-231 em Rosenkranz), que está acima de todo elogio e certamente foi concebida em período anterior e que concorda inteiramente com aquela que ele oferece na *Crítica da razão pura* (p. 560-586; R., p. 438ss.); e, em segundo lugar, a teologia moral, que será cada vez mais reconhecida como o que Kant realmente pretendia. Por fim, nos *Princípios metafísicos da doutrina da virtude*, essa peça lateral acrescentada à sua deplorável *Doutrina do direito*, e composta em 1797, predomina a influência da debilidade senil. Por todas essas razões, na presente crítica, eu tomo como fio condutor *A fundamentação da metafísica dos costumes*, à qual se referem todos os números de página citados sem mais acréscimos; peço que isso fique anotado. Considerarei as outras duas obras apenas de maneira acessória e secundária. Para a compreensão da presente crítica, que solapa a ética kantiana nos fundamentos mais profundos, será extremamente proveitoso que o leitor releia a *Fundamentação* de Kant, a que a crítica se refere, a fim de ter plenamente presente seu conteúdo, sobretudo porque só preenche 128, mais XIV páginas (em Rosenkranz apenas 100 páginas no total). Cito-a de acordo com a 3ª edição de 1792 e acrescento o número da página da nova edição completa de Rosenkranz precedido por um *R*.

§ 4. Da forma imperativa da ética kantiana

O πρῶτον ψεῦδος [erro primário] de Kant reside em seu próprio conceito de ética, que encontramos mais claramente expresso na p. 62 (R., p. 54): "Em uma filosofia prática não se trata de dar razões para o que acontece, mas leis do que *deve acontecer*, ainda *que nunca aconteça*". – Isso já é uma clara petição de princípio. Quem vos disse que existem leis às quais nossas ações *devem* estar sujeitas? Quem vos disse que *deve acontecer o que nunca acontece?* – O que vos autoriza a aceitar isso de antemão e, logo depois, impor uma ética de maneira legislatório-imperativa como a única possível? Digo, em oposição a Kant, que o estudioso da ética, como o filósofo em geral, deve se contentar com a explicação e interpretação do que é dado, isto é, do que realmente existe ou acontece, para chegar a uma *compreensão* dele, e que ele tem muito que fazer com isso, bem mais do que foi feito até hoje, depois de milênios. Em linha com essa *petitio principii*, no Prefácio, que é absolutamente pertinente ao tema, assume-se *antes de* qualquer investigação que existem *leis* puramente *morais*; e essa assunção perdura depois e é a base mais profunda de todo o sistema. Mas vamos agora examinar o conceito de uma *lei*. O significado real e originário de lei limita-se à *lei* civil, *lex*, νόμος, uma instituição humana, baseada no arbítrio humano. O conceito de *lei* tem um segundo sentido, derivado, figurativo, metafórico em sua aplicação à natureza, cujas formas de atuar, sempre invariáveis, em parte conhecidas *a priori*, em parte observadas empiricamente, são metaforicamente denominadas leis naturais. É apenas uma parte muito pequena dessas leis naturais que pode ser apreendida *a priori* e constitui o que Kant perspicaz e excelentemente separou e reuniu sob o nome de *metafísica da natureza*. Por certo, há também uma lei para a vontade humana, na medida em que o homem pertence à natureza; e, de fato, é uma lei estritamente demonstrável, inviolável, sem exceções, sólida como uma rocha, que traz consigo a necessidade, não *vel quase* [como se], como o imperativo categórico, mas realmente: é a *lei da motivação*, uma forma da lei da causalidade, a saber, a causalidade mediada pelo conhecimento. Esta é a única lei demonstrável para a vontade humana, à qual ela está sujeita *como tal*. Ela afirma que toda ação só pode ocorrer como resultado de um motivo suficiente. Tal como a lei da causalidade em geral, ela é uma lei natural. Por outro lado, as leis *morais*, independentemente de estatutos humanos, instituições estatais ou doutrina religiosa, não devem ser consideradas existentes sem prova. Com essa sua premissa, Kant comete, portanto, uma *petitio principii*, a qual parece ainda mais ousada quando ele acrescenta imediatamente, na página VI do Prefácio, que uma lei moral deve ter necessidade absoluta. Mas tal necessidade tem sempre como característica a inevitabilidade do resultado: mas, como se pode falar de necessidade absoluta nessas supostas leis morais, das quais ele cita como exemplo "não deves [*sollt*] (sic) mentir", uma vez que, como é sabido e ele próprio admite, elas na maioria das vezes, e até mesmo por regra, permanecem sem efeito? Para aceitar na ética científica, além da lei da motivação, ainda outras leis originárias para vontade que sejam independentes de todos os estatutos humanos, é preciso prová-las e derivá-las com base em toda a sua existência, quando se tem em mente não apenas recomendar a honestidade na ética, mas também exercê-la. Até que essa prova tenha sido fornecida, não reconheço outra origem para a introdução do conceito *lei*, *preceito* ou *obrigação* na ética além de uma estranha à filosofia, o Decálogo Mosaico. Essa origem é também revelada, ainda que ingenuamente, no anterior exemplo, o primeiro de uma lei moral proposta por Kant, pela ortografia "du sollt". Um conceito que não tem outra origem para mostrar senão essa não pode, sem mais, forçar seu caminho na ética filosófica, mas é expulso até que tenha sido certificado e introduzido por uma prova legítima. No caso de Kant, temos nesse conceito a primeira *petitio principii*, e esta é grande.

Assim como, com esta, Kant havia tomado o conceito de *lei moral* como dado e indubitavelmente presente, sem mais, no Prefácio, ele faz o mesmo na p. 8 (R., p. 16) com o conceito de *dever*, que está estreitamente relacionado com aquele e que, sem passar por alguma outra justificação, é admitido como pertencente à ética. Mas sou obrigado a protestar novamente aqui. Este conceito, juntamente aos seus parentes, isto é, o de lei, comando, obrigação etc., tomado nesse sentido incondicional, tem sua origem na moral teológica e permanece um estranho na moral filosófica até que tenha produzido uma certificação válida da essência da natureza humana, ou do mundo objetivo. Até então, não reconheço para ele e seus parentes nenhuma outra origem senão o Decálogo. Em geral, nos séculos cristãos, a ética filosófica tomou inconscientemente sua forma da ética teológica: e, como esta é essencialmente *imperativa*, a ética filosófica também apareceu na forma de prescrição e doutrina dos deveres, com toda a inocência e sem suspeitar que outra autorização era necessária para isso; em vez disso, pensaram que esta era justamente sua forma própria e natural. A significação ética da conduta humana, isto é, a que se estende para além desta existência fenomênica e toca a eternidade é tão inegável e reconhecida por todos os povos, épocas e dogmas, e por todos os filósofos (com exceção de genuínos materialistas), quanto lhe é pouco essencial ser concebida na forma de comando e obediência, de lei e dever. Separados dos pressupostos teológicos dos quais surgiram, esses conceitos realmente perdem todo significado, e se, como Kant, alguém pensa poder substituí-los falando de obrigação *absoluta* e dever *incondicionado*, está despachando o leitor com palavras e realmente lhe dando uma *contradictio in adjecto* [contradição no adjetivo] para digerir. De fato, toda obrigação tem sentido e significado apenas em relação à ameaça de punição ou à promessa de recompensa. Portanto, muito antes que se pensasse em Kant, Locke disse: "*For since it would be utterly in vain, to suppose a rule set to the free actions of man, without annexing to it some enforcement of good and evil to determine his will; we must, where-ever we suppose a law, suppose also some reward or punishment annexed to that law*" (*On Understanding*, Bk. II, c. 33, § 6. 34)[23]. Toda obrigação é, portanto, necessariamente condicionada por punição ou recompensa, sendo, portanto, falando na linguagem de Kant, essencialmente e inevitavelmente *hipotética* e nunca, como ele afirma, *categórica*. Mas quando nos abstraímos dessas condições, então o conceito de obrigação fica sem sentido: por isso, a obrigação absoluta é certamente uma *contradictio in adjecto*. É absolutamente im-

---

23. "Pois seria totalmente vão supor um conjunto de regras acerca das ações livres dos homens sem lhe acrescentar o reforço de algo bom e mau que determine sua vontade. Sempre que supomos uma lei, devemos supor também alguma recompensa ou punição ligada a ela" (*Sobre o entendimento*, Livro II, cap. 33, § 6).

possível pensar uma voz imperativa, quer venha de dentro ou de fora, a não ser como ameaçadora ou promissora: mas então, dependendo das circunstâncias, a obediência a ela se torna sábia ou estúpida, mas sempre para interesse próprio, consequentemente sem valor moral. O caráter totalmente impensável e absurdo deste conceito de uma obrigação incondicionada, que constitui a base da ética de Kant, surge mais tarde em seu próprio sistema, a saber, na *Crítica da razão prática*, assim como um veneno oculto não pode permanecer no organismo, mas deve finalmente irromper e desafogar-se. Pois essa obrigação incondicionada posteriormente postula para si uma condição, e até mesmo mais de uma, a saber, uma recompensa e, além disso, a imortalidade da pessoa a ser recompensada, como também um recompensador. É claro, isso é necessário uma vez que se tenha feito do dever e da obrigação o conceito básico da ética, pois esses conceitos são essencialmente relativos e têm significado apenas em termos de punição ameaçada ou recompensa prometida. Essa recompensa, postulada em seguida para a virtude, que, portanto, só aparentemente trabalha sem remuneração, aparece decentemente velada sob o nome de *sumo bem*, que é a união de virtude e felicidade. Mas, no fundo, este não é nada mais do que a moral que termina na felicidade e está, portanto, baseada no interesse próprio, ou eudemonismo, que Kant solenemente havia expulsado pela porta principal de seu sistema como heterônomo, e que agora se esgueira de volta, pela porta dos fundos, sob o nome de *bem supremo*. Assim se vinga a assunção da obrigação incondicionada e absoluta, que oculta uma contradição. A obrigação *condicionada*, por outro lado, certamente não pode ser um conceito ético fundamental, porque tudo o que acontece com vistas à recompensa ou à punição é necessariamente uma ação egoísta e, como tal, sem valor puramente moral. – Tudo isso torna evidente que é necessária uma concepção mais grandiosa e imparcial da ética, se pretendemos séria e realmente sondar o significado eterno da ação humana, que se estende além do fenômeno.

Assim como toda obrigação está absolutamente vinculada a uma condição, todo dever também está. Porque ambos os termos são estreitamente aparentados e quase idênticos. A única diferença entre eles poderia ser que a obrigação em geral também pode ser baseada em mera coerção; o dever, por outro lado, pressupõe o comprometimento, isto é, a aceitação do dever: tal se dá entre senhor e servo, superior e subordinado, governo e súditos. Precisamente porque ninguém assume um dever gratuitamente, todo dever também confere um direito. O escravo não tem dever porque não tem direito; mas há, para ele, uma obrigação que se baseia em mera coerção. Na parte seguinte, estabelecerei o único significado que o conceito de dever tem na ética.

A concepção da ética em uma forma *imperativa*, como *doutrina dos deveres*, e o pensamento do valor ou desvalor moral das ações humanas como cumprimento ou violação de deveres, inegavelmente decorrem, juntamente com a obrigação, apenas da moral teológica e, por consequência, do Decálogo. De acordo com isso, ela repousa essencialmente no pressuposto da dependência do homem de outra vontade, que lhe ordena e anuncia recompensa ou punição, e não pode ser dissociada desta. Quanto mais a pressuposição de tal coisa estiver bem constituída na teologia, tanto menos poderá ser tácita e prontamente levada para a moral filosófica. Mas tampouco se pode pressupor de antemão que nesta moral filosófica a forma imperativa, a imposição de mandamentos, leis e deveres, é autoexplicativa e essencial a ela; e é um mau expediente substituir a condição externa que, por natureza, acompanha essencialmente tais conceitos pela palavra "absoluto" ou "categórico", pois isso produz, como disse, uma *contradictio in adjecto*.

Kant, tacitamente e sem lhe dar muita atenção, havia tomado essa *forma imperativa* de ética emprestada da moral teológica, cujos pressupostos, isto é, a teologia, estão realmente em sua base, sendo, de fato, inseparáveis dela e implicitamente incluídas nela como a única coisa que lhe dá significado e sentido, de modo que depois foi jogo fácil para ele, no final de sua exposição, desenvolver novamente uma teologia a partir de sua moral, a conhecida teologia moral. Pois então ele só precisou trazer à tona expressamente os conceitos que haviam sido implicitamente estabelecidos pela obrigação e estavam ocultos na base de sua moral, e erigi-los explicitamente como postulados da razão prática. E assim apareceu, para a grande edificação do mundo, uma teologia que se baseava apenas na moral, e até mesmo havia procedido dela. Mas isso se deu porque essa moral é ela mesma baseada em suposições teológicas ocultas. Não pretendo oferecer um símile sarcástico: mas na forma a coisa é análoga à surpresa que um artista da magia natural nos proporciona ao nos fazer encontrar uma coisa onde ele sabiamente a havia escondido. – Expresso *in abstracto*, o procedimento de Kant é este: ele converte em resultado o que deveria ter sido o princípio ou o pressuposto (teologia), e tomou como pressuposto o que deveria ter sido deduzido como resultado (o comando). Mas, depois de ele ter virado a coisa de cabeça para baixo, ninguém, nem mesmo ele, a reconheceu pelo que era, ou seja, a velha e bem conhecida moral teológica. Consideraremos o desempenho dessa façanha nos parágrafos sexto e sétimo.

Por certo, já antes de Kant, a concepção da moral na forma imperativa e como doutrina dos deveres era de uso frequente também na filosofia: só que em tal caso a própria moral também era fundamentada sobre a vontade de um Deus já provado de outras maneiras, e assim se permanecia coerente. Mas assim que alguém, como Kant, empreendeu uma fundamentação independente disso e quis estabelecer uma ética sem pressupostos metafísicos, já não se estava autorizado a pôr-lhe como fundamento, sem qualquer outra derivação, aquela forma imperativa, aquele "tens a obrigação" e "és teu dever".

§ 5. Da aceitação de deveres para conosco mesmos em particular

No entanto, em sua explanação, Kant deixou inalterada essa forma da doutrina dos deveres, que lhe era tão cara, pois ele, como seus antecessores, estabeleceu, além de deveres para com os outros, também deveres para conosco mesmos. Como rejeito por completo tal suposição, quero inserir episodicamente aqui, onde o contexto é mais que apropriado, minha explicação sobre isso.

Como todos os deveres, os deveres para conosco mesmos devem ser deveres de justiça, ou de amor. Os deveres de justiça para conosco mesmos são impossíveis, por causa do princípio autoevidente *volenti non fit injuria* [não se faz injúria a quem consente]: de fato, aquilo que faço é sempre aquilo que quero; e assim, o que acontece de minha parte a mim mesmo é também sempre somente o que quero, e, por consequência, nunca uma injustiça. Mas no que diz respeito aos deveres de amor para conosco mesmos, aqui a moral encontra seu trabalho já feito e chega tarde demais. A impossibilidade de violar o dever do amor próprio já é pressuposta pelo mandamento supremo da moral cristã: "Ama a teu próximo como a ti mesmo", segundo o qual o amor que cada um nutre para consigo mesmo é assumido como máximo e como condição de qualquer outro amor. Mas de nenhum modo se acrescenta: "Ama a ti mesmo como a teu próximo", caso em que qualquer um sentiria que se pede muito pouco: este também seria o único dever em que uma *"opus supererrogationis"* estaria na ordem do dia. O próprio Kant diz nos *Princípios metafísicos da doutrina da virtude*, p. 13 (R., p. 230): "O que cada um inevitavelmente quer por sua própria vontade não pertence ao conceito de dever". No entanto, essa noção de deveres para conosco ainda se manteve em alta conta e, em geral, desfruta de um favor especial, o que não é de admirar. Mas ele produz um efeito divertido nos casos em que o indivíduo começa a se preocupar com sua pessoa e então fala, muito seriamente, no dever de autopreservação, enquanto seja suficiente notar que o medo o colocará de pé e que nenhum comando de dever é necessário para lhe dar um empurrão.

O que geralmente se apresenta como deveres para conosco mesmos é, antes de tudo, uma argumentação contra o *suicídio*, fortemente imerso em preconceitos e conduzido a partir das razões mais superficiais. Somente ao ser humano, que diferentemente do animal não está entregue apenas ao sofrimento *físico* limitado ao presente, mas também ao sofrimento *espiritual* incomparavelmente maior e emprestado do futuro e do passado, a natureza concedeu, como compensação, o privilégio de poder terminar sua vida como preferir, antes mesmo que ela mesma lhe estabeleça um fim e, assim, de não viver necessariamente enquanto *puder*, como o animal, mas também apenas enquanto *quiser*. Se ele deve renunciar a esse privilégio por motivos éticos é uma questão difícil, que ao menos não pode ser decidida pelos argumentos superficiais usuais. E também as razões contra o suicídio, que Kant, p. 53 (R., p. 48) e p. 67 (R., p. 57) não se envergonha de citar: em sã consciência não posso intitulá-las senão de misérias, que nem sequer merecem resposta. É preciso rir quando se pensa que reflexões desse tipo deveriam ter arrancado o punhal das mãos de Catão, Cleópatra, Cocceio Nerva (*Tac. Ann*, VI, 26), ou de Arria, mulher de Peto (Plin., *Ep.*, III, 16). Se realmente existem motivos morais genuínos contra o suicídio, eles se encontram em nível muito profundo e não podem ser alcançados com o fio de prumo da ética comum; pertencem, antes, a um modo de consideração mais elevado do que é apropriado até mesmo ao ponto de vista do presente tratado[24].

O que se costuma apresentar, além disso, sob a rubrica de deveres para consigo mesmo são em parte regras de prudência, em parte prescrições dietéticas, nenhuma das quais pertence à verdadeira moral. Finalmente, também se inclui aqui a proibição da luxúria antinatural, isto é, onanismo, pederastia e bestialidade. Destes, o onanismo é principalmente um vício da juventude, e combatê-lo é muito mais uma questão de dietética do que de ética; precisamente por isso os livros contra ele são escritos por médicos (como Tissot e outros), não por moralistas. Depois que a dietética e a higiene fizeram sua parte nesta questão e a esmagaram com razões irrefutáveis, se a moral agora também quer se encarregar dele, encontra tanto trabalho já realizado que pouco lhe resta a fazer. – A bestialidade é uma ofensa completamente anormal, bastante rara, algo, pois, realmente excepcional, e ao mesmo tempo tão repugnante e contrária à natureza humana que ela própria fala e dissuade contra si mesma mais do que qualquer argumento racional. De resto, como degradação da natureza humana, ela é realmente uma ofensa à espécie como tal e *in abstracto*, não a indivíduos humanos. – Portanto, das

---

24. São razões ascéticas: encontram-se no quarto livro de minha obra principal, v. 1, § 69.

três ofensas sexuais em questão, apenas a pederastia pertence à competência da ética, e ali encontrará facilmente seu lugar, no tratado da justiça: com efeito, a justiça é violada por ela, e contra isso não se pode fazer valer o *volenti non fit injuria*: pois a injustiça consiste na sedução da parte mais jovem e inexperiente, que é assim corrompida física e moralmente.

§ 6. Do fundamento da ética kantiana

À forma imperativa da ética, demonstrada como uma *petitio principii* no § 4, imediatamente se vincula uma ideia favorita de Kant, que pode ser desculpada, mas não aceita. – Às vezes, vemos um médico que usou certo remédio com brilhante sucesso administrá-lo então para quase todas as doenças: eu o comparo com Kant. Com a separação de *a priori* e *a posteriori* no conhecimento humano, ele fez a descoberta mais magnífica e influente de que a metafísica pode se gabar. Como admirar que ele agora busque aplicar esse método e essa separação em todos os lugares? Por isso, a ética também deve consistir em uma parte pura, isto é, cognoscível *a priori* e em uma empírica. Ele rejeita a última como inadmissível para a *fundamentação* da ética. Mas descobrir a primeira e apresentá-la separadamente é seu propósito na *Fundamentação da metafísica dos costumes*, que, portanto, deve ser uma ciência puramente *a priori*, no sentido dos *Princípios metafísicos da ciência natural* que ele estabeleceu. Assim, essa *lei moral* que se supõe existir, de antemão, sem justificação e sem derivação ou prova, deve ser também cognoscível *a priori*, independente de toda *experiência interna* e *externa*, "*baseando-se apenas em conceitos da razão pura*, deve ser um *juízo sintético a priori*" (*Crítica da razão prática*, p. 56 da 4ª edição; R., p. 142): a isso se conecta o fato de que ela deve ser meramente *formal*, como tudo que é conhecido *a priori*, devendo, portanto, referir-se apenas à forma e não ao conteúdo das ações. – Pensemos no que isso significa! – Ele acrescenta expressamente (p. VI do Prefácio à *Fundamentação*; R., p. 5) que ela "não deve ser buscada na natureza humana (o subjetivo), nem nas circunstâncias do mundo (o objetivo)" e (p. VII; R., p. 6) que "nisto não se deve tomar o mínimo do conhecimento do homem, isto é, da antropologia". Ele repete (p. 59; R., p. 52) que "não nos deve sequer passar pela cabeça querer derivar a realidade deste princípio da constituição particular da natureza humana"; do mesmo modo (p. 60; R., p. 52): que "tudo o que deriva de uma constituição natural especial da humanidade, de certos sentimentos e inclinações, e até mesmo, quando possível, de uma direção especial que seria peculiar à natureza humana e não tivesse de se aplicar necessariamente para vontade de *todo ser racional*" não pode fornecer qualquer base para a lei moral. Isso atesta irrefutavelmente que ele *não* apresenta a suposta lei moral *como um fato da consciência*, algo empiricamente demonstrável, pelo que os filosofastros modernos, sem exceção, gostariam de fazê-la passar. Juntamente a toda experiência interna, ele rejeita ainda mais decisivamente toda experiência externa, ao recusar qualquer base empírica da moral. Portanto, ele – e peço que isso seja bem notado – não fundamenta seu princípio moral em nenhum *fato da consciência* demonstrável, como uma disposição interior, nem tampouco em qualquer relação objetiva das coisas no mundo exterior. Não! Isso seria um fundamento empírico. Em vez disso, *conceitos puros a priori*, isto é, conceitos que não têm nenhum conteúdo da experiência externa ou interna, ou seja, que são puras cascas sem núcleo, devem ser o fundamento da moral. Consideremos quanto isso significa: a consciência humana, bem como todo o mundo externo, juntamente a toda experiência e fatos nele contidos, nos são arrancados de baixo dos pés. Não temos nada sobre o que nos suster. Mas a que devemos nos segurar então? A um par de conceitos completamente abstratos, ainda inteiramente sem matéria, que também estão flutuando totalmente no ar. Destes, sim, até mesmo da mera forma de sua conexão com os juízos, deve emergir uma *lei* que deve ser válida com a assim chamada *necessidade absoluta* e ter o poder de frear o impulso dos desejos, a tempestade da paixão, a gigantesca magnitude do egoísmo. Isso é algo que gostaríamos de ver.

Uma segunda ideia favorita de Kant está intimamente ligada a essa noção preconcebida da *aprioridade* absolutamente necessária e da pureza em relação a tudo que é empírico para o fundamento da moral: a saber, o princípio moral a ser apresentado, dado que deve ser um *juízo sintético a priori, de conteúdo meramente formal* e, portanto, uma questão exclusiva da razão pura, deve valer como tal não *apenas para os seres humanos*, mas para todos os seres racionais possíveis e "apenas por essa razão", isto é, de passagem e *per accidens*, também para os seres humanos. Pois, para isso, ele se baseia na razão pura (que só conhece a si mesma e o princípio da contradição) e não em qualquer sentimento. Essa *razão pura*, portanto, não é tomada aqui como um faculdade cognoscitiva dos seres humanos, que ela é exclusivamente, mas é *hipostasiada como algo subsistente por si mesmo*, sem qualquer autoridade e como o exemplo e o precedente mais perniciosos – e nosso atual e miserável período filosófico pode servir para confirmar isso. Entretanto, esse estabelecimento da moral, não para humanos como humanos, mas para *todos os seres racionais* como tais, é um tópico tão importante e uma ideia favorita de Kant que ele não cansa de repeti-lo em todas as ocasiões. Digo, por outro lado, que nunca se está autorizado a estabelecer um *genus* que nos é dado apenas em uma única espécie, e a cujo conceito, portanto, não se poderia trazer absolutamente nada além do que se tiraria dessa única espécie, de modo que o que se afirmasse sobre o *genus* só seria compreendido sempre como relativo a *uma só* espécie; ao passo que se, para formar o gênero, omitíssemos indevidamente o que pertence a essa espécie, suprimiríamos talvez precisamente a condição de possibilidade das propriedades restantes e hipostasiadas como *genus*. Assim como conhecemos a *inteligência em geral* simplesmente como uma propriedade dos seres animais e, portanto, nunca estamos autorizados a pensá-la como existindo fora e independentemente da natureza animal, de igual modo, só conhecemos a razão como propriedade da raça humana e não estamos, de modo algum, autorizados a pensá-la como existindo fora dela e a estabelecer um *genus*, "seres racionais", que seria diferente de sua única espécie, o ser humano, mas ainda menos autorizados a estabelecer leis *in abstracto* para tais *seres racionais* imaginários. Falar de seres racionais que não sejam o ser humano não é diferente de querer falar de *seres pesados* que não sejam corpos. Não se pode evitar a suspeita de que aqui Kant estava pensando um pouco em queridos anjinhos, ou contando com sua assistência para convencer o leitor. Em todo caso, há aqui um pressuposto tácito da *anima rationalis*, que, totalmente diferente da *anima sensitiva* e da *anima vegetativa*, permaneceria após a morte e então não seria nada além de *rationalis*. Mas ele mesmo, expressa e detalhadamente, pôs fim a essa hipóstase totalmente transcendente na *Crítica da razão pura*. Entretanto, paira no plano de fundo da ética kantiana, sobretudo na *Crítica da razão prática*, o pensamento de que a essência interior e eterna do homem consiste na *razão*. Aqui, onde o tema é mencionado apenas de passagem, devo contentar-me com a mera afirmação do contrário, a saber, que a razão, como a faculdade de conhecimento em geral, é algo secundário, algo pertencente ao fenômeno, realmente condicionado pelo organismo; e, por outro lado, o núcleo genuíno, a única coisa metafísica e, portanto, indestrutível no homem é *sua vontade*. Portanto, ao querer estender à filosofia prática o método que ele aplicara com tanto êxito na filosofia teórica e pretender, assim, separar também aqui o conhecimento puro *a priori* do conhecimento empírico *a posteriori*, Kant assumiu que, assim como conhecemos *a priori* as leis do espaço, do tempo e da causalidade, também da mesma maneira, ou pelo menos de forma análoga, o fio condutor moral de nosso agir nos é dado antes de toda experiência e se manifesta como imperativo categórico, como obrigação absoluta. Mas como é vasta a diferença entre esses conhecimentos teóricos *a priori*, que se baseiam no fato de que expressam meras formas de nosso intelecto, isto é, suas funções, somente por meio das quais podemos compreender um mundo objetivo e nas quais este mundo *deve*, portanto, apresentar-se; e, justamente por isso, essas formas são absolutamente legislativas para ele, de modo que toda experiência *deve* sempre corresponder a elas de uma maneira precisa, tal como tudo que vejo através de um vidro azul deve se apresentar como azul – e, por outro lado, essa pretensa lei moral *a priori*, da qual a experiência zomba a cada passo, e, que, de fato, segundo o próprio Kant, leva a duvidar se a experiência realmente foi guiada de acordo com ela, ainda que uma só vez. Que coisas tão díspares são reunidas aqui sob o conceito de *aprioridade*! Além disso, Kant ignorou o fato de que, de acordo com sua própria doutrina, na filosofia teórica, é justamente a aprioridade dos mencionados conhecimentos independentes da experiência que os limita ao mero *fenômeno*, isto é, à representação do mundo em nossa cabeça, e os priva por completo de toda validade em relação à *essência em si* das coisas, ou seja, ao que existe independentemente de nossa apreensão. Em correspondência com isso, também na filosofia prática, sua pretensa lei moral, se surgir *a priori* em nossa cabeça, também deveria ser apenas uma forma de fenômeno e deixar intocada a essência em si das coisas. Mas essa consequência estaria na maior contradição, tanto com a questão em si quanto com as opiniões de Kant sobre ela, pois ele apresenta repetidamente (por exemplo, *Crítica da razão prática*, p. 175; R., p. 228) que o que é *moral em nós* se encontra na mais estreita conexão com a verdadeira *essência em si* das coisas e, de fato, afetando-a diretamente; também na *Crítica da razão pura*, sempre que a misteriosa *coisa em si* emerge mais claramente, ela se revela como o *moral* em nós, como *vontade*. – Mas ele não levou isso em consideração.

Mostrei no § 4 que Kant, sem mais, tomou da moral teológica a *forma imperativa* da ética, ou seja, o conceito de obrigação, lei e dever, enquanto teve de deixar para trás a única coisa que confere força e significado a esses conceitos. No entanto, para fundamentar esses conceitos, ele chega a exigir que o próprio *conceito de dever* seja também a razão do cumprimento do dever, isto é, aquilo que obriga. Uma ação, diz ele (p. 11; R., p. 18), tem valor moral genuíno quando ocorre puramente por dever, e apenas por amor ao dever, sem qualquer inclinação para ela. O valor do caráter só começa quando alguém, sem simpatia no coração, frio e indiferente aos sofrimentos alheios, e não realmente nascido para se tornar filantropo, realiza, contudo, boas ações apenas em razão do fastidioso *dever*. Essa afirmação, que ofende o sentimento moral genuíno, essa apoteose do desamor, que é exatamente o oposto da doutrina moral cristã, a qual põe o amor acima de tudo e não permite que nada tenha validez sem ele (1Cor 13,3), esse pedantismo moral sem tato foi satirizado por Schiller em dois acertados epigramas, intitulados "Escrúpulos de consciência e decisão". O ensejo imediato para estes parece ter sido fornecido por algumas passagens da *Crítica da razão prática* bastante pertinentes aqui, como na p. 150 (R., p. 211): "A disposição que obriga o homem a seguir a lei moral é a de segui-la por dever, não por afeição voluntária, nem mesmo por um esforço *não comandado* e que ele empreende de bom grado". – Ela deve ser *comandada*! Que moral escrava! E, na mesma obra, p. 213 (R., p. 257), em que se diz "que sentimentos de compaixão e terna simpatia são onerosos às próprias pessoas bem pensantes, porque confundem suas máximas refletidas e, portanto, despertam o desejo de se livrar delas e estar sujeito apenas à razão legisladora". Afirmo com segurança que o que abre a mão do supracitado fazedor do bem, mas desprovido de amor e indiferente ao sofrimento alheio (mencionado na p. 11; R., p. 18), nunca pode ser outra coisa (se ele não tiver segundas intenções) senão uma escrava *deisidaimonia* [temor aos deuses], independentemente de ele intitular seu fetiche de "imperativo categórico" ou Fitzlipuzli[25]. O que mais poderia mover um coração duro senão o medo?

Correspondendo aos pontos de vista acima, segundo a p. 13 (R., p. 19), o valor moral de uma ação não está na *intenção* com que ocorreu, mas na máxima que foi seguida. Diante disso, eu ofereço a reflexão de que a *apenas a intenção* decide sobre o valor moral ou a indignidade moral de um ato, razão pela qual o mesmo ato pode ser condenável ou louvável, dependendo de sua intenção. Portanto, sempre que as pessoas discutem uma ação de alguma relevância moral, todas investigam a intenção e julgam a ação apenas de acordo com esta, assim como, inversamente, é apenas com a intenção que cada um se justifica quando vê sua ação mal interpretada, ou pede desculpas quando teve um resultado desvantajoso.

Na p. 14 (R., p. 20), chegamos finalmente à definição do conceito básico de toda ética kantiana, o *dever*: é "a necessidade de uma ação por respeito à lei". – Mas o que é *necessário* acontece e é inevitável; por outro lado, ações por puro dever não só

---

25. Mais corretamente Huitzilopochtli, divindade mexicana.

não se produzem na maioria dos casos, mas também, como até o próprio Kant admite, p. 25 (R., p. 28), não há *nenhum exemplo seguro* da disposição de agir por puro dever; – e página 26 (R., p. 29): "é absolutamente impossível identificar com certeza, pela experiência, um único caso em que uma ação em conformidade com o dever tenha se baseado simplesmente na representação do dever", e também p. 28; (R., p. 30) e p. 49 (R., p. 50). Em que sentido, então, pode-se atribuir *necessidade* a tal ação? Visto que é justo interpretar um autor sempre da maneira mais favorável, digamos que sua opinião é que uma ação conforme ao dever é *objetivamente* necessária, mas *subjetivamente* contingente. Mas isso não é tão fácil de pensar como de falar: onde está o objeto dessa necessidade objetiva, cujo resultado, na maioria das vezes e talvez sempre, está ausente na realidade? Para uma interpretação totalmente justa, não posso deixar de dizer que a expressão "necessidade de uma ação" na definição nada mais é do que uma paráfrase bastante forçada, artificialmente encoberta, da palavra *obrigação*. Essa intenção fica ainda mais clara quando notamos que na mesma definição a palavra *respeito* é usada onde se queria dizer *obediência*. Com efeito, na nota da p. 16; (R., p. 20), lemos: "Respeito significa apenas a subordinação de minha vontade a uma lei. A determinação imediata por meio da lei e a consciência disso chama-se respeito". Em qual idioma? O que é oferecido aqui significa *obediência* em alemão. Mas como a palavra *respeito* não pode ser substituída pela palavra *obediência* tão inapropriadamente sem razão alguma, ela deve servir a algum propósito, e este obviamente não é outro senão encobrir a proveniência da forma imperativa e do conceito de dever da moral *teológica*; assim como vimos antes que a expressão "necessidade de uma ação", que tão forçada e desajeitadamente toma o lugar da *obrigação*, foi escolhida apenas porque a obrigação é justamente a linguagem do Decálogo. A definição acima: "Dever é a necessidade de uma ação por respeito à lei" deveria soar, em linguagem natural e não dissimulada, isto é, sem máscara: "Dever significa uma ação que *deve* ocorrer por *obediência* a uma lei". – Este é o cerne da questão.

Mas agora a lei, essa pedra angular última da ética kantiana! *Qual é o seu conteúdo? E onde está escrita?* Esta é a pergunta principal. Observo, antes de tudo, que há duas questões: uma se volta para o princípio, a outra, para o fundamento da ética, duas coisas totalmente distintas, embora sejam geralmente e, às vezes, deliberadamente misturadas.

O *princípio*, ou a *máxima* suprema, de uma ética é a expressão mais breve e concisa do modo de agir que ela prescreve, ou, se ela não tiver forma imperativa, o modo de agir ao qual ela atribui valor moral genuíno. É, portanto, a instrução da ética à virtude em geral, expressa por *uma só* proposição, ou seja, o "ὅ, τι" da virtude. – O fundamento de uma ética, por outro lado, é o διότι da virtude, a razão dessa obrigação ou recomendação ou aprovação, seja ele procurado na natureza humana, nas relações do mundo externo, ou em qualquer outra parte. Como em todas as ciências, deve-se distinguir claramente entre o "ὅ, τι" e o "διότι" na ética também. No entanto, a maioria dos teóricos da ética borra propositalmente essa distinção: provavelmente porque o ὅ, τι seja tão fácil de estabelecer, enquanto o διότι é tão terrivelmente difícil; por isso, gostam de compensar a pobreza de *um* lado com a riqueza do *outro* e, combinando ambas em *uma só* proposição, realizam um casamento feliz de Πενία e Πόρος. Na maioria das vezes, eles o fazem, não expressando em sua simplicidade o bastante conhecido ὅ, τι, mas forçando-o em uma fórmula artificial da qual ele deve ser primeiramente inferido como uma conclusão de premissas dadas; e nisto o leitor fica com a impressão de ter aprendido não apenas a coisa, mas também seu fundamento. Pode-se facilmente convencer-se disso examinando a maioria dos princípios morais mais bem conhecidos. No entanto, como não pretendo fazer tais truques na parte seguinte, mas proceder honestamente e não fazer valer o *princípio* da ética como seu *fundamento* ao mesmo tempo, mas separar ambos claramente, quero reduzir aqui mesmo esse ὅ, τι – ou seja, o princípio, a máxima sobre cujo conteúdo todos os teóricos da ética realmente concordam, por mais diferentes que sejam as formas com que o revestem – à expressão que considero a mais simples e pura: *Neminem laede; imo omnes, quantum potes, juva* [Não prejudiques ninguém; antes, ajuda a todos tanto quanto podes]. Esta é, na verdade, a proposição que todos os professores de moral se esforçam por fundamentar, é o resultado comum de suas deduções tão diversas: é o ὅ, τι, para o qual ainda se busca o διότι, a consequência para a qual se exige a razão; por conseguinte é ele próprio o *datum*, cujo *quaesitum* constitui o problema de toda ética, bem como da presente questão do concurso. A solução desse problema fornecerá o próprio fundamento da ética, que, como a pedra filosofal, é buscada há milênios. Mas que o dado, o ὅ, τι, o princípio, realmente tem sua expressão mais pura na fórmula acima e fica evidente no fato de que isso se refere a todos os outros princípios morais como uma conclusão das premissas, isto é, como aquilo a que realmente se quer chegar; de modo que todos os outros princípios morais devem ser considerados como uma paráfrase, uma expressão indireta ou velada, dessa proposição simples. Isso se aplica, por exemplo, até mesmo ao princípio considerado simples e trivial: *Quod tibi fieri non vis, alteri ne feceris*[26] [Não faças ao outro o que não queres para ti], cuja deficiência – a de que ele expressa apenas os deveres de justiça e não os de virtude – pode ser facilmente remediada por uma repetição sem *non* e *ne*. Pois assim ele também estará dizendo: *Neminem laede, imo omnes, quantum potes, juva*; mas ele chega até aí através de um rodeio e, desse modo, ganha a aparência de nos ter dado também a razão real, o διότι, desse preceito, o que não é o caso, pois do fato de eu não querer que algo me aconteça não se segue de maneira alguma que eu não deva fazê-lo aos outros. A mesma coisa se aplica a todos os *princípios* ou *máximas supremas* de moral até hoje estabelecidos.

Se retornarmos agora à nossa pergunta anterior – o que diz a *lei* em cujo cumprimento, segundo Kant, consiste o *dever*, e sobre o quê está baseada? – veremos que também Kant, de uma maneira muito artificial, vinculou estreitamente, o *princípio* da moral com seu *fundamento*. Recordo agora a exigência de Kant, já considerada no início, de que o *princípio* da moral deveria ser puramente *a priori* e puramente formal, até mes-

---

26. Hugo Grotius a atribui ao Imperador Severo.

mo deveria ser um juízo sintético *a priori* e, portanto, não deve ter conteúdo material, nem basear-se em nada empírico, isto é, nem em algo objetivo no mundo externo, nem em algo subjetivo na consciência, como qualquer sentimento, inclinação ou impulso seriam. Kant tinha plena consciência da dificuldade dessa tarefa, pois ele diz na p. 60 (R., p. 53): "Aqui vemos a filosofia colocada, de fato, em uma posição precária, que deve ser firme, embora não haja nada no céu nem na terra em que se possa prender ou se apoiar". Isso nos leva a aguardar com tanto mais tensão a solução do problema que ele mesmo se propôs, e esperar ansiosamente como é que algo surgirá do nada, ou seja, como a partir de conceitos puramente *a priori*, desprovidos de qualquer conteúdo empírico ou material, devem concretizar-se as leis do agir humano material – um procedimento cujo símbolo poderia ser aquele processo químico mediante o qual o sal amoníaco é produzido diante de nossos olhos a partir de três gases invisíveis (azoto, hidrogênio, cloro), ou seja, no espaço aparentemente vazio. – No entanto, quero apresentar o processo pelo qual Kant resolve essa difícil tarefa com mais clareza do que ele próprio quis ou pôde. Isso pode ser tanto mais necessário quanto raramente parece ser bem compreendido. Pois quase todos os kantianos caíram no erro de crer que Kant estabelece o imperativo categórico diretamente como um fato da consciência: mas então ele estaria fundado antropologicamente, pela experiência, ainda que seja experiência interna, ou seja, empiricamente, o que vai diretamente contra a visão de Kant e é repetidamente rejeitado por ele. Por isso, ele diz, p. 48 (R., p. 44): "não se pode estabelecer empiricamente se existe tal imperativo categórico"; bem como a p. 49 (R., p. 45): "A possibilidade do imperativo categórico deve ser investigada inteiramente *a priori*; já que não temos aqui a vantagem de que sua realidade seja dada na experiência". Mas já seu primeiro discípulo, Reinhold, caiu naquele erro, pois em suas *Contribuições para uma visão geral da filosofia no início do século XIX*, n. 2, p. 21, ele diz: "Kant aceita a lei moral como um fato imediatamente certo, como fato originário da consciência moral". Mas se Kant tivesse querido fundamentar o imperativo categórico como fato da consciência e, portanto, empiricamente, então ele não teria deixado ao menos de demonstrá-lo como tal. Mas não se encontra nada semelhante em nenhum lugar. Que eu saiba, a primeira aparição do imperativo categórico ocorre na *Crítica da razão pura* (p. 802 da 1ª edição e p. 830 da 5ª edição), em que ele surge totalmente *ex nunc*, sem aviso prévio e ligado à frase precedente por um simples "portanto", completamente injustificado. Ele é formalmente introduzido pela primeira vez na *Fundamentação da metafísica dos costumes*, que estamos considerando aqui em particular, de uma maneira totalmente apriorística, por meio de uma dedução de conceitos. Por outro lado, uma *"Formula concordiae* do criticismo" a ser encontrada no quinto número da revista de Reinhold, tão importante para a filosofia crítica, chega a fazer a seguinte afirmação na p. 122: "Distinguimos a autoconsciência moral da *experiência* com a qual ela, como um fato originário que nenhum conhecimento pode transcender, está conectada na consciência humana, e por essa autoconsciência entendemos a *consciência imediata do dever, isto é, da necessidade* de assumir a legalidade da vontade, independente do prazer e do desprazer, como força motriz e guia das ações volitivas". – Aqui teríamos, por certo, "uma proposição considerável, e que também propõe algo" (Schiller). Mas falando sério: que impertinente *petitio principii* vemos a lei moral de Kant se tornando aqui! Se *isso* fosse verdade, a ética certamente teria um fundamento de solidez incomparável, e não seria necessária uma questão de concurso para estimular sua busca. Mas também seria o maior milagre que tal fato da consciência tivesse sido descoberto tão tardiamente, enquanto por milhares de anos se buscou com zelo e esforço um fundamento para a moral. Mas explicarei a seguir como o próprio Kant deu ensejo ao erro que censurei acima. E, ainda assim, podemos nos admirar com a prevalência incontestada de um erro tão fundamental entre os kantianos, que, todavia, enquanto escreviam inúmeros livros sobre a filosofia de Kant, nem uma vez sequer notaram a desfiguração pela qual passou a *Crítica da razão pura* na 2ª edição, e por causa da qual ela se tornou um livro incoerente e autocontraditório, algo que só agora veio à luz e, penso eu, é explicado com bastante exatidão no Prefácio de Rosenkranz ao segundo volume da edição das Obras Completas de Kant. Deve-se ter em conta que o incessante ensino, da cátedra e nos escritos, deixa muitos doutos com pouco tempo para um aprendizado profundo. O *docendo disco* [ensinando, aprendo] não é incondicionalmente verdadeiro e, ao contrário, poderia ser ocasionalmente parodiado do seguinte modo: *sempre docendo nihil disco* [ensinando sempre, nada aprendo]; e até mesmo o que Diderot põe na boca do sobrinho de Rameau não é inteiramente desprovido de razão: "E esses professores, crês que eles entenderão as ciências que ensinam? Uma farsa, caro senhor. Uma farsa. Se eles tivessem conhecimento suficiente para ensiná-las, eles não as ensinariam". – "E por quê?" – "Eles teriam passado a vida estudando-as" (Tradução de Goethe, p. 104). – Lichtenberg também diz: "Já notei, com frequência, que as pessoas de uma profissão muitas vezes não sabem o que é o melhor". Mas (retornando à moral kantiana) quanto ao público, a maioria das pessoas, desde que o resultado esteja de acordo com seus sentimentos morais, imediatamente assume que a derivação dele já estará correta e não se aprofundará nela se parecer difícil; em vez disso, confiará aqui naqueles que são "especialistas".

Portanto, a *fundamentação* de Kant *para sua lei moral* não é, de modo algum, a demonstração empírica dela como um fato da consciência, nem um apelo ao sentimento moral, nem uma *petitio principii* sob o elegante nome moderno de "postulado absoluto"; é, antes, um processo de pensamento bastante sutil, que ele nos apresenta duas vezes, p. 17 e 51 (R., p. 22 e 46), e que pode ser claramente exposto como se segue.

Visto que Kant, desprezando todos os motivos empíricos da vontade, removeu, de antemão, como empírica, qualquer coisa objetiva e subjetiva sobre a qual poderia ser fundada uma lei para a vontade, nada lhe resta como *matéria* para essa *lei*, exceto sua própria *forma*. Mas esta é justamente apenas a *legalidade*. Mas a *legalidade* consiste na validade para todos, ou seja, na *validade universal*. Portanto, esta se torna a sua *matéria*. Por conseguinte, o conteúdo da lei nada mais é do que sua própria *validade universal*, de modo que a lei soará assim: "Age apenas segundo a máxima da qual possas querer ao mesmo tempo que se converta em lei universal para todos os seres racionais". – Esta é, pois, a *fundamentação* verdadeira, tão geralmente mal compreendida, do *princípio moral de Kant* e, consequentemente, o fundamento de toda a sua ética. – Compare-se aqui a *Crítica da razão prática*, p. 61 (R., p. 147), ao final da nota 1. Admiro sinceramente a grande engenhosidade com que Kant realizou a façanha, mas continuo meu sério exame de acordo com o critério da verdade. Observo apenas ainda, para uma retomada posterior, que a *razão*, na medida em que e enquanto efetua o raciocínio especial que acabamos de apresentar recebe o nome de *razão prática*. O imperativo categórico da razão prática, no entanto, é a lei que emerge como resultado do processo de pensamento apresentado: portanto, a razão prática não é de maneira alguma – como a maioria, incluindo Fichte, a viu – uma faculdade especial irredutível, uma *qualitas occulta*, uma espécie de instinto de moralidade, semelhante ao *moral sense* de Hutcheson; ela é, antes, (como Kant também diz no Prefácio, p. xii, R., p. 8, e muitas vezes também em outras partes) uma só e mesma coisa que a *razão teórica*, isto é, ela é esta própria razão teórica, na medida em que executa o processo de pensamento mostrado. De fato, Fichte chama o imperativo categórico de Kant de *postulado absoluto* (*Fundamentos de toda a doutrina da ciência*, Tübingen, 1802, p. 240, nota). Esta é a expressão moderna e eufemística para *petitio principii*, e é assim que o próprio Fichte sempre tomou o imperativo categórico, de modo que ele também está incluído no erro censurado acima.

A objeção à qual a base da moral dada por Kant está primeira e imediatamente sujeita é que essa origem de uma lei moral em nós é impossível porque pressupõe que o ser humano teria, por si só, a ideia de olhar ao redor e indagar a respeito de uma lei para sua vontade, à qual esta teria de se subordinar e se conformar. Mas isso não pode vir espontaneamente à sua cabeça, mas no máximo apenas após receber o primeiro impulso e ocasião para tanto de outro estímulo moral, positivamente eficaz, real e que se anuncie por si mesmo como tal, que aja sobre essa pessoa e até mesmo a pressione sem ser solicitado. Mas algo assim iria contradizer a suposição de Kant, segundo a qual o processo de pensamento acima deve ser, ele próprio, a origem de todos os conceitos morais, o *punctum saliens* da moralidade. Enquanto *não* é este o caso, pois não há, *ex hypothesi*, nenhum outro estímulo moral além do processo de pensamento apresentado, então o princípio orientador da ação humana segue sendo apenas o egoísmo, sob a guia da lei da motivação; isto é, os motivos individuais, inteiramente empíricos e egoístas, determinam, em cada caso individual, o agir do ser humano, sozinhos e imperturbados; pois, sob tal pressuposto, não há para ele nenhuma exortação, nem razão alguma para que lhe ocorra perguntar por uma lei que limitaria seu querer e à qual ele teria de sujeitá-lo, muito menos investigar e remoer sobre ela, o que lhe permitiria pela primeira vez então chegar à estranha linha de pensamento da reflexão acima. Aqui não faz diferença o grau de clareza que se quer atribuir ao processo de reflexão kantiano, como é irrelevante se simplesmente se quer reduzi-lo a uma reflexão apenas obscuramente sentida. Pois nenhuma mudança nisso contesta a verdade fundamental de que do nada deriva o nada, e de que um efeito exige uma causa. O estímulo moral simplesmente deve, como qualquer motivo que move a vontade, ser aquele que se anuncia por si só, que, portanto, tem um efeito positivo e, por conseguinte, é real: e, como tem realidade para o ser humano apenas o que é empírico, ou pelo menos o que é pressuposto como possivelmente presente empiricamente, então o estímulo moral deve, de fato, ser *empírico* e anunciar-se como tal sem ser solicitado, vir a nós sem esperar que perguntemos por ele, pressionar-nos espontaneamente, e isso com tanta força que pelo menos possa superar os motivos opostos, egoístas, gigantescamente potentes. Pois a moral tem a ver com o agir humano real e não com a construção apriorística de um castelo de cartas, com cujos resultados ninguém se importaria na seriedade e na urgência da vida, e cujo efeito, diante da tempestade de paixões, seria tanto quanto a de uma seringa de água frente a um incêndio. Já mencionei acima que Kant vê como um grande mérito de sua lei moral o fato de ser ela baseada meramente em conceitos *a priori* abstratos e puros, consequentemente na *razão pura*; e como tal, seria válida não apenas para os seres humanos, mas para todos os seres racionais. Devemos lamentar ainda mais que conceitos *a priori* puros, abstratos, sem conteúdo real e sem qualquer tipo de fundamento empírico, nunca possam ao menos colocar *seres humanos* em movimento: sobre outros seres racionais não posso dizer nada. Daí, a segunda falha no fundamento kantiano da moral é a falta de conteúdo real. Tal falha não foi notada até agora, porque o verdadeiro *fundamento* da moral kantiana, claramente apresentado acima, era totalmente nítido talvez para muito poucos daqueles que o celebraram e propagaram. A segunda falha é, pois, uma total falta de realidade e, portanto, de possível eficácia. O fundamento flutua no ar tal como uma teia de aranha dos conceitos mais sutis e sem conteúdo não se baseia em nada e, portanto, não pode suster nem mover nada. E, no entanto, Kant depositou sobre ele um fardo de peso infinito, a saber, o pressuposto da liberdade da vontade. Apesar de sua convicção, repetidamente expressada, de que a liberdade absolutamente não pode existir nas ações humanas, de que, teoricamente, sua possibilidade não pode sequer ser compreendida (*Crítica da razão prática*, p. 168; R., p. 223), e que se houvesse um conhecimento exato do caráter de uma pessoa e todos os motivos que a afetam, suas ações poderiam ser calculadas com tanta segurança e precisão quanto um eclipse lunar (p. 177; R., p. 230), não obstante, apenas em virtude daquele fundamento da moral flutuante no ar, esta liberdade é aceita, ainda que apenas *idealiter* e como postulado, mediante a famosa inferência: "Podes, porque deves". Mas uma vez que reconhecemos claramente que uma coisa não é e não *pode ser*, qual é a utilidade de todo esse postular? Pelo contrário, aquilo sobre o que o postulado se baseia deveria, porque é um pressuposto impossível, ser rejeitado segundo a regra "*a non posse ad non esse valet consequentia*" [do não poder se segue o não ser], e por meio de uma prova apagógica, que nesse caso derrubaria o imperativo categórico. Em vez disso, porém, aqui se constrói uma doutrina falsa sobre outra. O próprio Kant deve ter sido silenciosamente ciente da insuficiência de um fundamento da moral consistente apenas em alguns conceitos completamente abstratos e desprovidos de conteúdo. Pois na *Crítica da razão prática*, onde, como eu disse, ele procede, em geral, de maneira menos rigorosa e metódica, e também onde se tornou mais ousado pela fama que havia então alcançado, o fundamento da ética muda gradualmente de natureza, quase esquecendo que é uma mera teia de combinações abstratas de conceitos e parece querer se tornar mais substancial. Então, por exemplo, na p. 81 (R., p. 163), "a lei moral é, por assim dizer, um *factum* da razão pura". O que se deve pensar dessa estranha expressão? Em todas as outras partes, o factual se opõe ao que pode ser conhecido pela razão pura. – Igualmente, na mesma obra, p. 83 (R., p. 164), fala-se de "uma razão que determina imediatamente a vontade" etc. Mas aqui se deve ter em conta que, na *Fundamentação*, ele rejeita expressa e repetidamente todo fundamento antropológico, toda demonstração do imperativo categórico como um fato da consciência, porque seriam empíricos. – No entanto, adquirindo ousadia com declarações tão casuais, os sucessores de Kant foram muito mais longe nesse caminho. Fichte (*Sistema da doutrina dos costumes*, p. 49) simplesmente adverte "que não se deve deixar--se ser induzido a explicar ulteriormente a consciência de que temos deveres e querer derivá-la de razões externas a ela, pois isso prejudicaria a dignidade e o caráter absoluto da lei". Bela desculpa! – E então, na mesma obra, p. 66, ele diz que "o princípio da moralidade é um pensamento que se baseia na *intuição intelectual* da atividade absoluta da inteligência, e é, por si mesmo, o conceito imediato da inteligência pura". Por trás de que floreios tal cabeça de vento esconde seu desnorteio! – Qualquer um que queira convencer-se de como os kantianos gradualmente esqueceram e ignoraram a fundamentação original de Kant e sua derivação da lei moral deve procurar um ensaio digno de leitura nas *Contribuições para a visão geral da filosofia no início do século XIX*, de Reinhold, v. 2, 1801. Nas p. 105 e 106, afirma-se "que na filosofia kantiana a autonomia (que é una com o imperativo categórico) é um fato da consciência e não pode ser reduzida a nada mais, pois ela se anuncia por meio de uma consciência imediata". – Então ela estaria antropologicamente e, portanto, empiricamente, fundamentada, o que contraria as explicações explícitas e repetidas de Kant. – No entanto diz-se na p. 108: "Tanto na filosofia prática do criticismo, como em toda a filosofia transcendental depurada ou superior, autonomia é aquilo que fundamenta e se fundamenta por si mesmo, que é incapaz e sem necessidade de fundamentação ulterior, é o absolutamente originário, por si só verdadeiro e certo, o primordialmente verdadeiro, o *prius* κατ᾽ἐξοχήν [o primeiro por excelência], o princípio absoluto. – Portanto, quem suponha, exija ou busque uma razão para essa autonomia fora dela mesma será visto pela escola kantiana como alguém a quem falta consciência moral[27] ou que a desconhece na especulação por causa de falsos conceitos fundamentais. A escola de Fichte-Schelling o declara afligido por aquela falta de espírito que torna a pessoa incapaz de filosofar e constitui o caráter da ralé profana e do gado indolente, ou, como Schelling formulou com mais beleza, do *profanum vulgus* e do *ignavum pecus*. Todos percebem qual é a situação da verdade de uma doutrina que se tenta obter com tais trunfos. Todavia é a partir do respeito que estes inspiraram que devemos explicar a credulidade verdadeiramente infantil com que os kantianos aceitaram o imperativo categórico e o trataram daí por diante como uma coisa consumada. Pois aqui a contestação de uma afirmação teórica poderia ser facilmente confundida com infâmia moral, de modo que todos, mesmo que não estivessem muito conscientes do imperativo categórico em sua própria consciência, preferiam não dizer nada sobre isso em voz alta, porque secretamente acreditavam que nos outros o imperativo categórico provavelmente teria um desenvolvimento mais forte e se destacaria com mais clareza. Porque ninguém gosta de virar o interior de sua consciência para fora.

Portanto, na escola kantiana, a razão prática com seu imperativo categórico aparece cada vez mais como um fato hiperfísico, como um templo délfico no ânimo humano, de cujo santuário obscuro os oráculos anunciam sem falha não, infelizmente, o que *vai* acontecer, mas o que *deve* acontecer. Essa *imediatez da razão prática*, uma vez assumida, ou melhor, sub-repticiamente obtida e conseguida à força, foi infelizmente transferida mais tarde também para a razão teórica; especialmente porque o próprio Kant dissera muitas vezes que ambas são apenas uma e a mesma razão (por exemplo, Prefácio, p. XII; R., p. 8). Uma vez

---

27. Isso foi o que eu pensei!
Se já não têm nada racional a opor a alguém
Rapidamente, empurram-no para dentro de sua consciência(Schiller).

admitido que, com relação ao prático, havia uma razão ditando *ex-tripode*, estava muito próximo o seguinte passo de estender o mesmo privilégio à sua irmã, na verdade até mesmo sua consubstancial, a *razão teórica*, e declará-la também absolutamente soberana, algo com uma vantagem tão imensurável quanto óbvia. Agora todos os filosofrastos e fantasistas, liderados pelo denunciante de ateus J. H. Jacobi, afluíram a essa portinhola, que inesperadamente se abriu para eles, para levar suas bugigangas ao mercado, ou ao menos para salvar o que havia de mais querido das antigas peças de herança que a doutrina de Kant ameaçava esmagar. – Assim como na vida do indivíduo *um* deslize na juventude muitas vezes arruína todo o curso da vida, de igual modo aquela única falsa suposição, feita por Kant, de uma razão prática dotada de credenciais completamente transcendentes e, como a mais alta corte de apelação, tomando decisões "sem razões", teve como resultado o fato de que da filosofia crítica estrita e sóbria surgiram as doutrinas mais heterogêneas a ela, doutrinas de uma razão que, no início, apenas "pressente" levemente o suprassensível, depois o "percebe" claramente e, por fim, o "intui intelectualmente" em pessoa. Agora todo fantasista vende seus devaneios como sentenças e revelações "absolutas", isto é, emitidas *ex tripode*, dessa razão. Esse novo privilégio foi amplamente usado. Aqui está, portanto, a origem daquele método filosófico que surgiu imediatamente após a doutrina kantiana, que consiste em mistificar, impor, enganar, jogar poeira nos olhos e vender sacos de vento, e cuja época a história da filosofia citará um dia sob o título "Período da desonestidade". Porque o *caráter de honestidade*, de investigação conjunta com o leitor, que os escritos de todos os filósofos anteriores carregam, desapareceu aqui: o filosofastro dessa época não quer instruir, mas seduzir seus leitores; cada página é um testemunho disso. Fichte e Schelling brilham como heróis desse período, mas, ao fim, também o charlatão Hegel, grosseiro, destituído de espírito, que não é digno deles e está muito abaixo desses homens talentosos. O coro era formado por todos os tipos de professores de filosofia, que, com gestos sérios, contavam ao seu público sobre o infinito, o absoluto e muitas outras coisas sobre as quais não poderiam saber absolutamente nada.

Até mesmo uma miserável piada teve de servir como etapa rumo a esse *profetismo da razão*: visto que a palavra *razão* [*Vernunft*] vem de *perceber* [*vernehmen*], isso significaria que a razão é uma capacidade de perceber aquele assim chamado "suprassensível" (νεφελοκοκκυγία, cidade dos cucos nas nuvens). A ideia teve enorme aclamação, foi repetida incessantemente na Alemanha durante 30 anos com indescritível prazer e, de fato, tornou-se até mesmo a pedra angular de edifícios doutrinais na filosofia – embora seja óbvio que *Vernunft* vem naturalmente de *vernehmen*, isso se dá apenas porque ela confere ao ser humano a vantagem frente aos animais de não apenas *ouvir*, mas também perceber, mas não o que ocorre na cidade do cuco nas nuvens, mas sim o que *um* homem racional diz a *outro*: isso é percebido por este, e a capacidade para tanto é chamada de razão. É assim que todos os povos, todos os tempos, todas as línguas apreenderam o conceito de razão, a saber, como a faculdade das representações gerais, abstratas, não intuitivas, chamadas *conceitos*, que são designadas e fixadas por meio de palavras: é somente essa faculdade que o homem tem como vantagem diante dos animais. Pois essas representações abstratas, os conceitos, isto é, as quintessências de muitas coisas individuais, condicionam *a linguagem*, e por meio desta condicionam o próprio pensamento, e por meio deste condicionam a consciência não só do presente, que os animais também têm, mas do passado e do futuro como tais; e por meio disso tudo condicionam também, por sua vez, a memória clara, a prudência, a precaução, a intenção, a cooperação planejada de muitos, o Estado, a indústria, as artes, as ciências, as religiões e as filosofias, em suma, tudo o que distingue de maneira tão marcante a vida humana da dos animais. Para o animal existem apenas representações intuitivas e, portanto, também apenas motivos intuitivos: a dependência de seus atos de vontade em relação aos motivos é, portanto, óbvia. No caso do ser humano, há também tal dependência, e os motivos também o movem (sob o pressuposto de seu caráter individual) com a mais estrita necessidade: mas estes, em sua maior parte, não são representações *intuitivas*, mas *abstratas*, isto é, conceitos, pensamentos, que, no entanto, são o resultado de intuições anteriores, ou seja, de influências externas sobre ele. Mas isto lhe confere uma liberdade relativa, nomeadamente em comparação ao animal. Pois o ser humano não é determinado, como o animal, pelo entorno intuitivo, presente, mas por seus pensamentos extraídos de experiências anteriores ou recebidos por meio de instrução. Portanto, o motivo, que também o move necessariamentenão está diante dos olhos do espectador juntamente ao ato; em vez disso, ele o carrega em sua cabeça. Isso não apenas confere a suas ações e atividades como um todo, mas a todos os seus movimentos um caráter manifestamente diferente daquele do animal: ele é puxado, por assim dizer, por fios mais finos e invisíveis: portanto, todos os seus movimentos trazem a marca do premeditado e do intencional, o que lhes dá um ar de independência que os distingue conspicuamente daqueles do animal. Mas todas essas grandes diferenças dependem inteiramente da capacidade para *representações abstratas*, para *conceitos*. Esta faculdade é, portanto, o essencial da razão, isto é, da faculdade que distingue o ser humano, chamada τὸ λόγιμον, τὸ λογιστικόν, *ratio*, *la ragione*, *il discorso*, *raison*, *reason*, *discourse of reason*. Mas se me perguntam qual é a diferença entre o entendimento, νοῦς, *intellectus*, *entendement*, *entendimento*, digo: é essa faculdade cognitiva que os animais também têm, apenas em um grau diferente, e nós no mais alto grau, a saber, a consciência imediata, anterior a toda experiência, da *lei da causalidade*, que constitui a forma do entendimento mesmo e na qual consiste toda sua essência. Dela depende, antes de mais nada, a intuição do mundo exterior: pois os sentidos, por si sós, são capazes apenas de percepção, que não é de modo algum uma intuição, mas tão somente seu material: Νοῦς ὁρᾷ καὶ νοῦς ἀκούει, τ᾽ἄλλα κωφὰ καὶ τυφλά, (*mens videt, mens audit, cetera surda et coeca*) [O intelecto vê, o intelecto ouve, outras coisas são surdas e cegas]. A intuição surge de relacionarmos imediatamente a percepção dos órgãos dos sentidos à sua causa, que, justamente por meio desse ato de inteligência, se apresenta como um *objeto externo* em nossa forma de intuição, o *espaço*. Isso prova justamente que a lei da causalidade nos é conhecida *a priori* e não decorre da experiência, na medida em que a experiência, uma vez que pressupõe a intuição, só se torna possível por essa lei. Toda superioridade de entendimento, toda prudência, sagacidade, penetração, perspicácia consiste na *perfeição* dessa apreensão totalmente imediata das *relações causais*: pois ela está na base de todo conhecimento da *conexão* das coisas, no sentido mais amplo da palavra. Sua agudeza e correção tornam uma pessoa *mais inteligente*, mais prudente, mais astuta do que outra. Por outro lado, sempre foi chamado de *racional* o ser humano que não se deixa guiar por impressões intuitivas, mas por pensamentos e conceitos, e que, portanto, sempre age de maneira ponderada, consequente, planejada e metódica. Tal agir é chamado de *agir racional* em todos os lugares. Mas de maneira alguma isso implica integridade e amor ao próximo. Pelo contrário, pode-se agir de maneira extremamente racional, ou seja, reflexiva, prudente, consequente, planejada e metódica, e ainda assim seguir as máximas mais egoístas, injustas e até nefastas. Portanto, antes de Kant, nunca ocorreu a ninguém identificar a ação justa, virtuosa e nobre com a ação *racional*; ao contrário, ambas eram completamente mantidas distintas e separadas. Uma se baseia no *tipo de motivação*, a outra *na diferença das máximas fundamentais*. Apenas depois de Kant, visto que a virtude deveria brotar da razão pura, o virtuoso e o racional passaram a ser a mesma coisa, desafiando o uso linguístico de todos os povos, que não é acidental, mas obra do conhecimento humano geral e, portanto, consensual. Racional e vicioso podem muito bem ser combinados; e, de fato, somente por sua combinação são possíveis crimes grandes e de longo alcance. De igual modo, o irracional e o nobre coexistem muito bem: por exemplo, se hoje eu dou a uma pessoa necessitada algo de que eu mesmo precisarei com mais urgência do que ele amanhã; se me deixo levar e dou a alguém que passa por dificuldades a soma que o meu credor está esperando; e assim em muitos casos.

Mas, como foi dito, essa elevação da razão à posição de fonte de toda virtude, com base na afirmação de que, como razão prática, ela emite, como um oráculo, imperativos incondicionados puramente *a priori*, juntamente à falsa explicação da *razão teórica* apresentada na *Crítica da razão pura*, segundo a qual ela é uma faculdade essencialmente dirigida ao incondicionado sob a configuração de três supostas ideias (cuja impossibilidade o entendimento ao mesmo tempo conhece *a priori*) – tudo isso, como *exemplar vitiis imitabile* [modelo imitável também em seus defeitos], levou os filósofos do palavrório, com Jacobi na dianteira, àquela *razão que percebe* imediatamente o *"suprassensível"*, e à absurda afirmação de que a razão é uma faculdade essencialmente orientada para as coisas além de toda experiência, isto é, a metafísica, e que conhece imediata e intuitivamente os fundamentos últimos de todas as coisas e de toda existência, o sobrenatural, o absoluto, a divindade e coisas semelhantes. – Se as pessoas, em vez de divinizar a razão, estivessem dispostas a usá-la, tais afirmações teriam há muito tempo sido contrapostas pela simples observação de que se o homem, em virtude de um órgão peculiar para resolver o enigma do mundo, isto é, sua razão, carregasse em si uma metafísica inata que simplesmente precisava ser desenvolvida, então teria de haver uma concordância tão perfeita entre os homens a respeito dos objetos da metafísica quanto a respeito das verdades da aritmética e da geometria. Isso tornaria completamente impossível que um grande número de religiões fundamentalmente diferentes e um número ainda maior de sistemas filosóficos fundamentalmente diferentes existissem na terra; em vez disso, todos os que se desviassem dos demais em visões religiosas ou filosóficas deveriam ser imediatamente vistos como alguém em quem algo não anda bem. A simples observação a seguir também deveria ter se imposto: se descobríssemos uma espécie de macacos que intencionalmente fabricassem *ferramentas* para lutar, ou para construir, ou para qualquer outro uso, deveríamos imediatamente lhes conceder *razão*: se, por outro lado, encontrarmos povos selvagens sem qualquer metafísica ou religião, como realmente existem, não nos ocorreria negar-lhes a *razão* por causa disso. Por meio de sua crítica, Kant reconduziu a seus limites a *razão* que *demonstra* seus supostos conhecimentos suprassensíveis; mas ele realmente teria de considerar *abaixo* de toda crítica essa razão de Jacobi, que percebe imediatamente o suprassensível. Enquanto isso, jovens inocentes nas universidades continuam sendo enganados por uma razão imediata desse gênero.

Nota

Se quisermos chegar ao fundo da suposição da razão prática, devemos seguir sua árvore genealógica até um pouco mais acima. Veremos que ela procede de uma doutrina que o próprio Kant refutou cabalmente, mas que, como reminiscência de um modo de pensar anterior, se encontra secretamente, e até mesmo inconscientemente para ele mesmo, na base de sua suposição de uma razão prática, com seus imperativos e sua autonomia. Trata-se da psicologia racional, segundo a qual o homem é composto de duas substâncias completamente heterogêneas: o corpo material e a alma imaterial. Platão é o primeiro a estabelecer formalmente esse dogma e a tentar prová-lo como verdade objetiva. Descartes, no entanto, conduziu-o ao ápice da perfeição, e elevou-o ao primeiro plano, dando-lhe a mais precisa exposição e rigor científico. Mas foi justamente por isso que sua falsidade se tornou evidente, sendo sucessivamente demonstrada por Espinosa, Locke e Kant. Por Espinosa (cuja filosofia consiste principalmente na refutação do duplo dualismo de seu mestre) quando, em oposição direta e explícita às duas substâncias de Descartes, formulou assim seu princípio central: *"Substantia cogitans et substantia extensa una eademque est substantia, quae jam sub hoc, jam sub illo attributo comprehenditur"* [Substância pensante e substância extensa são uma e a mesma substância, que é pensada ora sob este atributo, ora sob aquele]. Por Locke, ao negar as ideias inatas, deduzir todo conhecimento do conhecimento sensível e ensinar que não é impossível que a matéria pense. Por Kant, mediante a crítica da psicologia racional tal como se encontra na 1ª edição. Leibniz e Wolf, por outro lado, defendiam o mau partido: isso granjeou a Leibniz a honra imerecida de ser comparado ao grande Platão, apesar de serem ambos tão heterogêneos. Este não é o lugar para desenvolver tudo isso. De acordo com essa psicologia racional, a alma era originariamente e essencialmente um ser cognoscente e, só como resultado disso, também um ser que quer. Conforme a alma, em suas atividades fundamentais, operava puramente por si mesma e sem mistura com o corpo, ou em conexão com este, tinha ela um nível de conhecimento superior ou inferior, e também uma faculdade volitiva superior ou inferior. Na faculdade superior, a alma imaterial atuava inteiramente por si mesma e sem a participação do corpo: ali era *intellectus purus* e tinha a ver com representações pertencentes apenas a ela e, portanto, absolutamente não sensoriais, mas puramente espirituais, e com atos da vontade da mesma espécie, que, em seu conjunto, não carregavam em si nada de sensível, que fosse procedente do corpo[28]. Então ela conhecia puras abstrações, universais, conceitos inatos, *aeternae veritates* etc. E, de acordo com isso, seu querer estava apenas sob a influência de tais representações puramente espirituais. Por outro lado, a faculdade cognoscente e volitiva *inferior* era obra da alma atuando em união com o corpo e seus órgãos e estreitamente ligada a eles, mas prejudicada por isso em sua eficácia puramente intelectual. A esta devia pertencer todo conhecimento intuitivo, que, portanto, devia ser o conhecimento obscuro e confuso, enquanto o *abstrato*, por outro lado, composto de conceitos abstratos, devia ser o claro! A vontade agora determinada por tal conhecimento sensorialmente condicionado era a vontade inferior e, quase sempre, a má: pois seu querer era guiado pela estimulação dos sentidos, enquanto o outro era o querer puro, guiado pela razão pura e pertencente unicamente à alma imaterial. Quem expôs com mais clareza essa doutrina foi o cartesiano De la Forge em seu *Tractatus de mente humana*, que no cap. 23 diz: "*Non nisi eadem voluntas est, quae appellatur appetitus sensitivus, quando excitatur per judicia, quae formantur consequenter ad perceptiones sensuum; et quae appetitus rationalis nominatur, cum mens judicia format de propriis suis ideis, independenter a cogitationibus sensuum confusis, quae inclinationum ejus sunt causae. – Id, quod occasionem dedit, ut duae istae diversae voluntatis propensiones pro duobus diversis appetitibus sumerentur, est, quod saepissime unus alteri opponatur, quia propositum, quod mens superaedificat propriis suis perceptionibus, non semper consentit cum cogitationibus, quae menti a corporis disposi-*

---

28. *Intellectio pura est intellectio, quae circa nullas imagines corporeas versatur* [Entendimento puro é entendimento que não gira versa sobre imagens corpóreas] (Descartes. *Medit.*, p. 188).

tione suggeruntur, per quam saepe obligatur ad aliquid volendum, dum ratio ejus eam aliud optare facit" [É apenas a mesma vontade que se chama apetite sensível quando é excitada por juízos que se formam em consequência de percepções sensíveis, e que se chama apetite racional quando a mente forma juízos com base em suas próprias ideias, independentemente das representações confusas dos sentidos, que são a causa de suas inclinações... O que fez com que essas duas propensões diferentes da vontade fossem tomadas por dois apetites diferentes é o fato de que muitas vezes um se opõe ao outro, porque o propósito que a mente forma com suas próprias percepções nem sempre coincide com as representações que são sugeridas à mente pela disposição corporal, pela qual muitas vezes ela é forçada a querer alguma coisa, enquanto sua razão a faz escolher outra coisa]. – Da reminiscência obscuramente consciente de tais opiniões procede, em última análise, a doutrina da autonomia da vontade de Kant, a qual, como voz da razão pura prática, é legisladora para todos os seres racionais como tais e só conhece motivos determinantes meramente formais, em contraste com os materiais, os quais determinam a faculdade de desejar inferior, à qual se opõe aquela superior.

De resto, toda aquela visão apresentada sistematicamente pela primeira vez por Descartes pode ser encontrada já em Aristóteles, que a expõe com clareza em *De anima*, I, 1. Ela foi até mesmo preparada e indicada por Platão, em *Fédon* (p. 188 e 189, Bip.). – Por outro lado, como resultado de sua sistematização e consolidação cartesiana, nós a encontramos cem anos depois totalmente ousada, elevada ao topo e, precisamente por isso, conduzida em direção da decepção. Como um *résumé* da visão predominante na época, temos o Muratori, *Della forza della fantasia*, cap. 1-4 e 13. Ali a imaginação, cuja função é toda a intuição do mundo exterior pelos dados dos sentidos, é um órgão cerebral puramente material, físico (a faculdade cognoscente inferior), e para a alma intangível restam apenas o pensar, o refletir e o decidir. – Mas aqui a coisa se torna evidentemente questionável, algo que seria impossível não notar. Pois, se a matéria é capaz dessa tão complicada apreensão intuitiva do mundo, então não se pode compreender por que ela não seria capaz também de abstração partindo dessa intuição e, assim, de todo o restante. Evidentemente, a abstração nada mais é do que descartar determinações que não são necessárias para o propósito em cada ocasião, ou seja, as diferenças individuais e específicas; por exemplo, quando prescindo do que é peculiar à ovelha, ao boi, ao cervo, ao camelo etc. e chego, assim, ao conceito de ruminante, operação em que as representações perdem o caráter intuitivo, e precisamente como representações abstratas, não intuitivas, como conceitos, necessitam agora da palavra para poderem ser fixadas na consciência e utilizadas. – Em tudo isso, no entanto, vemos que Kant, ao estabelecer sua razão prática com seus imperativos, permanece sob a influência das consequências daquela velha doutrina.

§ 7. Sobre o princípio supremo da ética kantiana

Tendo examinado a base real da ética de Kant no parágrafo anterior, passarei agora ao *princípio supremo* da moral, que repousa sobre esse fundamento, mas está bastante unido, e até mesmo entrelaçado a ele. Recordemos que ele dizia: "Age apenas segundo a máxima da qual *possas*, ao mesmo tempo, *querer* que se converta em lei universal para todos os seres racionais". – Deixemos de lado o fato de que é um procedimento estranho informar a alguém que supostamente está procurando uma lei para suas ações e omissões que ele deve, antes de tudo, procurar uma lei para as ações e omissões de todos os seres racionais possíveis; e atenhamo-nos ao fato de que a regra básica apresentada por Kant obviamente não é o próprio princípio moral, mas apenas uma regra heurística para ele, isto é, uma instrução de onde procurá-lo; não é como dinheiro vivo, mas uma ordem de pagamento segura. Quem então deve, de fato, realizá-la? Para dizer a verdade sem rodeios: um tesoureiro muito inesperado aqui: nada menos que o egoísmo; como logo mostrarei claramente.

Assim, portanto, a máxima mesmo, da qual *posso querer* que todos ajam de acordo com ela, seria o verdadeiro princípio moral. Meu *poder querer* é a dobradiça em torno da qual gira a instrução dada. Mas o que posso realmente querer e o que não posso? Evidentemente, para determinar o que posso querer no sentido acima mencionado preciso de outro regulador: e somente neste eu teria a chave para a instrução que é dada como uma ordem selada. Onde se encontra este regulador? –Impossível que seja em outro lugar que não no meu egoísmo, essa norma mais próxima, sempre pronta, originária e viva de todos os atos de vontade, que tem pelo menos o *jus primi occupantis* [direito do primeiro ocupante] à frente de qualquer princípio moral. – A instrução contida na regra suprema de Kant para encontrar o princípio moral real baseia-se na suposição tácita de que só posso querer aquilo que é melhor para mim. Visto que, ao estabelecer uma máxima a ser universalmente seguida, devo necessariamente considerar-me não apenas a parte sempre ativa, mas também a parte *eventualiter* e ocasionalmente passiva, então meu egoísmo desse ponto de vista decide pela justiça e pelo amor ao próximo, não porque deseja *praticá*-las, mas sim *recebê*-las, e no espírito daquele avarento que, tendo ouvido um sermão sobre a beneficência, exclama:

> Que magnífico! Que belo!
> – Por pouco não saio a mendigar!

O próprio Kant não pode resistir a acrescentar essa indispensável chave para a indicação em que consiste o princípio supremo da moral; porém, não o faz imediatamente quando o está apresentando, pois isso poderia ofender, mas a uma distância razoável dele e em uma camada mais profunda no texto, para que não fique óbvio que aqui, apesar dos sublimes instituições *a priori*, o egoísmo realmente está sentado na cadeira do juiz e dá o veredito, e depois de ter decidido do ponto de vista da parte *eventualiter passiva*, faz valer sua decisão também para a parte ativa. Portanto, à p. 19 (R., p. 24), se diz: "que não posso querer uma lei universal de mentir, pois as pessoas já não acreditariam em mim, nem me pagariam na mesma moeda". – P. 55 (R., p. 49): "A universalidade de uma lei de que qualquer um pudesse prometer o que lhe ocorresse com a intenção de não cumpri-lo tornaria a própria promessa e o propósito que se poderia ter com ela impossíveis, já que *ninguém acreditaria*". – Na p. 56 (R., p. 50), diz-se com relação à máxima do desamor: "Uma vontade que decidisse isso se contradiria, pois *podem ocorrer casos* em que *ele precisaria* do amor e da simpatia dos outros e em que, por semelhante lei natural nascida de sua própria vontade, se privaria a si mesmo de toda a *esperança de auxílio que deseja para si*". – Também na *Crítica da razão prática*, parte I, livro 1, cap. 2, p. 123 (R., p. 192): "Se cada um olhasse para a necessidade dos outros com total indiferença, e tu também *pertencesses* a tal ordem de coisas, estarias nela com o assentimento de tua vontade?" – *Quam temere in nosmet legem sancimus iniquam*! [Com que temeridade sancionamos uma lei que é injusta a nós mesmos!] seria a resposta. Essas passagens explicam suficientemente em que sentido o "poder querer" no princípio moral de Kant deve ser entendido. Mas a passagem que mais claramente expressa a verdadeira condição do princípio moral kantiano se encontra nos *Princípios metafísicos da doutrina da virtude*, § 30: "Porque cada um deseja ser ajudado. Mas se ele tornar pública sua máxima de não querer ajudar os outros, então todos *estariam autorizados* a recusar-lhe assistência. Assim, a máxima do autointeresse se contradiz". *Estariam autorizados*, ele diz, *estariam autorizados*! Aqui se afirma, tão claramente quanto possível, que a obrigação moral repousa inteiramente na reciprocidade pressuposta e é, portanto, absolutamente egoísta e recebe sua interpretação do egoísmo, que, sob a condição de reciprocidade, prudentemente se presta a um compromisso. Isso seria adequado para justificar o princípio da união entre Estados, mas não para o princípio moral. Se, portanto, na *Fundamentação*, p. 8 (R., p. 67) se diz: "O princípio 'age sempre segundo a máxima cuja universalidade como lei possas ao mesmo tempo querer' é a única condição sob a qual uma vontade nunca pode estar em conflito consigo mesma", então a verdadeira interpretação da palavra conflito é que, se uma vontade tivesse sancionado a máxima da injustiça e do desamor, ela posteriormente, se *eventualiter* se tornasse a *parte sofredora*, a revogaria e, assim, se *contradiria*.

Essa explicação deixa perfeitamente claro que a regra básica de Kant não é, como ele incessantemente afirma, um imperativo *categórico*, mas, de fato, um imperativo *hipotético*, na medida em que se baseia tacitamente na *condição* de que a lei a ser estabelecida para meu agir, quando eu a elevo como lei universal, também se torne lei para o meu sofrimento, e nesta condição, como *eventualiter* parte *passiva*, certamente *não posso querer* injustiça e desamor. Mas se eu suprimo essa condição e me imagino, talvez confiando em minhas forças mentais e físicas superiores, sempre apenas como a parte *ativa* e nunca como a parte *passiva* no âmbito da máxima universalmente válida a ser escolhida, então, supondo não haver outro fundamento da moral além do kantiano, posso muito bem querer a injustiça e o desamor como máximas universais e, assim, regulamentar o mundo,

> upon the simple Plan,
> That they should take, who have, the power,
> And they should keep, who can[29].

Assim, à falta de *fundamentação* real do princípio supremo da moral de Kant, exposta no parágrafo anterior, se junta, contrariando a asserção explícita de Kant, sua oculta natureza hipotética, em virtude da qual ele se baseia até mesmo no puro egoísmo, que é o secreto intérprete da direção dada no princípio supremo. A isto se acrescenta o fato de que, considerado apenas como uma fórmula, ele é apenas uma paráfrase, um revestimento, uma expressão vaga da conhecida regra *"quod tibi fieri non vis, alteri ne feceris"* [Não faças ao outro o que não queres para ti]; isto é, se a repetimos sem *non* e *ne*, nós a livramos da mácula de conter apenas os deveres legais e não os deveres de amor. Porque,obviamente,esta é a única máxima segundo a qual eu posso querer que todos ajam (é claro, tendo em conta um papel possivelmente *passivo* e, portanto, meu egoísmo). No entanto, esta *regra quod tibi fieri*, por sua vez, é em si apenas uma paráfrase, ou, se assim se quer, uma premissa, do princípio que apresentei como a expressão mais simples e pura do comportamento exigido unanimemente por todos os sistemas morais: *Neminem laede, imo omnes, quantum potes, juva* [Não prejudiques ninguém; antes, ajuda a todos tanto quanto podes]. Este é e continua sendo o verdadeiro conteúdo puro de toda moral. Mas em que ele se baseia? O que é que dá força a essa exigência? Este

---

29. segundo o plano simples:
Que tome, quem tiver o poder,
Que conserve, quem puder.

é o velho e difícil problema que enfrentamos hoje novamente. Pois do outro lado o egoísmo grita: *Neminem juva, imo omnes, si forte conduit, laede* [Não ajudes ninguém; antes, prejudica a todos se isso te traz vantagem]; e a maldade até mesmo oferece uma variante: *Imo omnes, quantum potes, laede* [Antes, prejudica a todos tanto quanto podes]. Opor a esse egoísmo, e também à maldade, um adversário à sua altura e até mesmo superior – esse é o problema de toda ética. *Heic Rhodus, heic salta!* [Aqui é Rodes, salta aqui!] –

Kant pensa, p. 57 (R., p. 60), ainda defender seu princípio moral estabelecido, ao tentar derivar dele a divisão dos deveres, desde muito conhecida e fundamentada na essência da moralidade, em deveres de justiça (também chamados de deveres perfeitos, imprescindíveis, mais estreitos) e em deveres de virtude (também chamados de deveres imperfeitos, amplos, meritórios, mas, de melhor modo, deveres de amor). Mas a tentativa acaba sendo tão forçada e obviamente ruim que depõe fortemente contra o princípio mais elevado estabelecido. De fato, os deveres de justiça devem basear-se em uma máxima cujo oposto, tomado como lei geral da natureza, não *possa* sequer *ser pensado* sem contradição; mas os deveres da virtude se baseiam em uma máxima cujo oposto possa ser pensado como uma lei universal da natureza, mas seja impossível querer como tal. Agora peço ao leitor que considere que a máxima da injustiça – o domínio da força em vez do direito que, de acordo com o que se disse acima, deveria ser impossível até mesmo de *pensar* como lei da natureza – é, na verdade, a lei que governa real e factualmente na natureza, não apenas no mundo animal, mas também no mundo humano: entre os povos civilizados foram feitas tentativas para evitar suas consequências desvantajosas por meio da instituição do Estado, mas assim que este é abolido ou eludido, onde e como for possível, essa lei da natureza imediatamente entra em vigor novamente. Mas ela impera perpetuamente entre um povo e outro: o jargão da justiça comum entre elas é, como se sabe, um mero estilo oficial de diplomacia: a força bruta decide. Por outro lado, a justiça autêntica, não imposta pela força, certamente ocorre, mas sempre como uma exceção a essa lei da natureza. Além disso, nos exemplos que antepôs a essa divisão, Kant primeiramente (p. 53; R., p. 48) atesta os deveres de justiça com o chamado dever para consigo mesmo de não terminar a vida voluntariamente quando os males excedem o prazer. Esta máxima deveria, portanto, ser impossível até mesmo de *pensar* como uma lei geral da natureza. Digo que, uma vez que o poder do Estado não pode intervir aqui, precisamente essa máxima prova ser, sem impedimento, uma *lei da natureza realmente existente*. Pois, certamente, é uma regra geral a de que o ser humano realmente recorre ao suicídio assim que o inato e fortíssimo impulso de preservar a vida é decididamente superado pela magnitude do sofrimento: isso é demonstrado pela experiência cotidiana. Mas que haja algum pensamento que o detenha disso, depois que o poderoso medo da morte, que está intimamente ligado à natureza de todo ser vivo, se mostrou impotente, ou seja, que haja um pensamento que seria ainda mais forte do que este: eis uma suposição arriscada, ainda mais quando se vê que essa ideia é tão difícil de descobrir que os moralistas ainda não conseguiram determiná-la com precisão. Pelo menos argumentos do tipo que Kant usa contra o suicídio nesta ocasião – p. 53 (R., p. 48), e também p. 67 (R., p. 57) – seguramente não reteve ninguém que estivesse cansado da vida, nem mesmo por um momento. Portanto, uma lei natural que indiscutivelmente existe de fato e é operante diariamente é declarada impossível até mesmo de *ser pensada* sem contradição, em favor da divisão de deveres segundo o princípio moral kantiano! – Confesso que, não sem satisfação, lanço daqui um olhar adiante, sobre a fundamentação da moral, que exporei na parte seguinte e da qual a divisão em deveres de justiça e de amor (mais corretamente em justiça e amor ao próximo) nasce, de modo completamente livre, por um princípio de separação procedente da natureza do assunto, que traça uma linha nítida de demarcação por si só; de modo que minha fundamentação da moral poderá, de fato, demonstrar aquela confirmação que Kant aqui reivindica, sem nenhum fundamento, para a sua.

§ 8. Das formas derivadas do princípio supremo da ética kantiana

Como se sabe, Kant apresentou o princípio supremo de sua ética em uma segunda expressão, totalmente diferente, na qual ele não é formulado, como na primeira, apenas indiretamente, como uma instrução sobre como procurá-lo, mas diretamente. Kant abre o caminho para isso a partir da p. 63 (R., p. 55), por meio de definições demasiado estranhas, tortuosas e até mesmo excêntricas dos conceitos de *fim* e *meio*, que podem ser definidos de maneira muito mais simples e correta: *fim* é o motivo direto de um ato de vontade; *meio*, o indireto (*simplex sigillum veri*) [o simples é o signo do verdadeiro]. Mas ele desliza por suas maravilhosas definições até chegar à proposição: "O homem e, em geral, todo ser racional existem como um fim em si mesmo". Mas devo logo dizer que "existir como um fim em si mesmo" é algo impensável, uma *contradictio in adjecto*. Ser fim significa ser querido. Todo fim só o é em relação a uma vontade da qual aquele é fim, isto é, motivo direto, como foi dito. O conceito de fim só tem sentido nessa relação, e ele o perde assim que é arrancado dela. Mas esta relação, que lhe é essencial, exclui necessariamente todo "em si". "Fim em si" é exatamente o mesmo que "amigo em si", "inimigo em si", "tio em si", "norte ou leste em si" "acima ou abaixo em si" etc. No entanto, basicamente o "fim em si" está na mesma situação que "obrigação absoluta": na base de ambos se encontra, como condição, secretamente e até mesmo inconscientemente, o mesmo pensamento: o teológico. – As coisas não andam melhor para o "valor absoluto" que deve corresponder a esse suposto, mas impensável, *fim em si*. Pois a este eu também devo, sem piedade, carimbar como uma *contradictio in adjecto*. Todo valor é uma grandeza comparativa e, de fato, se encontra necessariamente em uma dupla relação: pois, em primeiro lugar, é *relativo*, na medida em que é *para* alguém; em segundo, é comparativo, na medida em que é em comparação com outra coisa de acordo com a qual é apreciado. Afastado dessas duas relações, o conceito de *valor* perde todo sentido e significado. Isso é muito claro para exigir uma discussão mais aprofundada. – Assim como aquelas duas definições insultam a lógica, também a moral genuína é ofendida pela afirmação (p. 65; R., p. 56) de que os seres irracionais (isto é, os animais) são coisas e, portanto, podem ser tratados apenas como *meios* que não são ao mesmo tempo *fins*. Em concordância com isso, nos *Princípios metafísicos da doutrina da virtude*, § 16, diz-se expressamente: "O homem não pode ter nenhum dever para com nenhum ser, exceto apenas para com o homem"; e então se diz no § 17: "O tratamento cruel dos animais é contrário ao dever do homem para *consigo mesmo*, porque entorpece no homem a compaixão pelo seu sofrimento, enfraquecendo assim uma disposição natural, muito favorável à moralidade na relação *com as outras pessoas*". Assim, deve-se ter piedade dos animais apenas como exercício, e eles são, por assim dizer, o fantasma patológico para a prática da piedade pelos seres humanos. Eu, juntamente a toda a Ásia não islamizada (ou seja, não judaizada), considero tais declarações ultrajantes e abomináveis. Ao mesmo tempo, isso mostra mais uma vez como essa moral filosófica que, como explicado acima, é apenas moral teológica disfarçada, depende, na realidade, totalmente da Bíblia. Porque (falaremos disso mais adiante) a moral cristã não leva em conta os animais, os quais são imediatamente proscritos na moral filosófica também, são meras "coisas", meros meios para qualquer fim que seja, para vivissecções, por exemplo, caças a cavalo e com cães, touradas, corridas, açoitamento até a morte diante de uma inamovível carroça de pedras etc. – Ugh! que moral de párias, chandalas e mlekhas – que não reconhece a essência eterna que existe em tudo o que tem vida e brilha com significado insondável em todos os olhos que veem a luz do sol. Mas essa moral conhece e considera apenas sua própria valorosa espécie, cuja característica, a razão, é para ela a condição sob a qual um ser pode ser objeto de consideração moral.

Por um caminho assim acidentado, até mesmo *"per fas et nefas"* [por meios lícitos ou ilícitos], Kant chega então à segunda expressão do princípio fundamental de sua ética: "Age de tal maneira que trates a humanidade, tanto na tua pessoa como na pessoa de qualquer outro, sempre ao mesmo tempo como um fim e nunca como um meio". De maneira muito artificial e com um longo rodeio, aqui se diz: "Não te consideres só a ti, mas também aos outros": e isso, por sua vez, é uma paráfrase da frase "*Quod tibi fieri non vis, alteri ne feceris*", que, como foi dito, apenas contém as premissas para a conclusão que é o verdadeiro objetivo final de toda moralidade e de toda moralização: "*Neminem laede, imo omnes, quantum potes, juva*" [Não prejudiques ninguém; antes, ajuda a todos tanto quanto podes]: princípio este que, como tudo o que é belo, se apresenta melhor quando está nu. – Mas naquela segunda fórmula moral de Kant são incluídos, intencionalmente e de modo bastante desajeitado, os supostos deveres pessoais. Acima, já me pronunciei sobre eles.

De resto, uma objeção a essa fórmula seria a de que o criminoso a ser executado é tratado, certamente com direito e autoridade, apenas como meio e não como fim, ou seja, como meio indispensável para manter, por meio de seu cumprimento, a força dissuasória da lei, que é no que consiste seu fim.

Mesmo que essa segunda fórmula de Kant não contribua nada para a fundamentação da moral, nem tampouco possa valer para a expressão adequada e imediata de seus preceitos – o princípio supremo – ela tem, por outro lado, o mérito de conter um belo *appercu* psicológico-moral, na medida em que marca o egoísmo com um traço altamente característico, que merece ser desenvolvido aqui mais detalhadamente. Esse egoísmo, de que todos nós estamos transbordando, e que inventamos a polidez para esconder como nossa *partie honteuse*, espreita através de todos os véus lançados sobre ele, principalmente pelo fato de que em tudo o que se nos apresenta, como que instintivamente, buscamos, antes de tudo, um possível *meio* para alguns de nossos sempre numerosos *fins*. Diante de cada novo conhecido, nosso primeiro pensamento é, geralmente, se ele pode ser de alguma utilidade para nós: se não pode, ele é então um nada para a maioria das pessoas, tão logo estas se convençam disso. Procurar um meio possível para nossos fins em todos os outros, ou seja, um instrumento, está quase na natureza do olhar humano: mas se o instrumento, quando usado, talvez tenha de *sofrer* é um pensamento que surge muito mais tarde, e muitas vezes ele nunca ocorre. Pressupomos essa mentalidade nos outros, o que se mostra de diversas maneiras: por exemplo, quando pedimos informações ou conselhos a alguém, perdemos toda a confiança em suas respostas, assim que descobrimos que ele pode ter algum interesse no assunto, por menor ou mais remoto que seja. Pois logo presumimos que ele fará de nós um meio para seus fins e, portanto, dará seu conselho não de acordo com seu *conhecimento*, mas de acordo com sua intenção, por maior que seja aquele e menor que seja esta. Pois sabemos muito bem que uma linha cúbica de intenção pesa mais que uma vara cúbica de conhecimento. Por outro lado, em tais casos, quando perguntamos "O que devo fazer?", muitas vezes nada mais ocorre à outra pessoa senão o que teríamos de fazer de acordo com *seus* fins: então ele responderá isso, imediata e mecanicamente, sem sequer pensar em *nossos* fins, com sua vontade ditando imediatamente a resposta, antes que a pergunta possa chegar ao foro de seu juízo real. E assim ele tenta nos orientar de acordo com seus fins, sem mesmo se dar conta disso, mas crendo até mesmo que fala com base no conhecimento, enquanto é a intenção que fala por ele; sim, ele pode ir tão longe a ponto de realmente mentir sem perceber. Tão predominante é a influência da vontade sobre a do conhecimento! Consequentemente, para a questão sobre se alguém fala por conhecimento ou por intenção não tem validade o testemunho da própria consciência, mas sim, na maioria das vezes, o do interesse próprio. Para tomar outro caso: quem, perseguido por inimigos e com medo de morrer, topando com um vendedor ambulante, pergunta-lhe por um atalho, pode se deparar com este lhe respondendo com a questão: "Não estás precisando de nenhuma de minhas mercadorias?" – Isso não quer dizer que seja *sempre* assim: pelo contrário, muitas pessoas demonstrarão interesse imediato e real no bem-estar e no sofrimento dos outros, ou, na linguagem de Kant, elas os verão como fim, não como meio. Mas quão próximo ou distante de cada indivíduo está o pensamento de tratar o outro uma vez como fim e não meio como é o usual – esta é a medida da grande diferença ética de um caráter e outro; o verdadeiro fundamento da ética é constituído, em última instância, justamente daquilo de que depende essa diferença. Mas falarei disso na seção seguinte.

Kant, portanto, em sua segunda fórmula, marcou o egoísmo e o seu oposto por um traço altamente característico – um ponto culminante que estive ainda mais disposto a sublinhar e esclarecer mediante explicações, porque infelizmente pude aceitar poucas coisas do restante do fundamento de sua ética.

A terceira e última forma em que Kant apresenta seu princípio moral é a *autonomia* da vontade: "A vontade de todo ser racional é legisladora universal para todos os seres racionais". Claro, isso decorre da primeira forma. Mas da presente forma deve agora emergir (conforme p. 71; R., p. 60) que o signo distintivo específico do imperativo categórico é este: que, ao querer por dever, a vontade *renuncia a todo interesse*. Todos os princípios morais anteriores teriam falhado "porque sempre baseavam as ações, seja como coação ou estímulo, em um interesse, seja este um próprio interesse próprio ou alheio" (p. 73; R., p. 62) (também um *alheio* – peço que isso seja bem observado). "Por outro lado, uma vontade legisladora universal prescreve ações por dever, que não se baseiam em nenhum interesse". Mas agora eu peço que se considere o que isso realmente significa: na verdade, nada menos do que um querer sem motivo, ou seja, um efeito sem causa. Interesse e motivo são termos intercambiáveis: "interesse" não significa *quod mea interest*, o que é importante para mim? E isso não é realmente tudo o que estimula e move minha vontade? O que é então o interesse senão a ação de um motivo sobre a vontade? Então, onde um *motivo* move a vontade, ela tem um interesse: mas onde nenhum motivo a move, ela pode realmente agir tão pouco quanto uma pedra pode mover sem ser empurrada ou puxada. Não precisarei demonstrar isso para leitores instruídos. Mas daí se segue que toda ação, uma vez que deve necessariamente ter um *motivo*, também pressupõe necessariamente um *interesse*. Mas Kant propõe um segundo e inteiramente novo tipo de ações, que ocorrem sem qualquer interesse, isto é, sem motivo. E estas deveriam ser as ações de justiça e amor ao próximo! Para refutar essa suposição monstruosa, bastava reduzi-la ao seu sentido real, que foi escondido pelo jogo que se faz com a palavra "interesse". – Enquanto isso, Kant (p. 74ss.; R., p. 62) celebra o triunfo de sua autonomia da vontade, estabelecendo uma utopia moral sob o nome de um *reino dos fins*, povoado por puros *seres racionais in abstracto*, que, sem exceção, querem continuamente, sem querer *nada* (ou seja, sem interesse) – eles querem apenas uma coisa: que todos sempre queiram de acordo com *uma* máxima (ou seja, autonomia). *Difficile est, satiram non scribere* [É difícil não escrever uma sátira].

Mas sua autonomia da vontade conduz Kant para outra coisa, com consequências mais problemáticas do que esse pequeno e inocente reino dos fins, que pode ser deixado em paz como completamente inofensivo, a saber, o conceito de *dignidade do ser humano*. Esta se baseia apenas em sua autonomia e consiste no fato de que a lei que ele deve seguir é dada por ele mesmo – sendo a relação dele com tal lei a mesma relação que os súditos constitucionais têm com a sua lei. Em todo caso, isso poderia ficar aí como um ornamento do sistema moral kantiano. Mas esta expressão "dignidade do ser humano", uma vez proferida por Kant, tornou-se mais tarde o lema de todos os moralistas perplexos e irrefletidos, que, por trás desta imponente expressão "dignidade do ser humano", esconderam sua falta de um fundamento real da moral, ou ao menos um que dissesse algo, contando astutamente com que seu leitor também se veria dotado de tal *dignidade* e, portanto, ficaria satisfeito com isso[30]. No entanto, também queremos investigar esse conceito um pouco mais de perto e examinar sua realidade. – Kant (p. 79; R., p. 66) define a dignidade como um valor incondicional, incomparável. Esta é uma explicação que, pelo seu tom sublime, impressiona tanto que ninguém facilmente se atreve a aproximar-se dela para examiná-la de perto, onde então descobriria que ela também é apenas uma hipérbole oca, dentro da qual, como um verme roedor, se aninha a *contradictio in adjecto*. Todo valor é a apreciação de uma coisa em comparação com outra; portanto, é um conceito comparativo e, consequentemente, relativo, e

---

30. A primeira pessoa que explícita e exclusivamente fez do conceito de "dignidade do ser humano" a pedra angular da ética e, consequentemente, o executou, parece ter sido Georg Wilhelm Block, em sua obra *Neue Grundlegung zur Philosophie der Sitten*, 1802.

precisamente essa relatividade constitui a essência do conceito de *valor*. Os estoicos já ensinaram corretamente (segundo Diog. Laerc., L. VII, c. 106): "Τὴν δ᾽εἶναι ἀξίαν ἀμοιβὴν δοκιμαστοῦ, ἣν ἂν ὁ ἔμπειρος τῶν πραγμάτων τάξῃ, ὅμοιον εἰπεῖν ἀμείβεσθαι πυροὺς πρὸς τὰς σὺν ἡμιόνῳ κριθάς" (*existimationem esse probati remunerationem, quamcunque statuerit peritus rerum; quod hujusmodi est, ac si dicas, commutare cum hordeo, adjecto mulo, triticum*) [O valor é a remuneração por algo, fixada por um perito; tal como se diz que o trigo é trocado por cevada mais uma mula]. Um valor *incomparável, incondicionado, absoluto*, como deve ser a dignidade, é, portanto, como tantas coisas na filosofia, a tarefa posta em palavras para um pensamento que não pode ser pensado, tal como o maior número ou o espaço mais vasto.

> Mas justamente onde faltam conceitos,
> uma palavra se imiscui no momento certo.

Assim, também aqui, no caso da "dignidade do ser humano" foi lançada uma palavra muitíssimo bem-vinda, em que toda moral estendida em todas as classes de deveres e todos os casos de casuística encontrou um amplo fundamento, do alto do qual poderia seguir pregando com satisfação.

Ao final de sua exposição (p. 124; R., s. 97), Kant diz: "Mas como pode a razão pura, sem outros motivos que possam ter sido tomados de outro lugar, ser *prática* por si mesma? Como o *mero princípio da validade universal de todas as suas máximas* como leis, sem objeto algum da vontade em que de antemão pudesse tomar-se algum interesse, possa por si mesmo fornecer um móbil e produzir um interesse que se pudesse chamar puramente moral? Ou, por outras palavras: como a razão pura possa ser prática? Explicar isto, eis o de que toda a razão humana é absolutamente incapaz; e todo o esforço e todo o trabalho se perderiam nisso". – Ora, dever-se-ia recordar que, quando uma coisa cuja existência é afirmada não pode sequer ser concebida como possível, deveria sua realidade então ser demonstrada por meio de fatos: só que o imperativo categórico da razão prática é expressamente estabelecido como *não* sendo um fato da consciência, nem é, de algum outro modo, fundamentado pela experiência. Somos, antes, advertidos com bastante frequência que ele *não* deve ser buscado por tal via antropológico-empírica (por exemplo, p. VI do Prefácio; R., p. 5 e p. 59, 60; R., p. 52). Além disso, repetidamente nos asseguram (por exemplo, p. 48; R., p. 44) "que não se pode determinar por nenhum exemplo, ou seja, empiricamente, se existe tal imperativo". E, na página 49 (R., p. 45), "que a realidade do imperativo categórico não é dada na experiência". – Se resumirmos tudo isso, podemos realmente suspeitar que Kant esteja troçando seus leitores. Embora isso seja lícito e justo em relação ao público filosófico alemão de hoje, na época de Kant, isso ainda não havia se distinguido como veio a se distinguir desde então. Além disso, precisamente a ética era o assunto menos apropriado para troças. Devemos, portanto, manter a convicção de que o que não pode ser concebido como *possível* nem demonstrado como *real* não tem nenhuma certificação de sua existência. – Mas se apenas tentarmos, por meio da fantasia, imaginar uma pessoa cujo ânimo estivesse possuído por uma obrigação absoluta que falasse puramente em imperativos categóricos, como por um demônio que, contra as inclinações e desejos de tal pessoa, constantemente exigisse dirigir suas ações, então não veríamos nisso uma imagem correta da natureza humana, ou dos processos de nosso ser interior: mas reconheceríamos um substituto artificial da moral teológica, para a qual ele tem uma relação como uma perna de pau tem para uma viva.

Nosso resultado, então, é que a ética kantiana, como todas as anteriores, carece de qualquer fundamento seguro. Como demonstrei pelo exame de sua *forma imperativa*, apresentado logo no início, ela é, no fundo, apenas uma inversão da moral teológica e um disfarce dela em fórmulas muito abstratas que parecem ter sido encontradas *a priori*. Esse disfarce teve de ser tanto mais artificial e irreconhecível porque Kant até mesmo se enganou confiantemente e pensou, de verdade, que podia consolidar, independentemente de toda teologia, os conceitos de *comando por dever* e de *lei*, que obviamente só têm significado na moral teológica, e que podia fundá-los no conhecimento puro *a priori*. Contra isso, provei suficientemente que, nele, esses conceitos, desprovidos de qualquer fundamento real, flutuam livremente no ar. Perto do final, a disfarçada *moral teológica* também se desvela sob suas próprias mãos na doutrina do *sumo bem*, nos *postulados da razão prática* e, por último, na *teologia moral*. No entanto, nada disso decepcionou a ele ou ao público quanto à verdadeira conexão das coisas: pelo contrário, ambos se alegraram em ver todos esses artigos de fé agora fundamentados na ética (mesmo que apenas *idealiter* e para efeitos práticos). Pois eles honestamente tomaram a consequência pela razão e a razão pela consequência, ao deixar de ver que na base daquela ética já se encontravam, como pressupostos absolutamente necessários, ainda que tácitas e ocultas, todas as supostas consequências dela extraídas.

Se agora, ao final desta rigorosa investigação, exaustiva até mesmo para o leitor, me permitirem, como distração, uma comparação jocosa, até mesmo frívola, eu compararia Kant, nessa automistificação, com um homem que, em um baile de máscaras, corteja a noite inteira uma bela mulher mascarada na ilusão de fazer uma conquista; até que no final ela retira a máscara e se dá a conhecer – como sua esposa.

§ 9. A doutrina da consciência de Kant

A suposta razão prática, com o seu imperativo categórico, é, por óbvio, mais estreitamente relacionada com a *consciência*, embora dela se diferencie essencialmente, em primeiro lugar, no fato de o imperativo categórico, como comando, necessariamente falar antes da ação, ao passo que a consciência realmente só fala depois. Esta pode, no máximo, falar antes do ato indiretamente, a saber, por meio da reflexão, que lhe apresenta a lembrança de casos anteriores, em que atos semelhantes sofreram posteriormente a reprovação da consciência. Parece-me que a própria etimologia da palavra *Gewissen* (consciência) se baseia nisso, pois só o que já aconteceu é *gewiss* (certo). Em cada um de nós, até mesmo na melhor pessoa, pensamentos e desejos impuros, vis, maliciosos, surgem de motivos externos, afetos excitados ou indisposição interior: mas nenhuma pessoa é moralmente responsável por eles, que também não deveriam pesar em sua consciência. Pois eles apenas mostram o que *o ser humano em geral*, e não quem os está pensando, é capaz de fazer. Pois, nessa pessoa, motivos diferentes penetram na consciência, ainda que não instantaneamente, nem ao mesmo tempo que aqueles, e opõem-se a eles de modo que os primeiros nunca podem se tornar ações; eles, portanto, se assemelham a uma minoria esmagada por votos dissidentes em uma assembleia decisória. Só pelos *atos* cada um aprende a conhecer-se empiricamente a si mesmo, tal como aos outros, e só *eles* pesam na sua *consciência*. Pois eles sozinhos não são problemáticos, como os pensamentos, mas, ao contrário, são certos (*gewiss*), permanecem imutáveis, não são meramente pensados, mas sabidos (*gewusst*). Ocorre o mesmo com o termo latim *conscientia*: é o "*conscire sibi, pallescere culpa*" [ter consciência de si, empalidecer por culpa] de Horácio. E da mesma forma com συνείδησις. É o saber do ser humano acerca do que ele fez. Em segundo lugar, a consciência sempre toma sua matéria da experiência, o que o suposto imperativo categórico, sendo puramente *a priori*, não pode fazer. – Entretanto, podemos pressupor que a doutrina da consciência de Kant lançará luz sobre o novo conceito que ele introduziu. A principal exposição dela pode ser encontrada nos *Princípios metafísicos da doutrina da virtude*, § 13, e, na crítica que apresento a seguir, suponho que essas poucas páginas de Kant sejam do conhecimento do leitor.

Essa representação kantiana da consciência causa uma impressão extremamente imponente, diante da qual as pessoas permaneciam com reverente temor e não ousavam objetar algo, pois teriam de temer ver sua objeção teórica confundida com uma objeção prática, e ser consideradas carentes de consciência caso negassem a correção da exposição kantiana. Isso não pode me induzir a erro, pois aqui se trata de teoria, não de prática, e o objetivo não é pregar a moral, mas examinar rigorosamente os fundamentos últimos da ética.

Antes de tudo, Kant usa continuamente expressões jurídicas latinas, que, no entanto, parecem pouco adequadas para refletir as emoções mais secretas do coração humano. Mas ele mantém essa linguagem e a exposição jurídica do começo ao fim: parecem, portanto, essenciais e próprias ao assunto. Um tribunal completo é montado no interior de nosso ânimo, com processo, juiz, procurador, defensor e veredicto. Se o processo interno realmente fosse como Kant o descreve, seria de espantar que alguém ainda pudesse ser, não quero dizer tão *mau*, mas tão *estúpido*, para agir contra sua consciência. Pois tal instituição sobrenatural de um tipo tão único em nossa autoconsciência, um tal tribunal vêhmico disfarçado nos escuros recessos de nosso ser interior, deveria incutir em todos horror e uma *deisidaimonia* que realmente os impediria de obter vantagens breves, fugazes em frente à proibição, e sob ameaças de poderes sobrenaturais tão terríveis, que se anunciam com tanta clareza e tão de perto. – Na realidade, contudo, vemos a eficácia da consciência geralmente tão fraca que todos os povos se preocuparam em ajudá-la por meio da religião positiva, ou mesmo substituí-la completamente por esta. Além disso, com tal constituição da consciência, nunca poderia ter ocorrido à Real Sociedade a presente questão de concurso.

No entanto, ao examinar mais de perto a exposição de Kant, descobrimos que o efeito imponente dela é alcançado principalmente pelo fato de Kant acrescentar ao autojulgamento moral, como própria e essencial, uma forma que não o é. Ao contrário, é uma forma que pode se ajustar a ela exatamente como a qualquer outra ruminação – completamente alheia ao que é realmente moral – sobre o que fizemos e poderíamos ter feito de modo diferente. Pois não apenas a consciência obviamente inautêntica, artificial, baseada em mera superstição – como quando um hindu se censura por ter dado ensejo à morte de uma vaca, ou um judeu se lembra de ter fumado cachimbo em casa no sábado – também toma ocasionalmente a mesma forma de acusação, defesa e sentença; mas também até mesmo aquele autoexame que não parte de nenhum ponto de vista ético, que é, antes, de tipo mais amoral do que moral, muitas vezes também aparecerá nessa forma. Então, por exemplo, se eu, de maneira bondosa, mas irrefletida, me faço fiador de um amigo e, à noite, me dou conta da grande responsabilidade que assumi sobre mim e como, por isso, poderei facilmente sofrer grandes danos, que a antiga voz da sabedoria "ἐγγύα πάρα δ'ἄτα" [garantia leva à ruína] me profetiza agora: também nesse caso, irrompe o acusador em meu interior e, em frente dele, o advogado, que tenta justificar minha fiança precipitada pela pressão das circunstâncias, dos laços da amizade, pela inocuidade da coisa toda, até pelo elogio da minha boa índole, e finalmente também aparece o juiz, que implacavelmente dita a sentença "Que estupidez!", sob a qual eu desmorono.

O que dissemos sobre a forma judiciária preferida por Kant aplica-se, também, à maior parte do restante de sua descrição. Por exemplo, o que ele diz logo no início de seu parágrafo sobre a consciência como peculiar a ela vale também para todos os escrúpulos de tipo totalmente diferente: pode referir-se literalmente à consciência secreta de um rentista de que suas despesas excedem em muito os juros, de que o capital está sendo afetado e deve desaparecer gradualmente: "Essa consciência o segue como sua sombra quando ele pensa em escapar: ele pode realmente se entorpecer com prazeres e distrações, ou pôr-se para dormir, mas não consegue evitar voltar a si de vez em quando, ou despertar, momento em que imediatamente ouve sua terrível voz" etc. – Depois de ter descrito essa forma judicial como essencial para o assunto e de tê-la mantido, portanto, do começo ao fim, ele a usa para o seguinte sofisma sutilmente formulado. Ele diz: "Mas o fato de o *acusado* por sua consciência e o juiz serem apresentados como *uma e a mesma pessoa* é uma maneira absurda de imaginar um tribunal: porque então o advogado de acusação sempre perderia", o que ele ainda explica com uma nota bastante tortuosa e obscura. Daí ele infere que, para não cairmos em contradição, devemos pensar no juiz interior (nesse drama judicial da consciência) como diferente de nós, como *outra pessoa*, e esta como alguém que conhece o coração, que conhece tudo, que obriga a todos e que, enquanto o poder executivo, é onipotente; de modo que agora, por um caminho completamente plano, ele conduz seu leitor da consciência à *deisidaimonia* como consequência bastante necessária daquela, confiando secretamente que o leitor o seguirá até lá tanto mais voluntariamente porque sua mais precoce educação tornou tais conceitos familiares para ele e até mesmo os converteu em uma segunda natureza. Dessa maneira, Kant encontra aqui um jogo fácil, que, no entanto, ele deveria ter desprezado, tomando o cuidado de não apenas *pregar*, mas também *praticar* a honestidade aqui. – Eu simplesmente nego a proposição acima, na qual se baseiam todas essas conclusões; eu até mesmo a declaro uma tergiversação. *Não é verdade* que o acusador deve sempre perder quando juiz e o acusado são a *mesma* pessoa; pelo menos não no caso do tribunal interno: no meu exemplo da fiança acima, o acusador perdeu? Ou seria preciso, para não entrar em contradição, empreender tal prosopopeia também aqui e necessariamente pensar em *outra pessoa* objetivamente como aquela cuja sentença teria sido o estrondoso "Que estupidez". Um Mercúrio encarnado? Ou uma personificação de Μῆτις [astúcia], recomendada por Homero (II., 23, 313 seq.), e, portanto, tomar também aqui o caminho da *deisidaimonia*, embora de uma *deisidaimonia* pagã?

Kant, em sua exposição, se abstém de atribuir qualquer validade objetiva à sua teologia moral, que já foi insinuada aqui brevemente, mas em seus pontos essenciais, e a apresenta apenas como uma forma subjetivamente necessária, mas isso não o absolve da arbitrariedade com que a constrói, mesmo que apenas como subjetivamente necessária; pois isso acontece por meio de suposições completamente infundadas.

Até aqui é certo, portanto, que toda a forma jurídico-dramática em que Kant apresenta a consciência, e que ele mantém até o final, como uma com coisa mesma, para finalmente tirar conclusões daí, é completamente inessencial à consciência e de modo algum peculiar a ela. Pelo contrário, é uma forma muito mais geral, que a deliberação sobre qualquer situação prática assume prontamente e que surge principalmente do frequente conflito de motivos opostos, cujo peso a razão reflexiva examina sucessivamente; e é irrelevante se esses motivos são de natureza moral ou egoísta, ou se se trata de uma deliberação do que ainda está por ser feito ou uma ruminação do que já foi feito. Mas se agora despimos a exposição de Kant dessa forma dramático-jurídica, que lhe é arbitrariamente dada, então o nimbo que a rodeia também desaparece, junto com seu imponente efeito, e só resta o fato de que, ao refletir sobre nossas ações, às vezes somos tomados por uma insatisfação conosco mesmos de um tipo especial, que tem a particularidade de não concernir ao resultado, mas à própria ação e não se baseia em razões egoístas, como qualquer outra em que lamentamos a insensatez de nosso agir. Estamos insatisfeitos com o fato de termos agido com *demasiado* egoísmo, de termos dado *muita* atenção ao nosso próprio bem-estar e *muito* pouca ao dos outros, ou até mesmo convertemos em nosso fim o sofrimento alheio, por ele próprio, sem vantagem alguma para nós mesmos. Podemos estar insatisfeitos conosco mesmos por causa disso, e afligir-nos por sofrimentos que não *padecemos*, mas *causamos*, isso é um fato cru, e ninguém poderá negá-lo. Continuaremos a examinar a conexão entre ele e a única base provada da ética. Mas Kant, como um astuto advogado, tentou tirar o máximo possível do fato original, embelezando-o e ampliando-o, a fim de ter, de antemão, uma base realmente ampla para sua moral e sua teologia moral.

§ 10. A doutrina kantiana do caráter inteligível e empírico – Teoria da liberdade

Depois que eu, a serviço da verdade, desferi à ética kantiana ataques que, ao contrário dos anteriores, não afetam apenas a superfície, mas a minam em seus fundamentos mais profundos, parece-me que a justiça exige de mim que não me afaste dela sem recordar a maior e mais brilhante contribuição de Kant para a ética. Esta consiste na doutrina da coexistência da liberdade com a necessidade, que ele apresentou pela primeira vez na *Crítica da razão pura* (p. 533-554 da 1ª edição e p. 561-582 da 5ª edição), embora ofereça uma exposição mais clara na *Crítica da razão prática* (4ª edição, p. 169-179; R., p. 224-231).

Primeiramente Hobbes, em seguida Espinosa, depois Hume, também Hollbach no *Syst. d. la nat.*, e por último, mais extensa e minuciosamente do que todos, Priestley, provaram a perfeita e estrita necessidade de atos de vontade quando surgem motivos, e o fizeram com tanta clareza e sem deixar dúvidas que ela pode ser contada entre as verdades perfeitamente demonstradas: portanto, apenas ignorância e grosseria poderiam continuar a falar de uma liberdade nas ações individuais do ser humano, de um *libero arbitrio indifferentiae*. Kant também, como resultado dos argumentos irrefutáveis desses predecessores, tomou como certa a absoluta necessidade de atos de vontade, sobre a qual nenhuma dúvida poderia prevalecer, como é comprovado por todas as passagens em que ele fala de liberdade apenas do ponto de vista *teórico*. No entanto, aqui não deixa de ser verdade que nossas ações são acompanhadas de uma consciência de independência e originariedade, graças à qual as reconhecemos como obra nossa, e cada um, com certeza iniludível, sente-se o verdadeiro ator de suas ações e moralmente *responsável* por elas. Mas agora, como a responsabilidade pressupõe a possibilidade de ter agido diferentemente e, portanto, a liberdade de alguma forma, a consciência da responsabilidade também inclui indiretamente a da liberdade. Para resolver essa contradição decorrente da própria questão, a chave finalmente encontrada foi a profunda distinção de Kant entre fenômeno e coisa em si, que é o cerne mais íntimo de toda a sua filosofia e precisamente o principal mérito desta.

O indivíduo – com seu caráter imutável e inato, estritamente determinado em todas as suas manifestações pela lei da causalidade, que aqui, mediada pelo intelecto, é chamada de motivação – é apenas o fenômeno. A *coisa em si*, que se encontra na base deste, está situada fora do espaço e do tempo, livre de toda sucessão e pluralidade dos atos, é una e imutável. Sua constituição *em si* é o *caráter inteligível*, que está presente de igual modo em todos os atos do indivíduo e se imprime em todos eles, como o selo em mil lacres, e determina o *caráter empírico* desse fenômeno, que se apresenta no tempo e na sucessão dos atos e que, portanto, deve mostrar a constância de uma lei natural em todas as suas manifestações suscitadas pelos motivos. Por isso, todos os seus atos ocorrem de modo estritamente necessário. Dessa forma, essa imutabilidade, essa rigidez inflexível do caráter empírico de cada ser humano, que cabeças pensantes sempre perceberam (enquanto as demais pensavam que o caráter de um ser humano poderia ser transformado por meio de representações racionais e admoestações morais), foi reconduzida a um fundamento racional e, com isso, foi também estabelecida para a filosofia, levando esta última a se harmonizar com a experiência. Desse modo, a filosofia não foi mais envergonhada pela sabedoria popular, que desde muito exprimia essa verdade no provérbio espanhol: *Lo que entra con el capillo, sale con la mortaja* (O que entra com a touca de bebê sai com a mortalha) ou *Lo que en la leche se mama, en la mortaja se derrama* (O que é sugado com o leite é derramado no sudário).

Considero essa doutrina kantiana da coexistência de liberdade e necessidade a maior de todas as realizações da profundidade humana. Ela, como também a estética transcendental, são os dois grandes diamantes da coroa da glória de Kant, que jamais se apagarão. – É bem conhecido que Schelling, em seu *Tratado sobre a liberdade*, ofereceu uma paráfrase da doutrina de Kant que é mais compreensível para muitos graças ao seu colorido vivo e exposição intuitiva, que eu louvaria se Schelling tivesse tido a honestidade de dizer que estava apresentando aí a sabedoria de Kant, não a sua própria, como ainda crê uma parte do público filosófico.

Mas pode-se tornar mais compreensível esta doutrina kantiana e, em geral, a essência da liberdade ligando-as a uma verdade geral, cuja expressão mais concisa considero ser uma frase frequentemente proferida pelos escolásticos: *operari sequitur esse* [o agir segue o ser]; isto é, cada coisa no mundo funciona de acordo com o que é, de acordo com sua constituição, na qual, portanto, todas as suas manifestações já estão contidas *potencia*, mas ocorrem *actu* quando causas externas as suscitam, pelo que precisamente aquela constituição se torna conhecida. Este é o *caráter empírico*, enquanto seu fundamento último, não acessível à experiência, é o *caráter inteligível*, isto é, a essência *em si* dessa coisa. Aqui, o ser humano não é exceção em relação ao restante da natureza: ele também tem seu caráter imutável, que, no entanto, é bastante individual e diferente em cada um. Este é justamente *empírico* para nossa concepção, mas por isso mesmo é apenas *fenômeno*: o que ele pode ser segundo sua essência em si mesma é, por outro lado, chamado de *caráter inteligível*. Todas as suas ações, determinadas pelos motivos segundo sua constituição externa, nunca podem se configurar senão de acordo com esse caráter individual imutável: como alguém é, assim deve agir. Portanto, em cada caso individual, há absolutamente apenas *uma* ação possível para o indivíduo dado: *operari sequitur esse*. A liberdade não pertence ao caráter empírico, mas apenas ao inteligível. O *operari* de um dado ser humano é necessariamente determinado de fora pelos motivos; de dentro, por seu caráter: portanto, tudo o que ele faz ocorre necessariamente. A liberdade, porém, se encontra em seu *esse*. Ele poderia ter sido *outro*: e no que ele é residem culpa e mérito. Pois tudo o que ele faz decorre daí por si só, como mero corolário. – A teoria de Kant realmente nos resgata do erro básico que colocava a necessidade no *esse* e a liberdade no *operari*, e nos leva a reconhecer que a situação é precisamente o oposto disso. Portanto, a responsabilidade moral do homem, embora se refira primária e ostensivamente ao que ele faz, diz respeito, no fundo, ao que ele é; pois, isso suposto, quando os motivos se apresentam, seu agir nunca poderia resultar diferentemente de como resultou. Mas por mais estrita que seja a necessidade com que, em dado caráter, os atos são suscitados pelos motivos, nunca ocorrerá a ninguém, nem mesmo a alguém que esteja convencido disso, querer desculpar-se por essa via e atirar a culpa nos motivos: porque ele reconhece claramente que aqui, de acordo com o caso e as circunstâncias, ou seja, objetivamente, seria muito bem possível e até ocorreria uma ação totalmente diferente, até mesmo oposta, se ele *tivesse sido outra pessoa*. Mas que ele, tal como emerge da ação, seja tal e não outra pessoa – é por isto que ele se sente responsável: aqui, no *esse*, está o ponto em que se perfura o espinho da consciência. Pois a consciência é apenas o conhecimento de si mesmo, um conhecimento que surge do modo de agir próprio e se torna cada vez mais íntimo. Por isso, a consciência culpa, na verdade, o *esse*, embora por ocasião do *operari*. Como só temos consciência da *liberdade* por meio da *responsabilidade*, então, onde esta se encontra, aí também deve estar aquela: ou seja, no *esse*. O *operari* se sujeita à necessidade. Mas chegamos a nos conhecer a nós mesmos, tal como aos outros, apenas *empiricamente* e não temos conhecimento *a priori* de nosso caráter. Em vez disso, originariamente temos sobre ele uma opinião bastante elevada, já que o *quisque praesumitur bonus, donec probetur contrarium* [cada um é presumidamente bom, até que se prove o contrário] também se aplica ao *foro* interno.

Nota

Qualquer um que seja capaz de reconhecer o essencial de um pensamento, mesmo sob vestimentas inteiramente diferentes, compreenderá comigo que a doutrina kantiana do caráter inteligível e empírico é um conhecimento elevado à clareza abstrata, que já tivera Platão, o qual, por não ter reconhecido a idealidade do tempo, só pode expô-la em forma temporal, portanto, apenas miticamente e em conexão com a metempsicose. A compreensão da identidade das duas doutrinas fica agora bastante clara pela explicação e desenvolvimento do mito platônico, que Porfírio forneceu com tanta nitidez e determinação que a concordância com a doutrina abstrata kantiana é inequivocamente evidente. Essa explicação, em que Porfírio, em um escrito seu já inexistente, comenta precisa e especificamente sobre o mito em questão, fornecido por Platão na segunda metade do livro X da *República*, foi transmitido *in extenso* por Estobeu no segundo livro de suas Églogas, cap. 8, § 37-40; uma passagem que vale a pena ser lida. Como amostra, apresento o breve § 39 aqui, para que o leitor interessado se sinta encorajado a ler diretamente Estobeu. Ele reconhecerá, então, que esse mito platônico pode ser considerado uma alegoria do grande e profundo conhecimento que Kant, em sua pureza abstrata, estabeleceu como doutrina do caráter inteligível e do caráter empírico, e que esta, portanto, já havia sido alcançada, quanto ao essencial, milhares de anos antes por Platão, e que até mesmo remonta a um período anterior, pois Porfírio é da opinião de que Platão a obteve dos egípcios. Em todo caso, já está presente na doutrina da metempsicose do bramanismo, da qual deriva, com grande probabilidade, a sabedoria dos sacerdotes egípcios. – O mencionado § 39 diz:

Τὸ γὰρ ὅλον βούλημα τοιοῦτ'ἔοικεν εἶναι τὸ τοῦ Πλάτωνος· ἔχειν μὲν τὸ αὐτεξούσιον τὰς ψυχάς, πρὶν εἰς σώματα καὶ βίους διαφόρους ἐμπεσεῖν, εἰς τὸ ἢ τοῦτον τὸν βίον ἑλέσθαι ἢ ἄλλον, ὃν μετὰ ποιᾶς ζωῆς καὶ σώματος οἰκείου τῇ ζωῇ ἐκτελέσειν μέλλει· (καὶ γὰρ λέοντος βίον ἐπ'αὐτῇ εἶναι ἑλέσθαι καὶ ἀνδρός). Κἀκεῖνο μέντοι τὸ αὐτεξούσιον ἅμα τῇ πρός τινα τῶν τοιούτων βίων πτώσει ἐμπεπόδισται. Κατελθοῦσαι γὰρ εἰς τὰ σώματα καὶ ἀντὶ ψυχῶν ἀπολύτων γεγονυῖαι ψυχαὶ ζώων τὸ αὐτεξούσιον φέρουσιν οἰκεῖον τῇ τοῦ ζώου κατασκευῇ καὶ ἐφ' ὧν μὲν εἶναι πολύνουν καὶ πολυκίνητον ὡς ἐπ'ἀνθρώπου, ἐφ' ὧν δὲ ὀλιγοκίνητον καὶ μονότροπον ὡς ἐπὶ τῶν ἄλλων σχεδὸν πάντων ζώων. Ἤρθησθαι δὲ τὸ αὐτεξούσιον τοῦτο ἀπὸ τῆς κατασκευῆς κινούμενον μὲν ἐξ αὐτοῦ, φερόμενον δὲ κατὰ τὰς ἐκ τῆς κατασκευῆς γιγνομένας προθυμίας.

(*Omnino enim Platonis sententia haec videtur esse: habere quidem animas, priusquam in corpora vitaeque certa genera incidant, vel ejus vel alterius vitae eligendae potestatem, quam in corpore, vitae conveniente, degant [nam et leonis vitam et hominis ipsis licere eligere]; simul vero, cum vita aliqua adepta, libertatem illam tolli. Cum vero in corpora descenderint, et ex liberis animabus factae sint animalium animae, libertatem, animalis organismo convenientem, nanciscuntur; esse autem eam alibi valde intelli gentemet mobilem, ut in homine; alibi vero simplicem et parum mobilem, ut fere in omnibus ceteris animalibus. Pendere autem hanc libertatem sic ab animalis organismo, ut per se quidem moveatur, juxta illius autem appetitiones feratur.*)

[Esta parece ser, em geral, a opinião de Platão: as almas, antes de entrar nos corpos e nas diferentes formas de vida, têm a liberdade de escolher esta ou aquela forma de vida, que elas depois levarão a termo por meio da vida correspondente ou do corpo adequado à alma (pois cabe à alma escolher a vida ou de um leão ou de um homem). Porém essa liberdade é suprimida, tão logo a alma obtém qualquer uma de tais formas de vida. Pois, após terem descido em corpos e, de almas livres, terem se transformado em almas de animais, elas só tem aquela liberdade que é apropriada à natureza do ser vivo correspondente, de modo que, às vezes, elas são bem inteligentes e móveis como em um homem, às vezes, ao contrário, são simples e pouco móveis, como em quase todos os outros animais. A espécie de liberdade depende, na realidade, do organismo do animal, que, de um lado, se move por si, mas, de outro, é dirigido pelos apetites de sua constituição.]

§ 11. A ética de Fichte como espelho de aumento dos erros de Kant

Na anatomia e na zoologia, algumas coisas não são tão evidentes para o estudante em preparados e produtos naturais quanto nas gravações em cobre, que as representam com certo exagero. Do mesmo modo, a qualquer um que, após as críticas feitas nos parágrafos acima, ainda não tenha percebido plenamente a nulidade da fundamentação kantiana da ética, posso recomendar o *Sistema da doutrina dos costumes*, de Fichte, como meio de esclarecer esse conhecimento.

No antigo teatro de marionetes alemão, um bufão sempre acompanhava o imperador ou outros heróis, que depois repetia à sua maneira e com exagero tudo o que o herói havia dito ou feito. Do mesmo modo, por trás do grande Kant, encontra-se o criador da *Doutrina da ciência* [*Wissenschaftslehre*], ou mais corretamente, do vazio da ciência [*Wissenschaftsleere*]. Seu plano, bastante apropriado e digno de aprovação ao público filosófico alemão, e que consistia em causar sensação por meio de uma mistificação filosófica para, como resultado disso, fundamentar seu bem-estar e o dos seus: esse homem o realizou esplendidamente ao *sobrepujar* Kant em todos os aspectos, apresentando-se como seu superlativo vivo e produzindo uma caricatura da filosofia kantiana pelo aumento de suas partes mais salientes; e fez o mesmo também na ética. Em seu *Sistema da doutrina moral*, encontramos o imperativo categórico transformado em imperativo despótico: a razão absoluta, a razão legisladora e o comando do dever se transformaram em *fatum* moral, uma insondável necessidade de que a raça humana aja estritamente de acordo com certas máximas (p. 308-309), máximas que, a julgar pelas instituições morais, devem ser muito importantes, embora nunca descubramos realmente *o quê* sejam; mas apenas vemos que, assim como há nas abelhas um instinto de coletivamente construir células e uma colmeia, do mesmo modo deve supostamente residir nas pessoas um desejo de representar conjuntamente uma grande comédia mundial estritamente moral, na qual seríamos meros fantoches e nada mais; embora com a diferença significativa de que a colmeia é realmente construída, enquanto, em vez da comédia mundial moral, uma comédia altamente imoral é, de fato, representada. Então, aqui vemos a forma imperativa da ética kantiana, a lei moral e a obrigação absoluta, levadas adiante até se tornarem um sistema de fatalismo moral, cuja exposição por vezes se torna cômica[31].

Se certo pedantismo moral pode ser sentido na ética de Kant, com Fichte, o mais ridículo pedantismo moral fornece bastante material para a sátira. Lê-se, por exemplo, nas p. 407-409, a decisão do conhecido exemplo casuístico em que, de duas vidas humanas, uma deve ser perdida. Da mesma forma, encontramos todos os erros de Kant elevados ao superlativo: por exemplo, p. 199: "Agir de acordo com os impulsos da simpatia, da compaixão, do amor ao próximo absolutamente não é moral, mas é, como tal, contrário à moral!" – p. 402: "O móbil da prontidão para servir nunca deve ser a bondade de coração irrefletida, mas o fim,

---

31. Para confirmar o que foi dito, vou conceder espaço a algumas passagens aqui. P. 196: "O impulso moral é absoluto", exige "pura e simplesmente, sem nenhum fim além de si mesmo". – P. 232: "Agora, de acordo com a lei moral, o ser temporal empírico deve tornar-se uma cópia exata do Eu original". – P. 308: "O ser humano inteiro é um veículo da lei moral". – P. 342: "Sou apenas um instrumento, mera ferramenta da lei moral, de modo nenhum um fim". – P. 343: "Cada um é um fim enquanto meio para realizar a razão: este é o fim último de sua existência: ele existe apenas para isso, e se isso não acontecer, então ele absolutamente não precisa existir". – P. 347: "Sou o instrumento da lei moral no mundo sensível"! – P. 360: "É um decreto da lei moral nutrir o corpo, promover sua saúde: escusado será dizer que isso não deve ser feito em nenhum sentido e com nenhum outro propósito senão o de ser um *instrumento eficiente* para a promoção do *fim da razão*" (Cf. p. 371). P. 376: "Todo corpo humano é um instrumento para o fomento do fim da razão: portanto, a mais alta aptidão possível de todo instrumento deve ser um fim para mim: devo, portanto, cuidar de todos". – Esta é a sua dedução do amor ao próximo! P. 377: "Posso e tenho permissão de cuidar de mim mesmo simplesmente porque e na medida em que sou *um instrumento da lei moral*". – P. 388 : "Defender um perseguido com risco à própria vida é uma obrigação absoluta: enquanto a vida humana está em perigo, já não tens o direito de pensar na segurança da tua própria". P. 420: "No campo da lei moral, não há outra visão de meu semelhante senão a de que ele é um *instrumento* da razão".

claramente pensado, de promover a causalidade da razão tanto quanto possível". Mas entre esses pedantismos assoma conspicuamente a verdadeira rudeza filosófica de Fichte – como é de esperar de um homem a quem o ensino nunca deixou tempo para aprender – na medida em que ele estabelece seriamente o *liberum arbitrium indifferentiae* e o sustenta com as razões mais triviais (p. 160, 173, 205, 208, 237, 259, 261). – Quem ainda não está totalmente convencido de que um motivo, embora agindo pelo *medium* do conhecimento, é uma causa como qualquer outra e, consequentemente, traz consigo a mesma necessidade do resultado que qualquer outra, e, portanto, todas as ações humanas são estritamente necessárias – tal pessoa ainda é filosoficamente bruta e não instruída nos elementos do conhecimento filosófico. A compreensão da estrita necessidade das ações humanas é a linha divisória que separa as mentes filosóficas das outras: e, tendo chegado a tal linha, Fichte mostrou claramente que pertencia às outras. O fato de ele então, seguindo a trilha de Kant (p. 303), dizer coisas que estão em contradição direta com as passagens acima, prova, como tantas outras contradições em seus escritos, apenas que ele, como alguém que nunca levou a sério a investigação da verdade, não teve nenhuma firme convicção fundamental, a qual também era absolutamente desnecessária para seus propósitos. Nada é mais ridículo do que o fato de que as pessoas tenham dado a este homem a fama de possuir a mais estrita consistência, confundindo esta com seu tom pedante e seu modo de demonstrar coisas banais de uma maneira expansiva.

O desenvolvimento mais perfeito desse sistema de fatalismo moral de Fichte pode ser encontrado em seu último escrito: *A doutrina da ciência exposta em seus traços gerais*, Berlim, 1810, que tem a vantagem de ter apenas 46 páginas, formato in-duodécimo, e, ainda assim, conter toda a sua filosofia *in nuce*, razão pela qual deve ser recomendado a todos aqueles que consideram seu tempo valioso demais para ser desperdiçado nas produções maiores desse homem, que são escritas com a amplitude e o tédio de um Christian Wolff, sendo realmente destinadas a enganar, e não instruir o leitor. Nessa pequena obra, diz-se, pois, na p. 32: "A intuição de um mundo sensível só existia para que o Eu se tornasse visível para si mesmo como sujeito à obrigação absoluta". – Na

p. 33, há até mesmo "a obrigação da visibilidade da obrigação", e na p. 36 "uma obrigação de ver que estou obrigado". Assim, como *exemplar vitiis imitabile*, foi a isso que conduziu a *forma imperativa* da ética kantiana logo após Kant, com sua obrigação não comprovada que essa ética se concedeu a si como um confortável ποῦ στῶ [ponto de apoio].

Aliás, tudo o que foi dito aqui não anula o mérito de Fichte, que consiste em ter obscurecido e até mesmo suplantado a filosofia de Kant, essa obra-prima tardia da profundidade humana, na nação em que ela apareceu, por meio de superlativos bombásticos, extravagâncias e do absurdo de seus *Fundamentos de toda doutrina da ciência*, apresentado sob a máscara de profunda penetração, e assim ter mostrado irrefutavelmente ao mundo qual é a competência do público filosófico alemão; porque ele faz esse público desempenhar o papel de uma criança de quem se tira das mãos uma joia preciosa para lhe oferecer em troca um brinquedo de Nuremberg em troca. A fama que ele ganhou dessa maneira vive até hoje, a crédito, e ainda hoje Fichte é sempre mencionado ao lado de Kant, como outro igual (Ἡρακλῆς καὶ πίθηκος! – ou seja, *Hercules et simia*!) [Hércules e um macaco!], e até mesmo muitas vezes colocado acima dele[32]. Por isso, seu exemplo gerou aqueles sucessores na arte da mistificação filosófica do público alemão, inspirados pelo mesmo espírito e coroados com o mesmo sucesso, que todos conhecem, não sendo aqui o lugar para falar deles em detalhes; embora suas respectivas opiniões ainda sejam amplamente expostas e seriamente discutidas pelos professores de filosofia, como se realmente se tratasse de filósofos. Então é graças a Fichte que existem luminosas atas para serem revistas algum dia pelo tribunal da posteridade, esse tribunal de cassação dos juízos dos contemporâneos, que, em quase todas as épocas, teve de ser para o mérito genuíno o que o Juízo Final é para os santos.

---

32. Corroboro isso com uma passagem da mais recente literatura filosófica. Sr. Feuerbach, um hegeliano (*c'est tout dire*), em seu livro *P. Bayle. Uma contribuição à história da filosofia*, 1838, p. 80, diz: "As ideias de Fichte, que ele expressou em sua doutrina moral e, de modo disperso, em seus outros escritos, são ainda mais sublimes que as de Kant. O cristianismo não tem nada de sublime que possa colocar ao lado das ideias de Fichte".

III

FUNDAMENTAÇÃO DA ÉTICA

§ 12. Requisitos

Assim, a fundamentação kantiana da ética, considerada há sessenta anos seu sólido fundamento, soçobra diante de nossos olhos no profundo, talvez impreenchível abismo dos erros filosóficos, ao se revelar uma suposição inadmissível e um mero disfarce da moral teológica. – Como eu disse, posso dar por pressuposto que as tentativas anteriores de fundamentar a ética são ainda menos satisfatórias. São, em sua maioria, afirmações não comprovadas, colhidas no ar, e ao mesmo tempo, tal como a própria fundamentação de Kant, sutilezas artificiais que exigem as mais sutis distinções e se baseiam nos conceitos mais abstratos, em combinações difíceis, regras heurísticas, princípios que se equilibram na ponta de uma agulha, e máximas sobre pernas de pau, de cuja altura já não se pode ver a vida real e seu tumulto. Por isso, são perfeitamente indicadas para ressoar nos auditórios e proporcionar um exercício de agudeza: mas não pode ser algo assim que suscita o apelo ao agir justo e benevolente, que realmente existe em todo ser humano, nem pode contrabalançar os fortes impulsos de injustiça e dureza, nem tampouco servir de base às censuras da consciência; querer reconduzir essas censuras à violação de tais máximas sutis só pode servir para tornar ridículas estas últimas. Se levarmos o assunto a sério, combinações artificiais de conceitos desse tipo nunca poderão conter o verdadeiro impulso para a justiça e o amor ao próximo. Pelo contrário, isso deve ser algo que requeira pouca reflexão, menos ainda abstração e combinação, que, independentemente do desenvolvimento intelectual, fale a todos, até mesmo às pessoas mais rudes, baseie-se apenas na percepção intuitiva e se imponha imediatamente a partir da realidade das coisas. Enquanto a ética não tiver um fundamento desse tipo, ela pode discutir e desfilar nas salas de aula: a vida real zombará dela. Devo, portanto, dar aos teóricos da ética o conselho paradoxal de começarem por olhar um pouco ao redor na vida humana.

§ 13. Ponto de vista cético

Ou talvez um olhar retrospectivo sobre as tentativas de encontrar um fundamento seguro para a moral, feitas em vão por mais de dois mil anos, possa mostrar que não existe uma moral natural, independente das instituições humanas, mas sim que ela é um artefato de ponta a ponta, um meio inventado para melhor domar a egoísta e perversa raça humana, e que, portanto, sem o apoio de religiões positivas, pereceria porque não teria autenticação interna e nenhuma base natural? Justiça e polícia não podem ser suficientes em todos os lugares: há transgressões muito difíceis de detectar, e até mesmo algumas cuja punição é algo incerto, de modo que aqui a proteção pública nos abandona. Além disso, o direito civil pode, no máximo, forçar a justiça, mas não o amor ao próximo e a beneficência, mesmo porque aqui todos gostariam de ser a parte passiva, e ninguém, a parte ativa. Isso deu origem à hipótese de que a moral repousa apenas na religião, e de que ambas têm o fim de ser o complemento à necessária insuficiência da instituição estatal e da legislação. Portanto, não pode haver uma moral natural, isto é, fundamentada unicamente na natureza das coisas, ou do homem: o que explica por que os filósofos se esforçaram em vão em buscar seu fundamento. Esta opinião não carece de plausibilidade, e já foi apresentada pelos pirrônicos: ὕτε ἀγαθόν τί ἐστι φύσει οὔτε κακόν, ἀλλὰ πρὸς ἀνθρώπων ταῦτα νόῳ κέκριται, κατὰ τὸν Τίμωνα (*neque est aliquod bonum natura, neque malum, sed haec ex arbitrio hominum dijudicantu, – secundum Timonem*) [Não há bem nem mal na natureza, mas essas coisas são julgadas pelo arbítrio dos homens – segundo Timão]. Sexto Empírico, *adv. Math.*, XI, 140; e também em tempos mais recentes pensadores ilustres a abraçaram.

Ela merece, portanto, um exame cuidadoso, embora fosse mais conveniente eliminá-la lançando um olhar inquisitivo na consciência daqueles em que tal pensamento foi capaz de surgir. Cometeria um erro grande e pueril quem acreditasse que todas as ações justas e legais dos homens são de origem moral. Pelo contrário, entre a justiça que as pessoas praticam e a genuína honestidade do coração há, na maioria dos casos, uma relação análoga àquela entre as expressões de polidez e o amor genuíno ao próximo, que, ao contrário das primeiras, não supera o egoísmo em aparência, mas verdadeiramente. A retidão de ânimo ostentada em todos os lugares, que quer estar acima de qualquer dúvida, junto à alta indignação que é despertada pelo menor sinal de suspeita a esse respeito e está pronta para se converter na mais ardente ira – somente alguém inexperiente e simples acreditará nisso como se fosse dinheiro vivo e efeito de um delicado sentimento ou deconsciência moral. Na verdade, a retidão geral praticada nas relações humanas e mantida como máxima inquebrantável repousa principalmente sobre duas necessidades externas: em primeiro lugar, a ordem legal pela qual o poder público protege os direitos de cada um, e em segundo, a reconhecida necessidade do bom nome, ou da honra civil, para progredir no mundo, por meio da qual os passos de todos estão sob a supervisão da opinião pública, que, inexoravelmente rigorosa, nunca perdoa um único erro a esse respeito, mas sim o deposita, como uma mancha indelével, sobre o culpado até sua morte. Nisso ela é realmente sábia, pois está partindo do princípio básico *operari sequitur esse* e, consequentemente, da convicção de que o caráter é imutável, e, portanto, o que um homem fez *uma* vez inevitavelmente o fará novamente exatamente sob as mesmas circunstâncias. São esses dois guardas, então, que vigiam a justiça pública, e sem eles, francamente, estaríamos mal, especialmente no que diz respeito à propriedade, esse ponto central da vida humana em torno do qual giram principalmente suas atividades. Pois os motivos puramente éticos para a honestidade, supondo que existam, só podem ser aplicados à propriedade civil depois de um longo rodeio. Pois eles podem, primária e diretamente, referir-se apenas ao direito natural, mas apenas mediatamente ao positivo, na medida em que este se apoia sobre o direito natural. O direito natural, no entanto, não é inerente a nenhuma outra propriedade senão a adquirida pelo esforço próprio, e quando se ataca tal tipo de propriedade também são atacadas as forças empregadas pelo proprietário, as quais, portanto, são roubadas dele. – Rejeito absolutamente a teoria da ocupação prévia, mas não posso tratar de sua refutação aqui[33]. Sem dúvida, toda posse baseada no direito positivo, mesmo que por tantos vínculos intermediários, deve, em última instância, basear-se no direito natural de propriedade como sua fonte originária. Mas como está longe, na maioria dos casos, nossa posse civil daquela fonte originária do direito natural de propriedade! Na maioria das vezes, ela tem uma ligação com este que é muito difícil provar, ou até mesmo impossível: nossa propriedade foi herdada, adquirida por matrimônio, ganha na loteria, ou se não é isso, não foi obtida por trabalho real, com o suor da testa, mas graças a ideias e pensamentos astutos que nos ocorrem, por exemplo, no comércio especulativo, sim, às vezes também por meio de ideias estúpidas, que, por meio do acaso, o *Deus Eventus* coroou e glorificou. Em pouquíssimos casos, é genuinamente fruto de esforço e trabalho reais; um trabalho que, mesmo assim, é amiúde apenas intelectual, como o de advogados, médicos, funcionários públicos, professores, que, aos olhos do homem rude, parece custar pouco esforço. É necessária uma educação significativa para reconhecer o direito ético em toda posse desse tipo e respeitá-lo por um impulso puramente moral. – Por consequência, muitos, secretamente, veem a propriedade dos outros como possuída apenas de acordo com o direito positivo. Portanto, se eles encontrarem maneiras de arrancá-la deles usando ou até mesmo burlando as leis, não hesitarão em fazê-lo: pois lhes parece que aqueles a estão perdendo agora da mesma maneira que a obtiveram anteriormente e, portanto, consideram suas próprias reivindicações tão bem fundamentadas quanto as do antigo proprietário. De seu ponto de vista, na sociedade civil, o direito do mais astuto substituiu o do mais forte. Entretanto, muitas vezes *o homem rico* é realmente de uma retidão

---

33. Cf. *O mundo como vontade e representação*, v. 1, § 62, p. 396ss. e v. 2 cap. 47, p. 684.

inflexível, porque ele é afeiçoado a uma regra com todo seu coração e defende uma máxima em cujo cumprimento repousa toda a sua posse, juntamente às vantagens que ela lhe proporciona frente aos outros. Por isso, ele professa seriamente o princípio *suum cuique* [a cada um o seu] e não se desvia dele. Há, de fato, semelhante a este, um apego *objetivo* à lealdade e à fé, unido à resolução de mantê-las sagradas; um apego que se baseia tão somente no fato de que lealdade e fé são o fundamento de todas as relações livres entre os homens, da boa ordem e da propriedade segura, de modo que muitas vezes beneficiam *a nós mesmos* e, nesse sentido, devem ser mantidas até mesmo com sacrifícios, tal como quando se *despende* algo em um bom pedaço de terra. No entanto, por regra, a honestidade fundamentada dessa maneira só será encontrada entre pessoas abastadas, ou pelo menos pessoas envolvidas em uma ocupação lucrativa, sobretudo comerciantes, que têm a mais clara convicção de que o comércio e os negócios têm seu indispensável apoio na confiança e no crédito mútuos; é por isso que a honra comercial é muito especial. – Por outro lado, *o pobre*, que está em desvantagem nesse âmbito e, por causa da desigualdade de propriedade, se vê condenado à escassez e ao trabalho duro, enquanto outros, diante de seus olhos, vivem na fartura e na ociosidade, dificilmente reconhecerá que essa desigualdade é baseada em uma correspondente desigualdade de méritos e ganhos honestos. Mas, se ele *não* reconhece isso, de onde ele pode obter o impulso puramente ético para a honestidade, que o impede de estender a mão sobre o excedente alheio? Na maioria das vezes, é a ordem legal que o detém. Mas se surgir a rara ocasião em que, seguro contra o efeito da lei, ele puder, por um único ato, livrar-se do fardo opressivo da carência que a visão da abundância alheia torna ainda mais perceptível, e apropriar-se de prazeres muitas vezes invejados, o que vai segurar sua mão? Dogmas religiosos? A fé raramente é tão sólida. Um motivo puramente moral para ser justo? Talvez em casos individuais, mas na grande maioria dos casos será apenas a preocupação com seu bom nome, sua honra civil, que também é muito importante para a pessoa mais humilde, o perigo óbvio de ser expulso para sempre da grande loja maçônica dos honestos, que obedecem à lei da retidão e, com base nela, repartiram entre si e administram propriedades em todo o mundo; o perigo de, como resultado de um único ato desonesto, ser um pária da sociedade civil pelo resto da vida, alguém em quem ninguém mais confia, de cuja companhia todos fogem e para quem todo o progresso é, assim, cortado; ou seja, em suma: "Um sujeito que roubou" – e para quem se aplica o ditado: "Quem rouba uma vez é para sempre ladrão". Estes são, portanto, os guardiões da retidão pública; e quem viveu e teve os olhos abertos admitirá que a maior parte da honestidade nos tratos humanos se deve apenas a eles, sim, e que não faltam pessoas que esperam escapar de *sua* vigilância e que, portanto, veem a justiça e a honestidade apenas como um emblema, como uma bandeira, sob a proteção da qual realizam sua pilhagem com tanto maior sucesso. Portanto, não precisamos nos encolerizar em zelo santo e nem vestir a armadura quando um teórico moral levanta o problema de saber se toda honestidade e justiça são, no fundo, apenas convencionais e, então, levando adiante esse princípio, se esforça por reduzir todo o restante da moral a razões mais distantes, mediatas e, em última análise, egoístas, como Holbach, Helvetius, d'Alembert e outros de seu tempo tentaram, com perspicácia, fazer. De fato, isso é realmente verdadeiro e correto no que concerne à maior parte das ações justas, como mostrei acima. Não há dúvida de que também se aplica a uma parte considerável dos atos de filantropia; pois com frequência surgem da ostentação, com muita frequência da crença em uma retribuição futura, que provavelmente seria até mesmo paga ao quadrado ou mesmo ao cubo, e também por outras razões egoístas. Mas é igualmente certo que existem atos de filantropia desinteressados e justiça inteiramente voluntária. Provas destes últimos – para não nos referirmos a fatos de consciência, mas apenas de experiência – são os casos isolados, mas indubitáveis, em que foram completamente excluídos não apenas o perigo de processo judicial, mas também o de descoberta e até mesmo de qualquer suspeita, e nos quais, apesar disso, um homem pobre restituiu a um rico o que a este pertencia: por exemplo, quando algo perdido e encontrado, ou algo depositado por terceiro já falecido, foram levados ao proprietário; quando alguém fugindo secretamente do país deixou algum valor com um homem pobre, que fielmente o preservou e devolveu. Há, sem dúvida, casos como estes: mas a surpresa, a emoção, o respeito com que os recebemos atestam claramente que pertencem às coisas inesperadas, às raras exceções. Existem, de fato, pessoas verdadeiramente honestas – assim como realmente existem trevos de quatro folhas: mas Hamlet fala sem hipérboles quando diz: *"To be honest, as this world goes, is to be one man pick'd out of ten thousands"*[34]. Contra a objeção de que as ações acima mencionadas são, em última análise, baseadas em dogmas religiosos e, portanto, na consideração de punição e recompensa em outro mundo, também podem ser demonstrados casos em que os executores não aderiam a nenhuma crença religiosa, o que não é tão raro quanto o reconhecimento público desse fato.

Em oposição à *visão cética*, apela-se primeiramente à *consciência*. Mas também surgem dúvidas sobre sua origem natural. Pelo menos existe também uma *conscientia spuria*, que muitas vezes é confundida com ela. Muitas vezes, o remorso e a ansiedade que algumas pessoas sentem pelo que fizeram não são nada mais do que o medo do que lhes pode acontecer como resultado. A violação de normas externas, arbitrárias e até mesmo absurdas atormenta alguns com censuras internas, à maneira da consciência. Então, por exemplo, muitos judeus beatos sentem o coração oprimido depois de terem fumado cachimbo sábado à noite em casa, mesmo estando escrito em Ex 35,3: "Não acendereis fogo em nenhuma das vossas moradas no dia de sábado". Muitos aristocratas, ou oficiais, são remoídos pela secreta autocensura de não terem seguido adequadamente, por ocasião de alguma inculpação, as leis do código de tolos, que é chamado de honra cavalheiresca: isso vai tão longe que muitos dessa classe, quando se veem na impossibilidade de manter sua palavra de honra dada, ou até mesmo cumprir o referido código em disputas, se matam com um tiro. (Eu tive experiência de ambos os casos.) Por outro lado, o mesmo homem quebrará sua palavra todos os dias com o coração leve, desde

---

34. William Shakespeare. *Hamlet*, II, 2: "Como anda o mundo, ser honesto é ser um escolhido entre dez mil".

que o lema "honra" não tenha sido envolvido nisso. – Cada incoerência, cada desconsideração, cada ação contra nossas resoluções, máximas e convicções, sejam de que tipo forem, até mesmo cada indiscrição, cada erro, cada torpeza nos afligem depois silenciosamente e deixam um espinho no coração. Alguns ficariam surpresos se vissem do que sua consciência, que lhes parece bastante imponente, na verdade é composta: talvez 1/5 temor dos outros, 1/5 de *deisidaimonia*, 1/5 de preconceito, 1/5 de vaidade e 1/5 hábito: de modo que, no fundo, não são melhores do que aquele inglês que dizia com toda a franqueza: "*I cannot afford to keep a conscience*" (Não posso me dar ao luxo de manter uma consciência). – Religiosos de todas as crenças muitas vezes não entendem como consciência senão os dogmas e preceitos de sua religião e o autoexame realizado em relação a eles: as expressões *coerção de consciência* e *liberdade de consciência* também são tomadas nesse sentido. Os teólogos, escolásticos e casuístas da época medieval e posterior também a entenderam de igual modo: tudo o que uma pessoa sabia dos princípios e prescrições da igreja, juntamente ao propósito de crer neles e obedecê-los, compunha sua *consciência*. Consequentemente, havia uma consciência que duvida, uma que opina, uma consciência que erra e assim por diante, para cuja correção havia um conselheiro de consciência. A história da doutrina da consciência, de Stäudlin, mostra quão pouco o conceito de consciência é fixado, como outros conceitos, por seu próprio objeto, e como foi diferentemente concebido por diferentes pessoas, e de que modo vacilante e incerto ele aparece entre os escritores. Nada disso é adequado para tornar crível a realidade do conceito, o que levou a perguntar se efetivamente existe uma consciência real e inata. No § 10, no âmbito da doutrina da liberdade, tive ocasião de expor brevemente meu conceito de consciência, e retornarei a ele mais adiante.

Todas essas dúvidas céticas não são de modo algum suficientes para negar a existência de toda moral genuína, mas para limitar nossas expectativas da disposição moral no ser humano e, consequentemente, do fundamento natural da ética. Muito do que a este é atribuído deriva comprovadamente de outros móbiles, e a consideração da corrupção moral do mundo prova suficientemente que o móbil para o bem não pode ser muito poderoso, especialmente porque muitas vezes não atua nem mesmo onde aqueles motivos que se opõem a ele não são fortes, ainda que aqui a diferença individual de caracteres afirme sua plena validade. Entretanto, o conhecimento dessa corrupção moral é dificultado pelo fato de que suas manifestações são obstruídas e ocultadas pela ordem jurídica, pela necessidade da honra e até pela polidez. Por fim, a isso se acrescenta o fato de que na educação se pensa que a moralidade dos alunos é promovida apresentando-lhes a retidão e a virtude como as máximas seguidas universalmente no mundo: mas então, mesmo que a experiência posterior os ensine algo diferente, e muitas vezes com grande prejuízo para eles, a descoberta de que seus jovens professores foram os primeiros a enganá-los pode ser mais prejudicial à sua própria moralidade do que se esses próprios professores lhes tivessem dado o primeiro exemplo de franqueza e honestidade, e dito abertamente: "O mundo vai de mal a pior, as pessoas não são como deveriam ser; mas não te deixes desencaminhar por isso e sê teu melhor". – Tudo isso, como já foi dito, torna mais difícil o nosso conhecimento da real imoralidade do gênero humano. O Estado, esta obra-prima do egoísmo que se autocompreende, racional e acumulado de todos, colocou a proteção dos direitos de cada um nas mãos de uma força que, infinitamente superior ao poder de cada indivíduo, o obriga a respeitar os direitos de todos os outros. O egoísmo sem limites de quase todas as pessoas, a malícia de muitas, a crueldade de algumas não podem emergir: a coerção domou a todos. A ilusão que disso decorre é tão grande que, quando em casos individuais em que o poder estatal não pode proteger ou é eludido, vemos assomar a ganância insaciável, a cobiça abjeta por dinheiro, a falsidade profundamente encoberta, a pérfida maldade do ser humano, muitas vezes recuamos espantados e fazemos uma gritaria, pensando que um monstro nunca visto nos atacou: mas sem a compulsão da lei e a necessidade de honra cívica, tais ocorrências estariam na ordem do dia. É preciso ler histórias de crimes e descrições de condições anárquicas para perceber o que é verdadeiramente o homem em termos morais. Esses milhares de pessoas que se aglomeram em relações pacíficas diante de nossos olhos devem ser vistos como tigres e lobos cujos dentes são protegidos por uma forte focinheira. Portanto, se uma vez imaginarmos o poder do Estado abolido, ou seja, a focinheira retirada, toda pessoa sensata tremeria diante do espetáculo que poderia ser então esperado, pelo que ela mostra como, no fundo, crê pouco no efeito que religião, consciência ou fundamento natural da moral, seja esse qual for, podem ter. Mas justamente então, em face desses poderes imorais liberados, o verdadeiro móbil moral no ser humano também mostraria sua eficácia sem dissimulação e, consequentemente, seria mais facilmente reconhecido; e, com isso, ao mesmo tempo, a diferença moral inacreditavelmente grande dos caracteres emergiria desvelada, e então se descobriria que esta é tão grande quanto a diferença intelectual das cabeças, o que certamente diz muito.

Talvez alguém queira se opor a mim dizendo que a ética não tem nada a ver com como as pessoas realmente agem; mas sim que ela é a ciência que indica como elas *devem* agir. Mas este é precisamente o princípio que nego, depois de ter demonstrado suficientemente, na parte crítica deste tratado, que o conceito de *obrigação*, a *forma imperativa* da ética, é válido apenas na moral teológica, fora da qual perde todo sentido e significado. Eu, por outro lado, atribuo à ética o propósito de interpretar e explicar o comportamento humano, que é extremamente diverso do ponto de vista moral, e reconduzi-lo até seu fundamento último. Portanto, não há outra maneira de descobrir o fundamento da ética a não ser a empírica, ou seja, investigar se existem ações às quais devemos atribuir um *autêntico valor moral* – que serão as ações de justiça voluntária, filantropia pura e magnanimidade real. Estas devem então ser consideradas um fenômeno dado, que devemos explicar corretamente, isto é, reduzi-lo aos seus verdadeiros fundamentos e, assim, demonstrar o móbil particular que leva uma pessoa em cada ocasião a ações desse tipo, especificamente diferentes de todas as outras. Esse móbil, juntamente à receptividade a ele, será o fundamento último da moralidade, e o conhecimento dele será o fundamento da moral. Esse é o caminho humilde que indico à ética. Quem não o julgar suficientemente nobre, catedrático e acadêmico – por não conter nenhuma construção *a priori* nem legislação absoluta para todos os seres racionais *in abstracto* – poderá regressar ao imperativo categórico, ao lema da "dignidade humana", às frases vazias, às fantasias e às bolhas de sabão das escolas, aos princípios que a cada passo sofrem escárnio da experiência e dos quais, fora das salas de aula, ninguém sabe ou jamais experimentou alguma coisa. Por outro lado, a experiência está ao lado do fundamento da moral que surge no meu caminho, e a cada hora de cada dia oferece um silencioso testemunho em seu favor.

§ 14. Móbiles antimorais[35]

O móbil principal e básico no homem, como no animal, é o egoísmo, isto é, o impulso para a existência e o bem-estar. – A palavra alemã *Selbstsucht* (paixão por si próprio) traz consigo uma falsa conotação de doença. Mas a palavra *Eigennutz* (interesse próprio) designa o egoísmo sob a direção da razão, que lhe permite, em virtude da reflexão, perseguir seus objetivos de maneira planejada; portanto, pode-se muito bem chamar os animais de egoístas, mas não autointeressados. Tenciono, portanto, manter a palavra *egoísmo* para o conceito mais geral. – Tanto no animal quanto no ser humano, esse *egoísmo* está estreitamente conectado com seu cerne e sua essência mais íntimos, e até mesmo é realmente idêntico a eles. Portanto, todas as suas ações brotam, por regra, do egoísmo, e é a partir dele que inicialmente se deve sempre tentar explicar determinada ação. E também nele se baseia sempre o cálculo de todos os meios pelos quais se procura conduzir alguém para determina-

---

35. Permito-me a composição irregular da palavra [*antimoralisch*], pois antiético não seria significativo aqui. Mas "*sittlich*" e "*unsittlich*" (conforme os costumes, contra os costumes), agora em moda, são um mau substituto para moral e imoral [*moralisch* e *unmoralisch*]: em primeiro lugar, porque moral é um termo científico ao qual, como tal, cabe uma designação grega ou latina, pelas razões que podem ser encontradas em minha obra principal, v. 2. , cap. 12, p. 134ss.; e, segundo, porque "*sittlich*" é um termo fraco e domesticado difícil de distinguir de "*sittsam*" (decente), cuja designação popular é "*zimperlich*" (afetado, melindroso). Não devemos fazer concessões à germanomania.

do fim. Por sua própria natureza, o *egoísmo* é ilimitado: o ser humano quer manter sua existência incondicionalmente, ele a quer incondicionalmente livre de dores, que incluem também todas as carências e privações; quer a maior quantidade possível de bem-estar, e todos os prazeres de que é capaz, e até mesmo procura, sempre que possível, desenvolver novas capacidades de prazer. Tudo o que se opõe ao esforço de seu egoísmo desperta sua indignação, raiva, ódio: ele procurará destruí-lo como seu inimigo. Se possível, ele quer aproveitar tudo, ter tudo; mas como isso é impossível, quer ao menos dominar tudo: "Tudo para mim, e nada para os outros" é o seu lema. O egoísmo é colossal: domina o mundo. Pois se cada indivíduo pudesse escolher entre sua própria aniquilação e a do resto do mundo, eu não preciso dizer qual seria a escolha da grande maioria das pessoas. Assim, cada um faz de si mesmo o centro do mundo, relaciona tudo a si mesmo; e tudo o que ocorra, por exemplo, as maiores mudanças no destino dos povos, ele vai relacioná-lo, antes de tudo, ao *seu* interesse e, por menor e indireto que este seja, é sobretudo nele que pensará. Não há contraste maior do que aquele entre o interesse elevado e exclusivo que cada um tem por seu próprio eu e a indiferença com que todos os outros geralmente consideram esse mesmo eu; tal como ele também considera o deles. Há até um lado cômico em ver os incontáveis indivíduos, cada um dos quais, pelo menos no sentido prático, considera apenas a si mesmo real e aos outros, em certa medida, meros fantasmas. Em última análise, isso se baseia no fato de que cada um é dado a si mesmo *imediatamente*, mas os outros só lhe são dados *mediatamente*, por meio da representação deles em sua cabeça: e a imediatez afirma seus direitos, ou seja, em decorrência da subjetividade essencial a toda consciência, cada um é o mundo inteiro para si mesmo: pois tudo o que é objetivo existe apenas mediatamente, como mera representação do sujeito; de modo que tudo depende sempre da autoconsciência. O único mundo que cada um realmente conhece e do qual sabe, ele o carrega dentro de si como sua representação e, portanto, é o centro dele. Por isso, cada um é para si tudo em tudo: ele se vê como dono de toda a realidade, e nada pode ser mais importante para ele do que ele mesmo. Enquanto seu eu, em seu modo de ver subjetivo, se apresenta nesse tamanho colossal, no aspecto objetivo ele se encolhe a quase nada, cerca de 1/1.000.000.000 da humanidade viva agora. Além disso, ele sabe com toda a certeza que precisamente esse eu importante acima de tudo, este microcosmo, do qual o macrocosmo aparece como mera modificação ou acidente, ou seja, todo o seu mundo, deve se extinguir na morte, que é, portanto, sinônimo da extinção do mundo para ele. São estes, portanto, os elementos a partir dos quais, com base na vontade de viver, cresce o egoísmo, que sempre se estende como um largo fosso entre um ser humano e outro. Se alguém realmente salta sobre ele para ajudar o outro, isso é como um milagre que desperta espanto e ganha aplausos. Acima, no § 8, ao explicar o princípio moral kantiano, tive a oportunidade de descrever como o egoísmo se mostra na vida cotidiana, na qual ele, apesar da cortesia posta em sua frente como uma folha de figueira, está sempre espreitando de algum canto. Pois a cortesia é a negação convencional e sistemática do egoísmo nas pequenas coisas das relações cotidianas, e é uma evidente hipocrisia reconhecida: no entanto, é exigida e elogiada, porque o que ela esconde, o egoísmo, é tão horrível que não se quer vê-lo, embora se saiba que está lá: assim como se deseja que os objetos repugnantes sejam cobertos pelo menos por uma cortina. Como o egoísmo persegue seus fins incondicionalmente, quando não tem oposição de força externa, que também inclui todo medo, seja de poderes terrestres ou sobrenaturais, ou do genuíno móbil moral, então o *bellum omnium contra omnes* estaria na ordem do dia com o incontável número de indivíduos egoístas, para prejuízo de todos. Por isso, a razão reflexiva muito cedo inventa a instituição estatal que, surgindo do medo mútuo da violência mútua, previne as consequências nefastas do egoísmo geral tanto quanto isso pode acontecer por via *negativa*. Por outro lado, onde essas duas potências que a ele se opõem não se mostrem eficazes, o egoísmo se mostrará imediatamente em toda sua terrível grandeza, e o espetáculo não será bonito. Pensando em descrever a magnitude do egoísmo com um só traço, a fim de expressar a força dessa potência antimoral sem me alongar e buscando, portanto, alguma hipérbole realmente enfática, finalmente cheguei a esta: muitas pessoas seriam capazes de matar uma outra apenas para engraxar as botas com sua gordura. Mas ainda duvido se realmente seria uma hipérbole. – O egoísmo é, portanto, o primeiro e principal, embora não o único, poder que o móbil moral tem de combater. Já se vê aqui que este, para agir contra tal oponente, deve ser algo mais real do que sofística ardilosa ou uma bolha de sabão apriorística. – Enquanto isso, a primeira coisa a reconhecer na guerra é o inimigo. Na batalha iminente, o egoísmo, como força principal do seu lado, enfrentará principalmente a virtude da justiça, que, em minha opinião, é a primeira e verdadeira virtude cardeal. Por outro lado, a virtude do amor ao próximo muitas vezes se opõe à malevolência ou rancor. Portanto, vamos primeiramente considerar a origem e asgradações destes. A malevolência nos graus inferiores é muito comum, ou melhor, quase habitual, e alcança facilmente os graus superiores. Goethe provavelmente está certo ao dizer que a indiferença e a aversão estão realmente em casa neste mundo (*Afinidades eletivas*, p. 1, c. 3). É grande sorte para nós que a prudência e a cortesia a cubram com seu manto e não nos deixem ver como é universal a malevolência mútua e como o *bellum omnium contra omnes* [guerra de todos contra todos] prossegue, pelo menos em pensamento. Mas ocasionalmente ela se manifesta, por exemplo, na calúnia, tão frequente e tão implacável: mas torna-se bastante visível nas explosões de ira, que geralmente excedem em muito sua causa e não poderiam ser tão violentas se, como a pólvora na espingarda, não estivessem comprimidas na forma de ódio há muito nutrido e incubado no íntimo. – Na maioria das vezes, a malevolência surge das inevitáveis colisões do egoísmo, que ocorrem a cada passo. É também objetivamente excitada pela visão dos vícios, faltas, fraquezas, loucuras, defeitos e imperfeições de todo tipo que, em maior ou menor grau, cada um apresenta ao outro, pelo menos ocasionalmente. Isso pode ir tão longe que para muitas pessoas, especialmente em momentos de depressão hipocondríaca, o mundo apareça, visto do lado estético, como um gabinete de caricaturas, do lado intelectual como um hospício, e do lado moral como um albergue de vigaristas. Caso tal depressão persevere, surge a misantropia. – Por fim, a principal fonte de malevolência é a inveja; ou, antes, esta já é malevolência, despertada pela felicidade, posses ou vantagens alheias. Ninguém está completamente livre dela, e Heródoto (III, 80) já o disse: Φθόνος ἀρχῆθεν ἐμφύεται ἀνθρώπῳ (*invidia ab origine homini insita est*) [A inveja é ínsita ao ser humano desde o início]. No entanto, seus graus são bem diversos. É sumamente irreconciliável e venenosa quando se volta contra qualidades pessoais, porque aqui não resta esperança ao invejoso, e ao mesmo tempo é a mais vil, porque o invejoso odeia o que deveria amar e honrar; mas assim é, como Petrarca já se queixa:

> *Di lor par più, che d'altri, invidia s'abbia,*
> *Che per se stessi son levati a volo,*
> *Uscendo fuor della commune gabbia.*
>
> [Parecem ser invejados mais que outros
> aqueles que, erguidos ao voo pelas próprias asas,
> escapam da gaiola comum de todos.]

Reflexões mais detalhadas sobre a inveja podem ser encontradas no segundo volume de *Parerga*, § 115. – Em certo aspecto, o oposto da inveja é a alegria com a desgraça alheia [*Schadenfreude*]. No entanto, sentir inveja é humano; desfrutar alegria com a desgraça alheia, diabólico. Não há sinal mais infalível de um coração completamente mau e de uma profunda indignidade moral do que um traço de pura e sincera alegria ouprazer com o mal alheio. Deve-se sempre evitar a pessoa em que ela é percebida: *Hic niger est, hunc tu, Romane, caveto* [Este é negro, também tu, romano, guarda-te dele]. – A inveja e a alegria com a desgraça alheia são, em si, meramente teóricas: na prática, tornam-se maldade e crueldade. O egoísmo pode levar a crimes e delitos de todos os tipos, mas o dano e a dor causados aos outros são apenas um meio, não um fim e, portanto, ocorrem apenas acidentalmente. Mas para a maldade e a crueldade, os sofrimentos e as dores dos outros são fins em si mesmos, e sua obtenção é um prazer. Portanto, constituem uma potência superior de degeneração moral. A máxima do egoísmo extremo é: *Neminem juva, imo omnes, si forte conducit* (ou seja, ainda condicional), *laede* [Não ajudes ninguém; antes, prejudica a todos se isso te traz vantagem]. A máxima da maldade é: *Omnes, quantum potes, laede* [Prejudica a todos tanto quanto podes]. – Assim como a alegria maliciosa é apenas crueldade teórica, a crueldade é apenas alegria maliciosa no nível prático, e esta aparecerá na forma de crueldade assim que surgir a oportunidade.

Demonstrar os vícios especiais decorrentes dos dois poderes fundamentais indicados só seria apropriado num tratado completo sobre ética. Tal ética derivaria do egoísmo avidez, gula, volúpia, interesse próprio, avareza, cobiça, injustiça, dureza de coração, orgulho, arrogância etc.; mas do rancor derivaria ressentimento, inveja, má vontade, maldade, alegria maliciosa, curiosidade invasiva, difamação, insolência, petulância, ódio, ira, traição, perfídia, desejo de vingança, crueldade etc. A primeira raiz é mais animalesca, a segunda, mais diabólica. A predominância de uma ou de outra, ou do móbil moral ainda a ser demonstrado abaixo, fornece a linha principal na classificação ética dos caracteres. Nenhum ser humano está totalmente isento de alguma coisa de todos os três.

Com isso, eu teria terminado o desfile certamente espantoso das potências antimorais, que lembra a dos príncipes das trevas no *Pandemonium*, de Milton. Meu plano, no entanto, previa que eu considerasse primeiramente esse lado sombrio da natureza humana, o que faz meu caminho divergir do de todos os outros moralistas e se tornar semelhante ao de Dante, que conduz inicialmente ao inferno.

Esse panorama das potências antimorais deixa claro como é difícil o problema de encontrar uma mola propulsora que possa levar um ser humano a um modo de agir oposto a todas aquelas inclinações profundamente enraizadas em sua natureza; ou, se acaso esse modo de agir fosse dado na experiência, como seria difícil fornecer-lhe uma explicação suficiente e não artificial. O problema é tão difícil que, para resolvê-lo em favor da humanidade como um todo, foi necessário, em toda parte, recorrer ao auxílio de um maquinário de outro mundo. Apontaram-se deuses cuja vontade e mandamento determinariam o modo de agir aqui exigido, deuses que imporiam esse mandamento, por punições e recompensas, neste ou em outro mundo, para onde seríamos transportados pela morte. Supondo que a crença em uma doutrina desse tipo se arraigasse universalmente, como de fato pode ser feito mediante uma inculcação muito precoce, e também supondo que produzisse o efeito pretendido – coisa bem mais difícil e com muito menos confirmação da experiência – então a legalidade das ações seria, de fato, obtida, até mesmo além dos limites que a justiça e a polícia podem alcançar: mas todos sentiriam que isso não é de forma alguma o que realmente entendemos por moralidade do caráter. Pois, obviamente, todas as ações provocadas por motivos *desse tipo* sempre estariam enraizadas no mero egoísmo. Pois como se poderia falar de falta de interesse próprio quando a recompensa me atrai, ou a ameaça de punição me assusta? Uma recompensa em outro mundo na qual se crê firmemente deve ser vista como uma letra de câmbio perfeitamente segura, mas pagável em data muito distante. A promessa que mendicantes satisfeitos propagam e é tão comum em todos os lugares, de que a oferta será restituída ao doador em outro mundo multiplicada por mil, pode induzir muitos avarentos a esmolas generosas, que eles distribuem alegremente como um bom investimento, firmemente convencidos de que logo ressuscitarão naquele mundo como homens imensamente ricos também. – Talvez para a grande massa do povo, estímulos desse tipo devam ser suficientes, e é por isso que são apresentados às pessoas pelas várias religiões, que são precisamente a metafísica do povo. No entanto, deve-se notar aqui que, às vezes, nos equivocamos tanto sobre os verdadeiros motivos de nossas próprias ações quanto sobre os dos outros: seguramente por isso, algumas pessoas, sabendo prestar conta de suas mais nobres ações unicamente pelos motivos do tipo acima descrito, atuam por móbiles muito mais elevados e puros, que também são muito mais difíceis de esclarecer; e realmente fazem por imediato amor ao próximo o que só sabem explicar como ordem de seu Deus. A filosofia, em contrapartida, busca aqui, como em todos os outros lugares, a elucidação verdadeira e definitiva do problema em questão, baseada na natureza humana e independente de todas as interpretações míticas, dogmas religiosos e hipóstases transcendentes, e exige vê-la demonstrada na experiência interna ou externa. Mas a tarefa diante de nós é filosófica; por isso, temos de nos abster completamente de todas as soluções para ela que sejam condicionadas pela religião, que mencionei aqui apenas para lançar luz sobre a grande dificuldade do problema.

§ 15. Critério das ações de valor moral

Agora, é preciso antes de tudo resolver a seguinte questão empírica: atos de justiça voluntária e amor desinteressado ao próximo, que então podem chegar ao ponto da nobreza e da magnanimidade, ocorrem na experiência? Infelizmente, a questão não pode ser decidida de modo puramente empírico, porque na experiência é sempre dada apenas a *ação*, mas os impulsos não são evidentes: portanto, permanece sempre a possibilidade de que um motivo egoísta tenha influenciado uma ação justa ou boa. Eu não quero aqui, em uma investigação teórica, usar o truque ilícito de empurrar a questão para a consciência do leitor. Mas acredito que serão muito poucos os que duvidam e que não têm por experiência própria a convicção de que muitas vezes agimos com justiça, única e exclusivamente para que não aconteça injustiça ao outro; e de que até mesmo há pessoas para quem é inato, por assim dizer, o princípio de fazer que ocorra aos outros o que é seu direito, e que, portanto, não ofendem intencionalmente ninguém, que não buscam necessariamente o seu próprio benefício, mas também levam em consideração os direitos dos outros; que, no caso de obrigações mutuamente assumidas, não só cuidam para que o outro *cumpra* sua parte, mas também que *receba* o que lhe cabe, pois sinceramente não querem que ninguém que negocie com elas saia perdendo. Essas são as pessoas verdadeiramente honestas, são os poucos *aequi* [justos] entre a miríade de *iniqui* [injustos]. Mas existem tais pessoas. Ao mesmo tempo será admitido o fato, assim penso, de que algumas pessoas ajudam e doam, contribuem e renunciam, sem ter outra intenção no coração senão a de que o auxílio chegue a quem cuja necessidade elas são capazes de enxergar. Quem puder que pense que Arnold von Winkelried, quando gritou "Caros confederados, lembrai-vos de minha esposa e meus filhos" e depois abraçou tantas lanças inimigas quanto pôde, teve uma intenção de autointeresse: não sou capaz de pensar assim. Já chamei atenção acima, no § 13, para casos de justiça voluntária que não podem ser negados sem chicana e obstinação. – Mas se alguém insistisse em me negar a ocorrência de todas essas ações, então, segundo tal pessoa, a moral seria uma ciência sem objeto real, como a astrologia e a alquimia, e seria tempo perdido seguir disputando sobre seus fundamentos. Por isso, eu não teria o que tratar com ela e falaria com aqueles que admitem a realidade do tema.

Ações do tipo mencionado são, portanto, as únicas às quais se atribui *valor moral* verdadeiro. Encontramos, como seu traço peculiar e característico, a exclusão daquele tipo de motivos pelos quais são provocadas todas as outras ações humanas, ou seja, os do autointeresse, no sentido mais amplo da palavra. Daí, precisamente a descoberta de um motivo autointeressado, se fosse o único, suprime inteiramente o valor moral de uma ação, e se atuasse acessoriamente, o diminui. A ausência de toda motivação egoísta é, portanto, o *critério de uma ação de valor moral*. Embora se possa objetar que ações de pura maldade e crueldade também não são autointeressadas, é óbvio, no entanto, que estas não podem ser levadas em consideração aqui, pois são o oposto das ações de que estamos falando. No entanto, quem aderir ao rigor da definição pode excluir expressamente essas ações pela característica essencial de que elas visam ao sofrimento alheio. – Como uma característica bastante interior, e, portanto, não tão evidente, das ações de valor moral, há também o fato de que elas deixam para trás certo contentamento conosco mesmos, que se chama aplauso da consciência; de igual modo, as ações opostas de injustiça e desamor, e mais ainda as de maldade e crueldade, experimentam um autojulgamento interior oposto; além disso, como marca externa secundária e incidental, as ações do primeiro tipo provocam o aplauso e o respeito de testemunhas neutras, as do segundo, o contrário.

As ações de valor moral assim estabelecidas e admitidas como faticamente dadas devem agora ser consideradas como o fenômeno diante de nós a ser explicado; e, de acordo com isso, deveremos investigar o que é que pode levar o ser humano a ações desse tipo – uma investigação que, se for bem-sucedida, deve necessariamente trazer à luz o verdadeiro móbil moral, pelo qual nosso problema estaria resolvido, uma vez que toda ética tem de se basear nele.

§ 16. Estabelecimento e prova do único móbil moral genuíno

Depois desses preparativos, absolutamente necessários, chego à prova do verdadeiro móbil subjacente a todas as ações de genuíno valor moral; como tal se apresentará um que, pela sua gravidade e indubitável realidade, dista bastante de todas as sutilezas, astúcias, sofismas, afirmações tomadas do vento e bolhas de sabão aprioristicas que os sistemas anteriores quiseram fazer de fonte do agir moral e de base da ética. Não quero *propor* esse móbil moral como uma suposição arbitrária, mas realmente prová-lo como o único possível. No entanto, essa prova requer a combinação de muitos pensamentos, de modo que anteponho algumas premissas, que são os pressupostos da argumentação e certamente podem ser consideradas *axiomas*, exceto as duas últimas, que se referem às discussões apresentadas acima.

1) Nenhuma ação pode ocorrer sem motivo suficiente, assim como uma pedra não pode se mover sem choque ou tração suficiente.

2) Tampouco pode deixar de ocorrer uma ação para a qual há motivo suficiente para o caráter do agente, a menos que um contramotivo mais forte torne necessária sua omissão.

3) O que move a vontade são unicamente o bem-estar e a dor em geral e tomados no sentido mais amplo da palavra; assim como, inversamente, bem-estar e dor significam "de acordo com a vontade, ou contra ela". Assim, todo motivo deve ter uma relação com o bem-estar e com a dor.

4) Consequentemente, toda ação se refere, como seu fim último, a um ser suscetível de bem-estar e dor.

5) Esse ser é ou o próprio agente, ou outro que participa então *passivamente* na ação, na medida em que ela ocorre em seu detrimento ou para seu benefício e vantagem.

6) Toda ação que tem como fim último o bem-estar e dor do agente mesmo é *egoísta*.

7) Tudo o que foi dito aqui sobre ações também se aplica à omissão de tais ações, em presença de motivo e contramotivo.

8) Como resultado da discussão feita no parágrafo anterior, *o egoísmo e o valor moral* de uma ação excluem totalmente um ao outro. Se uma ação tem um fim egoísta como motivo, então não pode ter valor moral: para uma ação ter valor moral, nenhum fim egoísta, imediato ou mediato, próximo ou distante, pode ser seu motivo.

9) Como resultado da eliminação realizada no § 5 dos supostos deveres para conosco, a significação moral de uma ação só pode residir em sua relação com os outros: somente em relação a eles, ela pode ter valor moral ou condição repreensível e ser, portanto, uma ação de justiça ou de amor ao próximo, como também o contrário de ambas.

A partir dessas premissas, fica evidente o seguinte: o *bem-estar e a dor*, que (de acordo com a premissa 3) deve ser o objetivo final de toda ação ou omissão, é o do próprio agente ou o de algum outro participante passivo da ação. No *primeiro caso*, a ação é necessariamente egoísta, porque se baseia em um motivo interessado. Este não é apenas o caso de ações que empreendemos manifestamente para benefício e vantagem próprios, como são a maioria delas; mas ocorre também quando esperamos algum resultado distante de uma ação, seja neste ou em outro mundo; ou quando temos em vista nossa honra, nossa reputação perante as pessoas, a estima de alguém, a simpatia dos observadores etc.; e igualmente se por esta ação pretendemos manter uma máxima de cuja observância geral esperamos *eventualiter* uma vantagem para *nós mesmos*, como a da justiça, a do socorro mútuo geral etc. E o mesmo caso se aplica quando julgamos oportuno cumprir algum mandamento absoluto, que emana de um poder desconhecido, mas obviamente superior, porque nada mais pode nos mover a isso senão o *medo* das consequências prejudiciais da desobediência, mesmo que sejam pensadas apenas em termos gerais e vagos. Da mesma forma, quando alguém pretender, por qualquer ação ou omissão, afirmar sua alta opinião de si mesmo, de seu valor ou dignidade, opinião percebida clara ou vagamente e da qual ele, se não fosse por isso, teria de abrir mão, vendo, por consequência, seu orgulho ferido; finalmente, se alguém, agindo assim, quiser trabalhar em sua própria perfeição de acordo com os princípios de Wolf. Em suma, não importa o que se ponha como motivação última de uma ação, sempre resultará que, por algum rodeio, o verdadeiro móbil é, em última análise, *o próprio bem-estar e dor do agente*, e que a ação é, consequentemente, egoísta e, portanto, *sem valor moral*. Há apenas um caso em que isso não ocorre: a saber, quando a motivação última de uma ação ou de uma omissão reside direta e exclusivamente no bem-estar e dor de algum *outro* participante passivo; ou seja, quando a parte ativa, em sua ação ou omissão, tem em vista o bem-estar ou dor do outro e não almeja outra coisa senão que o outro permaneça ileso, ou até mesmo receba ajuda, assistência e alívio. *Apenas esse fim* imprime em uma ação ou omissão o selo do *valor moral*, que se baseia, portanto, exclusivamente no fato de que a ação é feita ou omitida em benefício e vantagem de *outrem*. Se não é este o caso, então o bem-estar e dor que nos impulsiona a toda ação ou nos repelem dela só pode ser do próprio agente: mas então a ação ou omissão são sempre *egoístas* e, portanto, *sem valor moral*.

Mas se minha ação deve acontecer apenas *por causa do outro*, então *seu bem-estar e dor* devem ser *imediatamente meu motivo*, assim como todos os outros motivos são o *meu* bem-estar e dor. Isso traslada nosso problema para uma expressão mais estrita, a saber: como é possível que o bem-estar e dor de outra pessoa mova minha vontade imediatamente, isto é, tal como em outros casos apenas o meu bem-estar e dor move a minha; isto é, como é possível que ele se torne meu motivo diretamente, e isso em tal grau que eu mais ou menos lhe dê preferência sobre meu próprio bem-estar e dor, que é a fonte única de meus motivos nos demais casos? Obviamente apenas se essa outra pessoa se torna o *fim* último de minha vontade, assim como eu mesmo o sou nos demais casos: isto é, pelo fato de que eu quero imediatamente *seu* bem-estar e não quero *sua* dor, e isso tão imediatamente como nos outros casos eu o faço apenas em relação ao *meu* bem-estar e dor. Mas isso necessariamente pressupõe que eu realmente compadeça de sua dor como tal, que sinta sua dor, tal como normalmente só sinto a minha, e que, portanto, eu queira imediatamente seu bem-estar, tal como só quero o meu nos demais casos. Mas isso requer que eu *me identifique* com ele de alguma forma, isto é, que essa completa diferença entre mim e qualquer outra pessoa, na qual meu egoísmo se baseia, seja suprimida pelo menos em certo grau.

Mas como não estou *na pele* do outro, é apenas pelo conhecimento que dele tenho, isto é, por sua representação em minha cabeça, que posso me identificar com ele a tal ponto que meu ato anuncie essa diferença como abolida. O processo aqui analisado, porém, não é algo sonhado ou colhido no ar, mas totalmente real, de modo nenhum raro: é o fenômeno cotidiano da *compaixão*, isto é, da *participação* – totalmente imediata, e independente de todas as outras considerações – inicialmente no sofrimento do outro e, por meio disso, na prevenção ou cessação desse sofrimento, em que consistem por fim toda satisfação e todo bem-estar e felicidade. Somente essa compaixão é a base real de toda justiça *livre* e do genuíno amor ao próximo. Uma ação tem valor moral somente na medida em que surgiu dela: e qualquer ação que surja de qualquer outro motivo não tem nenhum. Assim que essa compaixão se movimenta, o bem-estar e a dor do outro fala imediatamente ao meu coração, totalmente da mesma maneira, embora nem sempre no mesmo grau, como apenas o meu bem-estar e a dor nos demais casos: portanto, agora a diferença entre ele e mim não é mais absoluta.

Esse processo é certamente digno de espanto, até mesmo misterioso. É, na verdade, o grande mistério da ética, seu fenômeno originário, a baliza além da qual apenas a especulação metafísica pode arriscar um passo. Nesse processo vemos suprimida a parede divisória que, segundo a luz da natureza (como os antigos teólogos chamam a razão) separa completamente um ser de outro ser, e vemos o não eu convertido, em certa medida, em eu. Mas, por ora, deixemos intocada a interpretação metafísica do fenômeno e vejamos primeiro se todas as ações de justiça espontânea e de genuíno amor ao próximo realmente decorrem desse processo. Então nosso problema estará resolvido, pois teremos demonstrado o fundamento último da moralidade na própria natureza humana, fundamento esse que não pode ser ele próprio um problema de ética, mas, como tudo o que existe *como tal*, da metafísica. A interpretação metafísica do fenômeno ético originário já ultrapassa a questão formulada pela Sociedade Real, que visa ao fundamento da ética, e só pode ser acrescentada como um suplemento a ser dado e tomado opcionalmente. – Mas antes de prosseguir para derivar as virtudes cardeais do móbil fundamental estabelecido, ainda tenho duas observações importantes a fazer.

1) Para facilitar a compreensão, simplifiquei a precedente derivação da compaixão como a única fonte de ações de valor moral, ao propositalmente deixar de considerar a mola propulsora da maldade, que, desinteressada tal como a compaixão é, faz da *dor* alheia seu fim último. Mas agora, ao incluí-la, podemos resumir de forma mais completa e mais rigorosa a prova dada acima:

Existem apenas *três móbiles fundamentais* das ações humanas: e é somente pela excitação destes que atuam todos os motivos possíveis. São eles:

a) egoísmo, que quer o bem-estar próprio (é ilimitado).

b) maldade, que quer a dor alheia (chega à mais extrema crueldade).

c) compaixão, que quer o bem-estar dos outros (vai até a generosidade e a magnanimidade).

Toda ação humana deve ser reconduzida a um desses móbiles, embora dois deles possam atuar juntos. Como assumimos que ações de valor moral são faticamente dadas, então elas também devem provir de um desses móbiles fundamentais. Mas, pela premissa 8, eles não podem brotar do *primeiro* móbil, muito menos do *segundo*, já que todas as ações resultantes deles são moralmente condenáveis, enquanto o primeiro produz em parte ações moralmente indiferentes. Portanto, elas devem proceder do *terceiro* móbil: e isso receberá sua confirmação *a posteriori* no que se segue.

2) A simpatia direta pelo outro limita-se ao seu *sofrimento* e não é excitada, pelo menos não diretamente, também pelo seu bem-estar: este, em si e por si, nos deixa indiferentes. Isto é o que também diz J. J. Rousseau em *Emile* (livro IV.): *"Première maxime: il n'est pas dans la coeur humain, de se mettre à la place des gens, qui sont plus heureux que nous, mais seulement de ceux, qui sont plus à plaindre etc."* [Primeira máxima: não é próprio do coração humano pôr-se no lugar de pessoas que são mais felizes que nós, mas somente daqueles que são mais dignos de pena etc.].

A razão disso é que a dor, o sofrimento – a que pertencem toda falta, privação, necessidade, e até mesmo todo desejo – *é o positivo, o imediatamente sentido*. Por outro lado, a natureza da satisfação, do gozo, da felicidade consiste apenas no fato de que uma privação é suprimida, uma dor é aplacada. Portanto, estes atuam *negativamente*. A necessidade e o desejo são, pois, as condições de todo gozo. Platão já reconheceu isso e excluiu apenas as fragrâncias e as alegrias espirituais (*De Rep.*, IX, p. 264ss. Bp.). Voltaire também diz: *"Il n'est de vrais plaisirs, qu'avec de vrais besoins"* [Não há verdadeiros prazeres sem verdadeiras necessidades]. Assim, o positivo, o que se manifesta por si mesmo, é a dor: a satisfação e os prazeres são o negativo, a mera supressão da primeira. É nisso que se baseia, antes de tudo, o fato de que só o sofrimento, a falta, o perigo, o desamparo do outro suscitam diretamente e como tais nossa simpatia. A pessoa feliz e contente, como *tal*, nos deixa indiferentes; isso porque, na realidade, sua condição é negativa: a ausência de dor, de desejo e de necessidade. É verdade que podemos nos alegrar com a felicidade, o bem-estar e o prazer dos outros: mas isso é secundário e mediado pelo fato de que seu sofrimento e privação nos entristeceram anteriormente; ou nós também nos simpatizamos com a pessoa feliz e alegre, não *como tal*, mas na medida em que ela é nosso filho, pai, amigo, parente, serviçal, súdito e assim por diante. Mas a pessoa que tem felicidade e prazer não excita *puramente como tal* nossa simpatia imediata como a excita *puramente como tal* aquela pessoa que é sofredora, carente e infeliz. Mas até mesmo *para nós próprios*, somente nosso sofrimento – o qual inclui também toda falta, necessidade, desejo e até mesmo o tédio – estimula nossa atividade; enquanto um estado de contentamento e felicidade nos deixa inativos e em indolente tranquilidade: como isso não deveria ser precisamente assim em relação aos outros? Pois nossa simpatia se baseia em uma identificação com eles. A visão da pessoa feliz e que tem prazer pode, *puramente como tal*, despertar com muita facilidade nossa inveja, que acima já encontrou seu lugar entre as potências antimorais e para a qual há disposição em todo ser humano.

Como resultado da precedente descrição da compaixão como um motivar-se imediatamente pelo sofrimento dos outros, devo também repreender o erro, depois repetido várias vezes, de Cassina (*Saggio analitico sulla compaixão*, 1788; versão alemã de Pockels, 1790), que pensa que a compaixão nasce por uma momentânea ilusão da fantasia, ao nos colocarmos no lugar do sofredor e crer, na imaginação, que sofremos *sua* dor em *nossa* pessoa. Não é assim de modo algum; ao contrário, permanece claro e presente para nós a cada momento que ele é o sofredor, não *nós*: e é precisamente em sua pessoa, não na nossa, que sentimos o sofrimento, e isso nos aflige. Sofremos *com* ele, portanto *nele*: sentimos a sua dor como sua e não imaginamos que seja nossa: sim, quanto mais feliz é a nossa própria condição e mais nossa consciência dela contrasta com a situação do outro, tanto mais receptivos somos para a compaixão. A explicação da possibilidade desse fenômeno tão importante, no entanto, não é tão fácil, nem alcançável por uma via puramente psicológica, como Cassina tentou. Só pode ser explicado pela metafísica, como tentarei fazer na última seção.

Mas agora prossigo para a derivação das ações de genuíno valor moral de sua fonte comprovada. No parágrafo anterior, já apresentei como máxima geral de tais ações e, consequentemente, como princípio supremo da ética, a regra: *"Neminem laede;*

imo omnes, quantum potes, juva" [Não prejudiques ninguém; antes, ajuda a todos tanto quanto podes]. Como essa máxima contém duas proposições, as ações que correspondem a ela dividem-se, por si mesmas, em duas classes.

§ 17. A virtude da justiça

Ao observar mais de perto o processo de compaixão demonstrado acima como fenômeno ético primordial, evidencia-se à primeira vista que há dois graus claramente separados em que o sofrimento do outro pode se tornar imediatamente meu motivo, isto é, pode determinar-me a agir ou deixar de agir, a saber: primeiramente, apenas no grau em que, opondo-se a motivos egoístas ou maldosos, a compaixão me impede de causar sofrimento aos outros, ou seja, de produzir algo que ainda não é, e de me tornar, eu mesmo, causa de sofrimento alheio; mas então no grau mais alto, em que a compaixão, tendo um efeito positivo, me impele a uma ajuda ativa. A separação entre os chamados deveres de justiça e deveres de virtude, mais corretamente entre justiça e amor ao próximo, que saiu tão forçada em Kant, emerge aqui inteiramente por si mesma e atesta, com isso, a correção do princípio: é a fronteira natural, inconfundível e nítida entre o negativo e o positivo, entre não ferir e ajudar. A denominação usada até agora, deveres de justiça e de virtude, estes últimos também chamados deveres de amor, deveres imperfeitos, tem principalmente o erro de coordenar o *genus* com a *species*: pois a justiça também é uma virtude. Assim, ela se baseia em uma ampliação excessiva do conceito de dever, que, adiante, reconduzirei a seus verdadeiros limites. Portanto, no lugar dos dois deveres acima, estabeleço duas virtudes, a da justiça e a do amor ao próximo, que chamo de virtudes cardeais, porque delas todas as outras derivam na prática e podem ser deduzidas na teoria. Ambas se enraízam na compaixão natural. No entanto, essa compaixão mesma é um fato inegável da consciência humana, é essencialmente própria dela, não se baseia em pressupostos, conceitos, religiões, dogmas, mitos, educação e cultura; mas é originária e imediata, reside na própria natureza humana, e justamente por isso mantém-se firme em todas as situações e se mostra em todos os países e tempos. Por isso, apela-se com confiança a ela em todos os lugares como algo existente necessariamente em todos os seres humanos, e em nenhuma parte pertence ela aos "deuses estranhos". Por outro lado, aquele a quem ela parece faltar é chamado de "desumano"; como também "humanidade" é frequentemente usada como sinônimo de compaixão.

O primeiro grau de eficácia desse móbil moral autêntico e natural é, portanto, apenas *negativo*. Originariamente, todos nós estamos inclinados à injustiça e à violência, porque nossa necessidade, nossos desejos, nossa raiva e nosso ódio irrompem imediatamente na consciência e têm, por isso, o *jus primi occupantis* [direito do primeiro ocupante]; por outro lado, sofrimentos alheios causados por nossa injustiça e nossa violência vêm à nossa consciência apenas pela via secundária da representação e somente pela experiência, ou seja, mediatamente. Por isso, Sêneca diz: "*Ad neminem ante bona mens venit, quam mala*" (Ep. 50) [A ninguém vem antes a boa intenção, mas sim a má]. Portanto, o primeiro grau do efeito da compaixão é que ela se contrapõe e inibe o sofrimento a ser causado aos outros por mim mesmo como resultado das potências antimorais que habitam em mim; ela me grita: "Alto!" e se põe diante do outro como uma defesa protetora que o preserva da lesão, para a qual meu egoísmo ou maldade, de outro modo, me impeliriam. Dessa maneira, surge desse primeiro grau de compaixão a máxima de *neminem laede* [não prejudiques ninguém], isto é, o princípio da *justiça*, virtude esta que tem apenas aqui sua origem pura, meramente moral e livre de toda mistura, e não pode tê-la em nenhuma outra parte, porque, senão, teria de se basear no egoísmo. Se meu ânimo é até esse grau receptivo à compaixão, então esta me impedirá, onde e quando eu, para atingir meus próprios fins, quiser usar o sofrimento alheio, não importa se esse sofrimento seja instantâneo, ou se produza mais tarde, seja direto ou indireto, ou se dê através de elos intermediários. Como resultado, não atacarei nem a propriedade, nem a pessoa do outro, nem lhe causarei sofrimento espiritual, nem físico; ou seja, não só me absterei de toda agressão física, como também não lhe causarei pela via espiritual, mediante insultos, inquietação, aborrecimento ou calúnia. A mesma compaixão me impedirá de procurar a satisfação de minha luxúria às custas da felicidade de uma mulher, ou seduzir a mulher de outro, ou corromper moral e fisicamente adolescentes induzindo-os à pederastia. No entanto, não é de modo algum necessário que a compaixão seja realmente incitada em cada caso individual, pois, com frequência, chegaria tarde demais. Em vez disso, a partir do conhecimento, alcançado de uma vez por todas, do sofrimento acarretado necessariamente por toda ação injusta e exacerbado pelo sentimento do padecimento de uma injustiça, isto é, da prepotência alheia, a máxima *neminem laede* surge nas mentes nobres, e a reflexão racional a eleva à firme resolução, adotada de uma vez por todas, de respeitar os direitos de todos, de não permitir nenhuma violação destes, de manter-se livre da autocensura de ser a causa do sofrimento alheio e, portanto, não lançar sobre outros, por força ou astúcia, os fardos e os sofrimentos da vida que as circunstâncias apresentam a cada um de nós, mas suportar a parte que nos cabe, para não dobrar a dos outros. Pois, embora os *princípios* e o conhecimento abstrato em geral não sejam de maneira nenhuma a fonte ou o fundamento da moralidade, eles são, no entanto, indispensáveis para uma vida moral, como o depósito, o reservatório, no qual se conserva o ânimo nascido da fonte de toda moralidade (a qual não flui a todo momento), para que, surgindo o caso de aplicação, fluir através de canais de derivação. Portanto, na esfera moral, ocorre a mesma coisa que na fisiológica, na qual, por exemplo, a vesícula biliar é necessária como reservatório do produto do fígado, e assim em muitos casos semelhantes. Sem *princípios* firmemente formados, ficaríamos irresistivelmente expostos aos móbiles antimorais quando estes, excitados por impressões externas, se tornam afetos. Apegar-se a princípios e segui-los apesar de motivos que atuam contra eles é *autodomínio*. Aqui também está a razão pela qual as mulheres – que, pela fraqueza de sua razão, são muito menos capazes do que os homens de compreender os *princípios* gerais, de retê-los e tomá-los como guia – são, por regra, inferiores a eles na virtude da justiça e, assim, na honestidade e na escrupulosidade. Por isso, a injustiça e a falsidade são seus vícios mais frequentes, e a mentira, o elemento que lhe é próprio: por outro lado, superam os homens na virtude do amor ao próximo, pois o motivo para esta é geralmente intuitivo e, portanto, fala diretamente à compaixão, para a qual as mulheres são decididamente mais sensíveis. Mas só o que é intuitivo, presente, imediatamente real tem existência verdadeira para elas: o que é distante, ausente, passado, futuro, reconhecível apenas por meio de conceitos, não é facilmente apreensível para elas. Portanto, há compensação aqui também: a justiça é mais a virtude masculina, o amor ao próximo, mais a virtude feminina. O pensamento de ver mulheres exercendo o cargo de juiz provoca risos; mas as irmãs da misericórdia superam até mesmo os irmãos da misericórdia. Mas o *animal*, por ser completamente desprovido de conhecimento abstrato ou de razão, é absolutamente incapaz de qualquer resolução, e muito menos de princípios e, portanto, não é capaz de *autodomínio* algum e está entregue indefeso à impressão e ao afeto. Justamente por isso ele não tem *moralidade* consciente; embora as espécies mostrem grandes diferenças em maldade e bondade de caráter; e nos gêneros superiores, essas diferenças são vistas até mesmo nos indivíduos. – Em consequência do que foi dito, a compaixão atua apenas indiretamente nas ações individuais do justo, por meio de princípios, não tanto *actu* quanto *potentia*, mais ou menos como, na estática, a maior velocidade provocada pelo maior comprimento de um braço da balança, por meio da qual a massa menor mantém o equilíbrio da maior, atua apenas *potentia* no estado de repouso, mas o faz tão eficazmente quanto *actu*. No entanto, a compaixão está sempre pronta a se manifestar *actu*: portanto, se, em casos particulares, a máxima de justiça escolhida vacila, então nenhum motivo (deixando de lado o egoísta) é mais eficaz para apoiá-la e animar as resoluções justas do que aquele extraído da própria fonte originária, a compaixão. Isso se aplica não apenas quando se trata de dano à pessoa, mas também quando se trata de dano à propriedade, por exemplo, quando uma pessoa sente desejo de manter um objeto de valor encontrado, então nada – com exclusão de todos os motivos prudentes e religiosos – a levará tão facilmente de volta ao caminho da justiça quanto a representação de inquietação, desgosto e lamento de quem o perdeu. É por sentir que isso é verdade que muitas vezes se acrescenta ao apelo público para a devolução do dinheiro a garantia de que quem o perdeu é um homem pobre, um criado etc.

Espero que essas considerações deixem claro que, por menos que pareça à primeira vista, a justiça, como uma virtude genuína e livre, tem sua origem na compaixão. Quem pensa que esse solo parece muito pobre para que aquela grande e verdadeira virtude cardeal se enraíze nele deve se lembrar, conforme dito acima, como é pequeno o montante de justiça genuína, voluntária, desinteressada e sincera que se encontra entre as pessoas; como esta sempre ocorre apenas como uma exceção surpreendente e, em termos de qualidade e quantidade, está relacionada ao seu sucedâneo, a justiça baseada na mera prudência e anunciada em voz alta em toda a parte, como o ouro está relacionado ao cobre. Eu gostaria de chamar esta última δεδικαιοσύνη πάνδημος [justiça comum], a outra, οὐρανία [celeste], pois é esta que, segundo Hesíodo, abandonou a Terra na Idade do Ferro para habitar com os deuses celestiais. Para essa planta rara e sempre exótica na terra, a raiz que demonstramos é forte o suficiente.

A injustiça, ou o injusto, consiste sempre em ferir o outro. Portanto, o conceito de *injusto* é *positivo* e antecedente ao de justo, o qual é negativo e designa apenas as ações que podemos praticar sem prejudicar os outros, isto é, sem cometer *injustiça*. É fácil ver que essas ações também incluem todas as ações que têm o único fim de repelir toda tentativa de injustiça. Pois nenhuma simpatia pelo outro, nenhuma compaixão por ele, podem exigir de mim que eu me deixe ferir por ele, isto é, que eu sofra injustiça. Que o conceito de justo é negativo, em oposição ao injusto, como positivo, também pode ser visto na primeira explicação desse conceito apresentada pelo pai da doutrina filosófica do direito, Hugo Grotius, no início de sua obra: "*Jus hic nihil aliud, quam quod justum est significat, idque negante magis sensu, quam ajente, ut jus sit, quod injustum non est*" (*De jure belli et pacis*, L. I, c. 1, § 3) [Direito não significa outra coisa senão aquilo que é justo, e mais no sentido negativo do que no positivo, na medida em que é direito o que não é injusto]. Ao contrário das aparências, a negatividade da justiça prova-se até mesmo na definição trivial: "dar a cada um o que é seu". Se algo é de alguém, isso não precisa lhe ser dado. Assim ela significa: "não tomar de ninguém o que é seu". – Visto que a exigência de justiça é simplesmente negativa, ela pode ser imposta: pois o *"neminem laede"* [não prejudiques ninguém] pode ser praticado por todos ao mesmo tempo. A instituição encarregada dessa imposição é *o Estado*, cujo único fim é proteger os indivíduos uns dos outros e o todo dos inimigos externos. Alguns filosofastros alemães dessa época venal querem transformá-la em instituição de moralidade, educação e edificação: e aqui espreita, no plano de fundo, o propósito jesuíta de abolir a liberdade pessoal e o desenvolvimento individual, a fim de transformar o indivíduo em uma mera roda de uma máquina chinesa de governo e religião. Mas esse é o caminho pelo qual se chegou, em outro tempo, a inquisições, autos de fé e guerras religiosas: o dito de Frederico, o Grande, "No meu país cada um deve poder cuidar da sua felicidade a seu próprio modo", significava que ele nunca quis trilhar aquele caminho. Por outro lado, ainda agora, vemos o Estado em todos os lugares (com a exceção, mais aparente do que real, da América do Norte) assumindo o cuidado da necessidade metafísica de seus membros. Os governos parecem ter escolhido como seu princípio a sentença de Quinto Cúrcio: *"Nulla res efficacius multitudinem regit, quam superstitio: alioquin impotens, saeva, mutabilis; ubi vana religione capta est, melius vatibus, quam ducibus suis paret"* [Nada dirige as massas com mais eficiência do que a superstição: em geral, são desenfreadas, selvagens, inconstantes, mas, tão logo capturadas por uma religião ilusória, submetem-se melhor aos padres do que aos líderes].

Os conceitos de *injusto* e *justo*, como sinônimos de dano e não dano (este último incluindo o defender-se de um dano), são obviamente independentes de toda legislação positiva e a precedem: portanto, há um direito puramente ético, ou direito natural, e uma doutrina do direito puro, isto é, independente de toda regulamentação positiva. Os princípios dela têm, de fato, uma origem empírica, na medida em que surgem por ocasião do conceito de dano, mas em si mesmos repousam no entendimento puro, que fornece *a priori* o princípio: *"causa causae est causa effectus"* [a causa de uma causa é causa de seu efeito], que aqui significa que aquilo que devo fazer para defender-me da agressão de outra pessoa tem como causa essa pessoa mesma, e não eu; ou seja, que eu posso opor-me a qualquer prejuízo que venha de sua parte sem fazer-lhe uma injustiça. É, por assim dizer, uma lei de repercussão moral. Assim, da conexão entre o conceito empírico de dano e aquela regra que o entendimento puro fornece, surgem os conceitos básicos de injusto e justo, que cada um concebe *a priori* e aplica imediatamente por ocasião da experiência. Ao empirista que nega isso, uma vez que só a experiência conta para ele, podemos apenas indicar os selvagens, que com total correção, muitas vezes também de maneira sutil e precisa, distinguem entre o injusto e o justo, o que é muito evidente em suas trocas e outros arranjos com as tripulações de navios europeus, e em suas visitas a estes. Eles são ousados e confiantes quando estão com a razão, mas temerosos quando essa razão não está do lado deles. Nas disputas, eles aceitam um acordo justo, mas procedimentos injustos os levam à guerra. – A *doutrina do direito* é uma parte da moral que estabelece as ações que não se devem praticar se não se quer prejudicar os outros, isto é, cometer injustiça. Aqui, a moral tem em vista a parte *ativa*. A legislação, no entanto, toma esse capítulo da moral para usá-lo com relação ao lado passivo, ou seja, inversamente, e para classificar as mesmas ações como aquelas que nenhuma pessoa precisa sofrer, pois nenhuma injustiça lhe deve acontecer. Contra essas ações, o Estado ergue o baluarte das leis como direito positivo. Sua intenção é que ninguém *sofra* injustiça: a intenção da doutrina moral do direito, por outro lado, é que ninguém *faça* injustiça[36].

Em todas as ações injustas, a qualidade da injustiça é a mesma, a saber, o dano a outro, seja em sua pessoa, sua liberdade, sua propriedade, sua honra. Mas a *quantidade* pode ser muito diferente. Essa diferença na *magnitude da injustiça* não parece ter sido devidamente examinada pelos teóricos morais, mas é

---

36. A doutrina do direito encontra-se detalhada no *Mundo como vontade e representação*, v. I, § 62.

reconhecida em toda parte na vida real, dado que a ela corresponde a magnitude da reprovação sofrida. O mesmo se dá com a justiça das ações. Para explicar isso: por exemplo, quem, próximo de morrer de fome, rouba um pão está cometendo um ato injusto; mas como é pequena sua injustiça em comparação com a de um homem rico que de alguma forma priva um homem pobre de sua última propriedade. O rico que paga seu diarista age com justiça: mas como é pequena essa justiça em comparação com a de um homem pobre que voluntariamente devolve ao rico uma bolsa de ouro que encontrou. A medida dessa diferença tão significativa na *quantidade* de justiça e injustiça (embora a qualidade seja sempre a mesma) não é direta e absoluta, como a do metro, mas indireta e relativa, como a do seno e da tangente. Para ela estabeleço a seguinte fórmula: a magnitude da injustiça de minha ação é igual à magnitude do mal que, com ela, inflijo a outrem, dividida pela magnitude da vantagem que eu mesmo obtenho com ela; e a magnitude da justiça de minha ação é igual à magnitude da vantagem que me proporcionaria o dano ao outro dividida pela magnitude do dano que ele sofreria com ela. Mas agora há também uma *dupla injustiça*, que é especificamente diferente de qualquer injustiça simples, por maior que esta seja, que se manifesta pelo fato de que a magnitude da indignação das testemunhas imparciais (que sempre é proporcional ao tamanho da injustiça) atinge o grau supremo somente com injustiça dupla, que lhes causa horror como algo ultrajante que grita aos céus, como um crime, um ἄγος [sacrilégio], perante o qual os deuses, por assim dizer, cobrem o rosto. Essa *dupla injustiça* ocorre, por exemplo, quando alguém assumiu expressamente a obrigação de proteger outra pessoa em certo aspecto, de modo que o descumprimento dessa obrigação já seria um dano a ela e, portanto, uma injustiça, mas ele agora ataca e ofende aquela outra pessoa precisamente no ponto em que deveria protegê-la. Este é, por exemplo, o caso em que o vigia ou escolta designado se torna assassino, o guardião confiável se torna ladrão, o tutor rouba dos tutelados seus bens, o advogado prevarica, o juiz se deixa subornar, a pessoa a quem se pede conselho dá deliberadamente conselhos perniciosos – tudo isso junto é pensado sob o conceito de *traição*, que é a abominação do mundo: de acordo com isso, Dante também coloca o traidor no círculo mais profundo do inferno, onde reside o próprio Satanás (Inf., XI, 61-66).

Agora que o conceito de obrigação veio à discussão, este é o lugar para enunciar o conceito de dever, tão frequentemente usado na ética como na vida, mas ao qual se dá uma extensão muito grande. Descobrimos que a injustiça consiste sempre no dano ao outro, seja sua pessoa, sua liberdade, sua propriedade ou sua honra. Disto parece se seguir que toda injustiça deve ser um ataque positivo, um ato. Mas há ações cuja *mera* omissão é algo injusto: tais ações são chamadas *deveres*. Esta é a verdadeira definição filosófica do conceito de *dever*, que, por outro lado, perde toda a sua peculiaridade e, portanto, se extravia se, como na moral existente até aqui, se pretende chamar *dever* todo comportamento louvável, esquecendo que o que é *dever* também tem de ser dívida. O dever, τò δέον, *le devoir*, *duty*, é, portanto, um ato *com cuja mera omissão se causa dano ao outro, isto é, se comete injustiça*. Evidentemente, isso só pode acontecer se quem se omite havia se comprometido ou havia se obrigado a executar tal ato. Assim, todos os deveres são baseados em obrigação assumida. Esta é geralmente um acordo mútuo explícito, como, por exemplo, entre príncipe e povo, governo e funcionários, senhor e servo, advogado e cliente, médico e paciente, em geral entre todo aquele que aceitou um serviço de qualquer espécie e quem o encomendou, no sentido mais amplo da palavra. Portanto, todo dever dá um direito: porque ninguém pode assumir uma obrigação sem motivo, isto é, sem qualquer vantagem para si mesmo. Só conheço uma obrigação que não é assumida por meio de um acordo, mas diretamente por uma simples ação, porque aquele para com o qual se tem tal obrigação não existia quando esta foi assumida: é a dos pais para com os filhos. Quem traz uma criança ao mundo tem o *dever* de mantê-la até que ela possa se manter: e se esse tempo *nunca* chegar, como no caso de um filho cego, deficiente físico ou mental etc., então o dever nunca termina. Porque simplesmente ao não prestar ajuda, ou seja, por uma omissão, ele causaria dano a seu filho, até mesmo o levaria à morte. O dever moral dos filhos para com os pais não é tão imediato e definido. Baseia-se no fato de que, porque todo dever dá um direito, os pais também devem ter um direito em relação aos filhos, que aqui fundamenta o dever de obediência deste. No entanto, esse dever depois também cessa com o direito do qual surgiu. Seu lugar será tomado pela gratidão pelo que os pais fizeram mais do que era estritamente seu dever. Não obstante, por mais que a ingratidão seja um vício odioso, muitas vezes até mesmo revoltante, a gratidão não deve ser chamada de *dever*, porque sua omissão não prejudica o outro e, portanto, não há injustiça. Para tanto o benfeitor precisaria, ademais, ter presumido que estava tacitamente fechando negócio. – No máximo, a indenização por danos causados poderia servir como obrigação decorrente diretamente de uma ação. No entanto, isso, como supressão das consequências de uma ação injusta, é um mero esforço para extingui-las, algo puramente negativo, baseado no fato de que a própria ação não deveria ter acontecido. – Deve-se notar aqui também que a equidade é inimiga da justiça e, com frequência, abusa dela grosseiramente: portanto, não se deve conceder muito espaço a ela. O alemão é amigo da equidade, o inglês se apega à justiça.

A lei da motivação é tão estrita quanto a da causalidade física, por isso traz consigo uma coerção igualmente irresistível. Em correspondência com isso, há duas maneiras de praticar injustiça, a da *força* e a da *astúcia*. Assim como pela força posso matar outro, ou roubá-lo, ou obrigá-lo a me obedecer, então posso fazer tudo isso com astúcia, apresentando ao seu intelecto motivos falsos, em consequência dos quais ele deve fazer o que, de outra maneira, não faria. Isso é feito por meio da *mentira*, cuja irrepreensibilidade repousa apenas nisso, ou seja, só é repreensível na medida em que é um instrumento de astúcia, da coerção por meio da motivação. Mas isso é o que geralmente é. Pois, em primeiro lugar, minha mentira não pode acontecer sem um motivo: mas esse motivo será, com as mais raras exceções, injusto, ou seja, será a intenção de guiar segundo minha vontade outras pessoas sobre as quais não tenho poder, isto é, forçá-las por meio da motivação. Essa intenção está até mesmo na base da mentira meramente fanfarrona, na medida em que quem a usa tenta colocar-se, perante o outro, em posição mais alta do que lhe cabe. – A natureza vinculante da *promessa* e do *contrato* baseia-se no fato de que, se não forem cumpridos, são a mentira mais solene, cuja intenção de exercer a coação moral sobre os outros é aqui tanto mais evidente, pois o motivo da mentira, o desempenho exigido à contraparte, é expressamente declarado. Portanto, o aspecto desprezível do engano vem do fato de que desarma o outro com hipocrisia antes de atacá-lo. A *traição* é o seu ápice e é profundamente abominada porque pertence à categoria da *dupla injustiça*. Mas do mesmo modo como posso, sem injustiça, portanto, com direito, expulsar a força pela força, também posso fazê-lo com astúcia, onde me falta a força ou onde me parece mais conveniente. Então, nos casos em que tenho direito à força, também tenho o direito de mentir: assim, por exemplo, contra assaltantes e pessoas violentas ilegítimas de qualquer tipo, que eu atraio para uma armadilha por astúcia. Por isso, uma promessa tomada à força não é vinculativa. – Mas o *direito de mentir* vai ainda mais longe: ele se aplica em todas as questões completamente não autorizadas que dizem respeito a meus assuntos pessoais ou meus negócios, que são, portanto, indiscretas e para as quais a não só a resposta, mas também a mera rejeição com um "Não quero dizer nada" me colocariam em perigo por levantar suspeitas. Aqui a mentira é a autodefesa contra a curiosidade não autorizada, cujo motivo geralmente não é benevolente. Pois, como tenho direito de opor antecipadamente resistência física contra a presumível má vontade de outros e à suposta violência física, para risco do agressor e posso, portanto, como medida preventiva, guardar o muro do meu jardim com pontas afiadas, soltar cães ferozes no meu quintal à noite, e até mesmo, dependendo das circunstâncias, montar armadilhas e mecanismos que atiram automaticamente, cujas más consequências o intruso tem de imputar a si mesmo: então também tenho o direito de manter em segredo, de todas as formas, aquilo cujo conhecimento me exporia a ataques de outros, e também tenho motivo para fazê-lo, pois devo também aqui supor a má vontade dos outros como muito facilmente possível e tomar precauções contra eles com antecedência. Daí Ariosto diz:

Quantunque il simular sia le piu volte
Ripreso, e dia di mala mente indici,
Si trova pure in molte cose e molte
Avere fatti evidenti benefìci,
E danni e biasmi e morti avere tolte:
Che non conversiam' sempre con gli amici,
In questa assai piu oscura che serena
Vita mortal, tutta d'invidia piena.[37]

Posso, portanto, sem injustiça e de antemão, usar astúcia contra astúcia e assim me opor até mesmo a um prejuízo que simplesmente presumo; e, portanto, não tenho de prestar contas a ninguém que espie meus assuntos privados sem autorização, nem tampouco indicar-lhe com a resposta "quero manter isso em segredo" o lugar onde se encontra um segredo que é perigoso para mim, talvez vantajoso para ele, ou pelo menos que lhe dê poder sobre mim: *Scire volunt secreta domus, atque inde timeri* [Querem saber os segredos da casa e, então, serem temidos]. Em vez disso, estou autorizado a despachá-lo com uma mentira, para seu próprio risco caso isso o induza a um erro que lhe seja prejudicial. Porque aqui a mentira é o único meio de contrariar a curiosidade atrevida e desconfiada: estou, portanto, em um caso de legítima defesa. *"Ask me no questions, and I'll tell you no lies"*[38] é a máxima correta aqui. Com efeito, entre os ingleses, para quem a acusação de mentir é considerada o mais grave insulto, e que, por isso, realmente mentem menos do que outras nações, todas as perguntas não autorizadas sobre os assuntos do outro são consideradas falta de educação, que é designada pela expressão *"to ask questions"*. – Toda pessoa inteligente também procede de acordo com o princípio acima exposto, mesmo que ela seja da mais estrita retidão. Se, por exemplo, ela está retornando de um lugar remoto onde arrecadou uma soma de dinheiro, e

---

37. Por mais que a dissimulação seja criticada e ateste más intenções, ela em muitos casos fez claramente o bem evitando danos, vergonha e morte: pois não falamos sempre com amigos nesta vida mortal muito mais sombria do que alegre, e fervilhando de inveja (Orlando Furioso, IV, i).

38. Não me faças perguntas e não te direi mentiras.

um viajante desconhecido se junta a ela e pergunta, como de costume, primeiramente *aonde* vai, depois *de onde* vem, e, em seguida, gradualmente também indaga o que pode tê-la levado àquele lugar – então aquela responderá com uma mentira para evitar o perigo de roubo. O homem que é encontrado na casa do pai da moça que ele está cortejando e é questionado sobre o motivo de sua presença inesperada dará sem hesitar uma informação falsa, a menos que tenha levado pancada na cabeça. E assim há muitos casos em que toda pessoa inteligente mente, sem escrúpulos de consciência. Essa visão por si só elimina a contradição gritante entre a moral que é ensinada e aquela praticada diariamente até mesmo pelos mais honestos e melhores. No entanto, aqui a limitação proposta deve ater--se rigorosamente ao caso de legítima defesa, pois, fora disso, essa doutrina estaria sujeita a abusos medonhos, porque, em si mesma, a mentira é um instrumento muito perigoso. Mas como, apesar da paz pública, a lei permite que todos carreguem e usem armas em caso de legítima defesa, a moral também permite o uso de mentiras para esse mesmo caso, mas *apenas* para este. Exceto neste caso de autodefesa contra a força ou astúcia, toda mentira é um erro; portanto, a justiça exige veracidade para com todos. Mas, contra a repreensibilidade totalmente incondicional da mentira, sem exceções e que residiria na própria essência da coisa, fala o fato de haver casos em que a mentira é até mesmo um *dever*, a saber, para os médicos; como também o fato de que existem mentiras *nobres*, por exemplo, a do Marquês Posa em *Don Carlos*, a de *Gerusalemme liberata*, II, 22, e, em geral, em todos os casos em que um quer assumir para si a culpa do outro; finalmente, o de que até mesmo Jesus Cristo certa vez disse deliberadamente uma inverdade (Jo 7,8). Seguindo essa linha diz Campanella, nas suas *Poesie philosofiche*, madr. 9: *"Bello e il mentir, se a fare gran ben'si trova"*[39]. Em contrapartida, a doutrina corrente da mentira necessária é um remendo miserável no vestido de uma moral indigente. – As derivações da ilicitude da mentira a partir da *faculdade da*

---

39. Belo é o mentir, se um grande bem causa.

linguagem que, por instigação de Kant, são dadas em alguns compêndios são tão banais, infantis e insípidas que, apenas para zombar delas, alguém poderia ser tentado a se jogar nos braços do diabo e dizer com Talleyrand: *L'homme a reçu la parole pour pouvoir cacher sa pensée* [O homem recebeu a linguagem para poder ocultar seu pensamento]. – A aversão incondicional e ilimitada de Kant à mentira, que ele ostenta em todas as oportunidades, repousa ou na afetação ou no preconceito: no capítulo de sua *Doutrina da virtude*, acerca da mentira, ele as repreende com todos os predicados desonrosos, mas não oferece nenhuma razão verdadeira para sua repreensibilidade, o que teria sido mais eficaz. É mais fácil declamar do que provar; e moralizar, mais fácil do que ser sincero. Kant teria feito melhor em dirigir esse zelo contra a *Schadenfreude* [satisfação com a desgraça alheia]: isso, não a mentira, é o vício realmente diabólico. Pois é exatamente o contrário da compaixão, e nada mais é do que a crueldade impotente, incapaz de provocar os sofrimentos que tão alegremente vê os outros tendo, e agradece ao acaso por fazê-lo em seu lugar. – O fato de que, segundo o princípio da honra cavalheiresca, a acusação de mentira seja tida como tão grave e deva ser lavada com o sangue do acusador, não é porque a mentira é injusta, pois então a acusação de uma injustiça cometida por força teria de ofender com a mesma gravidade, o que, como se sabe, não é o caso; em vez disso, é porque, conforme o princípio da honra cavalheiresca, a força realmente fundamenta o direito: aquele que recorre à mentira para cometer uma injustiça está provando que lhe faltam a força ou a coragem necessária para aplicá-la. Toda mentira demonstra medo: e é isso que o condena.

§ 18. A virtude do amor ao próximo

A justiça é, pois, a virtude cardeal primeira e essencial. Os filósofos da antiguidade também a reconheceram como tal, mas coordenaram com ela três outras escolhidas inadequadamente. Por outro lado, não estabeleceram como virtude o amor ao próximo, *caritas*, ἀγάπη: o próprio Platão, que se eleva ao mais alto nível na moral, só alcança a justiça voluntária e desinteressada. No campo prático e factual, o amor ao próximo existiu em todos os tempos: mas formulada teoricamente e estabelecida formalmente como virtude, e, de fato, como a maior de todas, até mesmo estendida aos inimigos, ela o foi primeiramente no cristianismo, cujo maior mérito consiste precisamente nisso, embora apenas no que diz respeito à Europa, já que na Ásia, mil anos antes, o amor ilimitado ao próximo havia sido objeto de ensino e prescrição, bem como de prática, pois o Veda e Dharma--Sastra, o Itihasa e o Purana, como também a doutrina de Buda Sakiamuni não se cansavam de pregá-lo. A rigor, também podem ser encontrados entre os antigos alguns indícios da recomendação do amor ao próximo, por exemplo, em Cícero, *De finib.*, V, 23; até mesmo já em Pitágoras, de acordo com Jâmblico, *De vita Pythagorae*, c. 33. Agora cabe a mim derivar filosoficamente essa virtude a partir de meu princípio.

O segundo grau em que o sofrimento do outro se torna por si mesmo e como tal imediatamente meu motivo – por meio do processo de compaixão factualmente demonstrado acima, embora seja misterioso quanto à sua origem – separa-se claramente do primeiro nível pelo *caráter positivo* das ações que dele resultam, pois então a compaixão não só me impede de ferir o outro, mas até mesmo me estimula a ajudá-lo. Conforme, de um lado, essa simpatia direta é sentida viva e profundamente, e também conforme, de outro, a aflição do outro é grande e urgente, serei movido por aquele motivo puramente moral a fazer um sacrifício maior ou menor pela necessidade ou carência do outro, que pode consistir no esforço de minhas forças corporais ou mentais em seu favor, em minha propriedade, em minha saúde, minha liberdade, até mesmo em minha vida. Aqui, então, na simpatia imediata, que não se apoia e nem necessita de argumentação alguma, está a única origem pura do amor ao próximo, da *caritas*, ἀγάπη, ou seja, daquela virtude cuja máxima é *"omnes, quantum potes, juva"* [ajuda a todos tanto quanto podes], e da qual flui tudo o que a ética prescreve sob o nome de deveres de virtude, deveres de amor ou deveres imperfeitos. Esta simpatia totalmente imediata, até mesmo instintiva pelo sofrimento dos outros, ou seja, a compaixão, será a única fonte de tais ações para que elas tenham valor moral, ou seja, se mostrem limpas de todos os motivos egoístas, e justamente por isso despertem em nós mesmos esse contentamento interior que é chamado de consciência boa, satisfeita e aprovadora; como também para que evoquem no espectador aquele assentimento peculiar, estima, admiração e até mesmo uma autorreflexão humilde, o que é um fato inegável. Por outro lado, caso uma ação benéfica tenha algum outro motivo, então só poderá ser egoísta, se não for simplesmente maldosa. Pois, em correspondência com os móbiles originários de todas as ações expostos acima – a saber, o egoísmo, a maldade, a compaixão –, os *motivos* que podem mover as pessoas podem ser divididos em três classes gerais e superiores: 1) o bem-estar próprio, 2) a dor alheia, 3) o bem-estar alheio. Se o motivo de uma ação benéfica não é da terceira classe, então deve absolutamente pertencer à *primeira* ou à *segunda*. Esta última é realmente, às vezes, o caso: por exemplo, quando eu beneficio alguém, para ferir outro, a quem não beneficio, ou para torná-lo mais consciente de seu sofrimento; ou também para envergonhar uma terceira pessoa que não o beneficiou; ou, finalmente, para humilhar aquele a quem beneficio. Mas a *primeira* ocorre com muito mais frequência, a saber, quando tenho em mente *meu próprio bem-estar* ao fazer uma boa ação, ainda que seja remotamente e por um longo desvio, ou seja, quando considero uma recompensa, neste ou outro mundo, ou a estima e a reputação de coração nobre que posso alcançar, ou a reflexão de que aquele que estou ajudando hoje poderia me ajudar novamente um dia ou, então, ser útil e servir-me; ou finalmente também quando me impele o pensamento de que a máxima da nobreza de ânimo ou da beneficência deve ser mantida, pois ela também poderia me beneficiar um dia; enfim, enquanto meu propósito for outro que não o puramente *objetivo* de que quero ver o outro auxiliado, arrancado de sua miséria e aflição, liberto de seu sofrimento: e nada acima e nada além disso! Só então, e só então, demonstrei realmente aquele amor ao próximo, aquela caritas, ἀγάπη, cuja pregação é o grande mérito distintivo do cristianismo. Mas justamente os preceitos que o Evangelho acrescenta ao seu mandamento do amor, tais como "μὴ γνώτω ἡ ἀριστερά σου, τί ποιεῖ ἡ δεξία σου (*sinistra tua manus haud cognoscat, quae dextra facit*)" [que tua mão esquerda ignore o que faz a direita], e outros semelhantes, baseiam-se no sentimento do que deduzi aqui, a saber, que somente a necessidade dos outros e nenhuma outra consideração deve ser meu motivo para que minha ação tenha valor moral. Diz-se muito corretamente na mesma passagem bíblica (Mt 6,2) que aqueles que dão com ostentação têm nisto seu galardão. Mas nesse sentido, também, os Vedas nos concedem bênção maior, por assim dizer, assegurando repetidamente que quem deseja qualquer recompensa por suas obras ainda está no caminho das trevas e não está maduro para a redenção. – Se alguém, ao dar esmola, me perguntasse o que ele obtém com isso, minha resposta conscienciosa seria: "Isto: aliviar bastante o destino daquele pobre homem; mas fora isso, absolutamente nada. Se isso não serve e realmente não importa para ti, então realmente não quiseste dar esmolas, mas sim fazer uma compra: bem, então foste roubado. Mas se te importa que aqueles oprimidos pela necessidade sofram menos, então realmente atingiste teu propósito, e alcanças com isso a diminuição de seu sofrimento e vês claramente até que ponto teu donativo é recompensado".

Mas como é possível que um sofrimento, que não é o meu, que não *me* diz respeito, deveria ainda assim se converter em um motivo para mim tão imediato que me leve a agir como só o faria um motivo exclusivamente meu? Como disse, só porque eu compartilho desse sofrimento, embora ele só me seja dado como algo externo, apenas por meio da intuição exterior ou de notícia vinda de fora; e ainda assim eu o *sinto como meu*, não *em mim*, é verdade, mas *em outra pessoa*, de modo que se aplica aqui o que Calderón já enuncia:

que entre el ver
Padecer y el padecer
Ninguna distancia habia
"No siempre el peor es cierto" (Jornada II, p. 229).

[Que não há diferença entre ver
o sofrimento e o sofrimento.
"O pior nem sempre é o certo" (Jornada II, p. 229).]

Mas isso pressupõe que eu tenha, em certa medida, me identificado com o outro e que, consequentemente, a barreira entre o eu e o não eu seja, por enquanto, abolida: só então o assunto do outro, sua necessidade, carência, sofrimento se tornam imediatamente meus; então não o vejo mais tal como a intuição empírica o dá, como algo estranho a mim, indiferente para mim, completamente diferente de mim; mas nele eu sofro junto, apesar de sua pele não encobrir meus nervos. Só assim *sua* dor, *sua* aflição, podem se tornar um motivo *para mim*: fora disso, somente as minhas próprias podem me motivar. *Este processo* é, repito, *misterioso*: pois é algo de que a razão não pode dar uma explicação imediata, e cujas razões não podem ser determinadas pela experiência. E ainda assim é comum. Cada um já o experimentou em si próprio com frequência, e nem mesmo para os indivíduos mais duros de coração e egoístas ele é estranho. Ocorre diariamente diante de nossos olhos, em casos singulares, em pequenas coisas, em todos os lugares, onde, sem muita reflexão, por impulso imediato, uma pessoa ajuda e socorre outra, e às vezes põe até mesmo sua vida no mais evidente perigo por alguém que vê pela primeira vez, sem pensar em nada mais do que no fato de está vendo a grande necessidade e perigo do outro.

Ocorre em grande escala quando, após longa deliberação e árduos debates, a generosa nação britânica desembolsa 20 milhões de libras esterlinas para comprar a liberdade dos escravos negros em suas colônias, para o aplauso de um mundo inteiro. Quem quiser negar este belo ato de grande estilo, do qual a compaixão é a força motriz, para atribuí-la ao cristianismo, considere que em todo o Novo Testamento nenhuma palavra é dita contra a escravidão, por mais geral que fosse essa prática naquela época; e deveria considerar também que, ainda em 1860, na América do Norte, nos debates sobre a escravidão, alguém apelou ao fato de que Abraão e Jacó também mantinham escravos.

Quais serão os resultados práticos desse misterioso processo interior em cada caso particular: a ética o pode explicar em capítulos e parágrafos sobre os deveres da virtude, ou os deveres do amor, ou os deveres imperfeitos, ou seja o que for. A raiz, a base de tudo isso é aquela aqui exposta, da qual brota o princípio: *"omnes, quantum potes, juva"*; e disso pode ser facilmente deduzido tudo o mais, bem como todos os deveres da justiça se deduzem da primeira metade do meu princípio, ou seja, do *"neminem laede"*. Na verdade, a ética é a mais fácil de todas as ciências, como é de esperar, pois compete a cada um construí-la por si mesmo e, a partir do princípio supremo que está enraizado em seu coração, derivar a regra para cada caso que ocorre: pois poucos têm o tempo e a paciência para aprender uma ética já construída.

Da justiça e do amor ao próximo brota o conjunto das virtudes. Por isso, elas são as virtudes cardeais, com cuja derivação se lança a pedra angular da ética. – A justiça é todo o conteúdo ético do Antigo Testamento; e o amor ao próximo, o do Novo: este é a καινὴ ἐντολή [novo mandamento] (Jo 13,34), que, segundo Paulo (Rm 13,8-10), contém todas as virtudes cristãs.

§ 19. Confirmações do fundamento da moral acima exposto

A verdade agora anunciada – de que a compaixão, como a mola propulsora não egoísta, é também a única genuinamente moral – tem um ar paradoxal estranho e até mesmo quase incompreensível. Tentarei, portanto, torná-la menos extraordinária ao olhar do leitor, mostrando que tal verdade é confirmada pela experiência e pelos pronunciamentos do sentimento humano geral.

1) Para tanto, tomarei como exemplo, em primeiro lugar, um caso arbitrariamente inventado, que pode ser considerado

um *experimentum crucis* nesta investigação. No entanto, para não facilitar as coisas para mim mesmo, não vou escolher um caso de amor ao próximo, mas de violação do direito, e a mais grave. – Tomemos dois rapazes, Caio e Tito, cada um perdidamente apaixonado por uma moça diferente: e cada um tem no meio do caminho um rival preferido de cada uma, por causa de certas circunstâncias externas. Ambos estão decididos a liquidar seu respectivo oponente, e ambos estão completamente a salvo de qualquer descoberta, até mesmo de qualquer suspeita. No entanto, quando cada um deles se aproxima da preparação do assassinato, ambos, depois de uma luta interna, acabam desistindo dessa ideia. Eles nos devem dar um relato claro e honesto das razões dessa desistência. – A explicação fornecida por Caio será deixada inteiramente à escolha do leitor. Ele pode talvez ter sido impedido por motivos religiosos, como a vontade de Deus, a retribuição que o espera, o julgamento futuro e coisas semelhantes. Ou ele pode dizer: "Eu considerei que a máxima do meu procedimento neste caso não seria apropriada para fornecer uma regra universalmente válida para todos os seres racionais possíveis, já que eu teria tratado meu rival apenas como um meio e não ao mesmo tempo como fim". – Ou diria com Fichte: "Toda vida humana é um meio para a realização da lei moral: portanto, não posso, sem ser indiferente à realização da lei moral, destruir alguém que está destinado a contribuir para ela" (*Doutrina dos costumes*, p. 373). – (Ele, diga-se de passagem, poderia contrapor-se a esse escrúpulo dizendo que, de posse de sua amada, teria esperança de produzir em breve um novo instrumento de lei moral). – Ou ele diz, seguindo Wollastone: "Refleti que aquela ação seria a expressão de um princípio não verdadeiro". – Ou ele diria, de acordo com Hutcheson: "O senso moral, cujas sensações, como as de qualquer outro senso, não podem ser explicadas, determinou-me a desistir". – Ou ele diria, segundo Adam Smith: "Eu previ que minha ação não teria despertado nenhuma simpatia por mim nos espectadores". – Ou, segundo Christian Wolf: "Reconheci que com tal ação estaria trabalhando contra meu próprio aperfeiçoamento e não estaria promovendo o de ninguém". – Ou diria, segundo Espinosa: "*Homini nihil utilius homine: ergo hominem intermere nolui*" [Nada é mais útil para o homem que o próprio homem; por isso, eu não quis matar um homem]. – Resumindo, ele diz o que se queira ouvir. – Mas Tito, cuja explicação reservo para mim, diz: "Quando cheguei aos preparativos e tive, portanto, de me preocupar, por ora, não com minha paixão, mas com aquele rival, ficou bem claro para mim o que realmente deveria acontecer com ele. Fui então tomado por piedade e misericórdia, senti pena dele, não me achei capaz: não pude fazê-lo". Agora pergunto a todo leitor honesto e imparcial: Qual dos dois é a melhor pessoa? – Nas mãos de qual dos dois o leitor preferiria colocar seu próprio destino? – Qual deles foi refreado pelo motivo mais puro? Onde está, portanto, o fundamento da moral?

2) Nada choca tão profundamente nosso sentimento moral quanto a crueldade. Podemos perdoar qualquer outro crime, exceto a crueldade. A razão para isso é que a crueldade é exatamente o oposto da compaixão. Se recebemos notícias de um ato muito cruel, como a que os jornais estão relatando agora sobre uma mãe que assassinou seu filho de cinco anos derramando óleo fervente em sua garganta, como também o filho mais novo enterrando-o vivo; – ou a que é relatada desde Argélia, onde, depois de uma briga casual entre um espanhol e um argelino, este último, sendo o mais forte, arrancou todo o maxilar inferior do outro e o levou como troféu, deixando para trás o outro homem ainda vivo; então ficamos horrorizados e exclamamos: "Como é possível fazer tal coisa?" – Qual é o objetivo desta pergunta? Talvez seja: como é possível temer tão pouco os castigos da vida futura? Dificilmente seria isso. – Ou: Como é possível agir segundo uma máxima que é tão inapropriada para se tornar uma lei universal para todos os seres racionais? Certamente não. – Ou: Como é possível negligenciar tanto a própria perfeição e a dos outros? Tampouco – O sentido dessa pergunta é certamente apenas este: como é possível ser tão completamente desprovido de compaixão? – Portanto, é a absoluta falta de compaixão que imprime em um ato o selo de mais profunda reprovação e repugnância morais. Consequentemente, a compaixão é o verdadeiro móbil moral.

3) Em geral, a fundamentação da moral e o móbil da moralidade que estabeleci são, em geral, os únicos aos quais podemos atribuir eficácia real e até mesmo ampla. Pois certamente ninguém poderá afirmar isso dos outros princípios morais dos filósofos, uma vez que estes consistem em proposições abstratas, em parte até mesmo sofísticas, sem outro fundamento além de uma combinação artificial de conceitos, de modo que sua aplicação à ação real muitas vezes teria até mesmo um aspecto ridículo. Uma boa ação, executada simplesmente por consideração ao princípio moral kantiano, seria basicamente obra de um pedantismo filosófico, ou desaguaria em autoengano, na medida em que a razão do agente interpretaria um ato que teve outros móbiles, talvez mais nobres, como o produto do imperativo categórico e do conceito de dever que não se apoia em nada. Mas raramente se pode demonstrar uma eficácia decisiva não apenas dos princípios morais *filosóficos* baseados em mera teoria, mas até mesmo dos princípios morais *religiosos* estabelecidos para fins totalmente práticos. Vemos isso em primeiro lugar no fato de que, apesar da grande diversidade de religiões na terra, o grau de moralidade, ou melhor, imoralidade, não mostra nenhuma diferença correspondente a essa diversidade, mas é essencialmente mais ou menos o mesmo em todos os lugares. Apenas não se deve confundir grosseria e refinamento com moralidade e imoralidade. A religião dos gregos tinha uma tendência moral extremamente reduzida, quase limitada ao juramento; nenhum dogma era ensinado e nenhuma moral publicamente pregada: mas não vemos que os gregos, em sua totalidade, fossem, por isso, moralmente piores do que as pessoas dos séculos cristãos. A moral do cristianismo é de uma ordem muito mais elevada do que a das outras religiões que já surgiram na Europa; mas a quem quisesse acreditar que, por isso, a moralidade europeia havia melhorado exatamente na mesma medida e que agora se destacava pelo menos entre as moralidades contemporâneas, não só seríamos capazes de convencê-lo de que, entre os maometanos, guebros, hindus e budistas, há pelo menos tanta honestidade, fidelidade, tolerância, gentileza, benevolência, generosidade e abnegação quanto entre os povos cristãos; mas também até mesmo a longa lista de crueldades desumanas que

acompanhou o cristianismo logo faria pender a balança em seu detrimento: nas numerosas guerras religiosas, nas irresponsáveis Cruzadas, no extermínio de grande parte dos habitantes nativos da América e no povoamento dessa parte do mundo com escravos negros, arrastados da África sem direito, sem qualquer aparência de justiça, arrancados de suas famílias, de sua pátria e de sua parte do mundo, e condenados a intermináveis trabalhos forçados[40]; nas incansáveis perseguições de hereges e ultrajantes tribunais da Inquisição, na noite de São Bartolomeu, na execução de 18 mil holandeses por Alba etc. Em geral, porém, se comparamos a excelente moral que o cristianismo e mais ou menos toda religião pregam com a prática dos fiéis, e imaginamos o que aconteceria se o braço secular não impedisse os crimes, e o que deveríamos temer se todas as leis fossem revogadas por apenas um dia, teremos então de admitir que o efeito de todas as religiões sobre a moralidade é realmente muito exíguo. A fraqueza da fé é a culpada por isso. Teoricamente, e na medida em que isso seja apenas uma consideração piedosa, cada um acha que sua fé é firme. Mas o ato é a dura pedra de toque de todas as nossas convicções: quando se chega ao ato, e a fé deve agora ser provada mediante grandes renúncias e pesados sacrifícios, então sua fraqueza se mostra. Se um homem medita seriamente sobre um crime, ele já rompeu a barreira da autêntica moralidade pura: depois disso a primeira coisa que o detém é sempre o pensamento da justiça e da polícia. Se ele se desfaz de tal pensamento na esperança de escapar delas, a segunda barreira que se levanta em seu caminho é o respeito por sua honra. Mas se ele agora ultrapassar esse baluarte, então é muito pouco provável que, tendo superado esses dois poderosos obstáculos, algum dogma religioso agora terá poder suficiente sobre ele para impedi-lo de agir. Quem não é intimidado por perigos certos e próximos dificilmente será refreado pelos remotos e baseados apenas na fé. Além disso, contra toda boa ação resultante de convicções religiosas, pode-se objetar que ela não foi desinteressada,

---

40. Ainda hoje, de acordo com Buxton, *The African Slave Trade*, 1839, seu número aumenta a cada ano em cerca de 150 mil novos africanos, e mais de 200 mil perecem miseravelmente em sua captura e viagem.

mas foi produzida em consideração de recompensa e punição e, consequentemente, não tem nenhum valor puramente moral. Encontramos essa percepção fortemente expressa em uma carta do famoso Grão-Duque Karl August von Weimar, onde se diz: "O próprio Barão Weyhers constatou que deve ser um mau sujeito quem é bom pela religião e não por inclinação natural. *In vino veritas*" (Cartas a J. H. Merck, 229). – Por outro lado, considere-se agora o móbil moral que estabeleci. Quem se atreveria a contestar por um momento que, em todas as épocas, entre todos os povos, em todas as situações da vida, até mesmo em estados de anarquia, em meio às atrocidades das revoluções e das guerras, no grande e no pequeno, todo dia e toda hora, ele manifesta uma eficácia decidida e verdadeiramente milagrosa, previne muitas injustiças todos os dias, produz muitas boas ações, sem qualquer esperança de recompensa e muitas vezes de maneira bastante inesperada, e que onde ele e somente ele foi eficaz, todos nós com emoção e respeito concedemos incondicionalmente à ação o autêntico valor moral?

4) Pois a compaixão ilimitada por todos os seres vivos é a garantia mais firme e segura do bom comportamento moral e não requer casuística. Quem está repleto dela certamente não fará mal a ninguém, não prejudicará ninguém, não causará dor a ninguém, mas em vez disso será indulgente com todos, perdoará a todos, ajudará a todos quanto puder, e todas as suas ações terão a marca da justiça e do amor ao próximo. Por outro lado, tente-se dizer: "Essa pessoa é virtuosa, mas não conhece a compaixão". Ou: "É uma pessoa injusta e malvada; no entanto, é muito compassiva"; então a contradição se torna palpável. – O sabor é diferente, mas não conheço oração mais bonita do que aquela com a qual os antigos dramas indianos terminam (como outrora os ingleses com a oração pelo rei). Ela diz: "Que todos os seres vivos permaneçam livres da dor".

5) Também se pode inferir das características individuais que o verdadeiro móbil moral fundamental é a compaixão. Por exemplo, é igualmente injusto, mediante truques legais sem envolvimento de risco, roubar cem táleres a um homem rico como a um homem pobre: mas a reprovação de consciência e a censura das

testemunhas imparciais serão muito mais intensas e mais violentas no segundo caso; por isso Aristóteles diz: "δεινότερον δέ ἐστι τὸν ἀτυχοῦντα, ἢ τὸν εὐτυχοῦντα ἀδικεῖν" (*iniquius autem est, injuriam homini infortunato, quam fortunato, intulisse*), *Probl.*, XXIX, 2 [É mais iníquo fazer injustiça a um homem desafortunado do que a um afortunado]. Por outro lado, as censuras serão ainda mais brandas do que no primeiro caso se é o tesouro do Estado que foi defraudado: pois este não pode ser objeto de compaixão. Vê-se que não é imediatamente a violação de direitos que fornece material para a reprovação própria e alheia, mas antes de tudo o sofrimento causado aos outros por meio dela. A mera violação de direitos como tal, por exemplo, essa anterior contra o tesouro do Estado, certamente também será desaprovada pela consciência e por outros, mas apenas na medida em que ela quebra a máxima de respeitar *todo* direito, a qual torna o homem verdadeiramente honesto; isto é, será desaprovada mediatamente e em menor grau. Se, no entanto, era um erário do Estado *confiado ao cuidado de alguém*, o caso é bem diferente, pois aqui ocorre o conceito de *dupla injustiça* estabelecido acima, com suas características específicas. Com base no que foi discutido aqui, a censura mais grave que se dirige em toda parte aos concussionários gananciosos e patifes legais é que eles se apoderaram dos bens de viúvas e órfãos: precisamente porque estes, sendo completamente indefesos, deveriam ter despertado compaixão mais do que outros. É a total falta disso, então, o que prova a atrocidade no ser humano.

6) A compaixão está na base do amor ao próximo de maneira ainda mais óbvia do que da justiça. Ninguém receberá prova de genuíno amor ao próximo dos outros enquanto estiver bem em todos os aspectos. A pessoa feliz pode certamente experimentar a boa vontade de seus parentes e amigos de muitas maneiras, mas as expressões dessa simpatia pura, desinteressada e objetiva com a situação e o destino dos outros, que são o efeito do amor ao próximo, são reservadas para aqueles que estão sofrendo em algum aspecto. Pois não nos solidarizamos com o feliz *como tal*; antes, *como tal*, ele permanece estranho ao nosso coração: *habeat sibi sua* [que ele tenha o que é seu para si].

Com efeito, se ele tem muitas vantagens sobre os outros, ele facilmente despertará a inveja, que, em sua eventual queda do auge da felicidade, ameaça se transformar em alegria com a desgraça alheia. No entanto, esta ameaça geralmente não se concretiza, e o sofocleano "Γελῶσι δ'ἐχθροί" (*rident inimici*) [os inimigos riem] não acontece. Pois, assim que o felizardo cai, uma grande transformação ocorre no coração dos demais, que é instrutiva para nossa consideração. Porque, antes de tudo, agora se mostra que tipo de simpatia os amigos de sua felicidade tinham por ele: "*diffugiunt cadis cum faece siccatis amici*" [tão logo se esvaziam os cântaros, os amigos fogem com a borra]. Mas, por outro lado, o que ele temia mais do que o próprio infortúnio, e o que ele achava insuportável pensar – a exultação dos que invejavam sua felicidade, o riso desdenhoso do prazer com a dor alheia – na maioria das vezes não se materializa: a inveja é reconciliada, desaparecendo com o que a causava, e a compaixão, que agora toma seu lugar, gera o amor ao próximo. Muitas vezes, os invejosos e os inimigos de um homem feliz se transformam em amigos gentis, consoladores e solícitos quando ele cai. Quem não experimentou algo semelhante em si mesmo, pelo menos em menor grau, e, tendo sido atingido por algum infortúnio, viu com surpresa que aqueles que até então demonstravam a maior frieza, até mesmo má vontade para com ele, agora se aproximavam dele com não fingida simpatia? Pois a infelicidade é a condição da compaixão, e a compaixão, a fonte da filantropia. – Relacionada a esta consideração, temos a observação de que nada acalma nossa raiva tão rapidamente, mesmo que seja justificada, quanto dizer a respeito de seu objeto: "É um homem infeliz". Pois o que a chuva é para o fogo, a compaixão é para a raiva. Por isso, aconselho a quem não gostaria de ter nada a lamentar que, quando estiver inflamado de raiva contra outro, pense em lhe causar grande sofrimento, que imagine vividamente que já o causou, e o veja agora se retorcendo de dor mental ou física, ou com sofrimento e miséria; e que então diga a si mesmo: "isto é obra minha". Se há alguma coisa que pode acalmar sua raiva é isso. Pois a compaixão é o verdadeiro antídoto da raiva, e por meio desse artifício contra si mesma, a pessoa antecipa, enquanto ainda há tempo,

la pitié, dont la voix,
Alors qu'on est vengé, fait entendre ses lois.
[a piedade, cuja voz faz ouvir suas leis, agora que
estamos vingados]
(Voltaire, *Sémiramis,* ato 5, cena 6).

Em geral, nada dissipa tão facilmente nosso ânimo hostil contra os outros como quando assumimos um ponto de vista a partir do qual eles reivindicam nossa compaixão. – Até mesmo o fato de os pais, por regra, amarem mais o filho enfermo se deve ao fato de que ele desperta compaixão continuamente.

7) O móbil moral que estabeleci também prova ser o móbil genuíno pelo fato de que inclui os animais em sua proteção, que são irresponsavelmente negligenciados em outros sistemas morais europeus. A suposta falta de direitos dos animais, a ilusão de que nossas ações para com eles não têm significado moral, ou, como se fala na linguagem dessa moral, que não há deveres para com os animais, são uma ultrajante brutalidade e a barbárie do Ocidente, cuja fonte está no judaísmo. Na filosofia, ela se baseia na total diferença, assumida a despeito de todas as evidências, entre o ser humano e o animal e que, como se sabe, foi expressa de maneira mais decidida e estridente por Descartes, como uma consequência necessária de seus erros. Pois, como a filosofia cartesiano-leibniziano-wolffiana edificou a psicologia racional a partir de conceitos abstratos e construiu uma *anima rationalis* imortal, então as pretensões naturais do mundo animal se opunham manifestamente a esse privilégio e essa patente de imortalidade exclusivos da espécie humana, e a natureza, como em todas as ocasiões semelhantes, protestou silenciosamente. Agora os filósofos, inquietados por sua consciência intelectual, tiveram de tentar apoiar a psicologia racional com a psicologia empírica e, daí, tiveram de se esforçar em abrir um enorme abismo, uma distância incomensurável, entre o ser humano e o animal, para, desafiando todas as evidências, apresentá-los como fundamentalmente diferentes. Boileau zomba de tais esforços:

Les animaux ont-ils des universités?
Voit-on fleurir chez eux des quatre facultés?
[Os animais têm universidades? Vemos florir entre eles as quatro faculdades?]

E, por fim, os animais não seriam capazes de se distinguir do mundo exterior, nem teriam consciência de si mesmos, não teriam um eu! Contra tais afirmações absurdas, só podemos apontar o egoísmo ilimitado inerente a todo animal, mesmo o menor e último, e que atesta suficientemente até que ponto os animais são conscientes de seu eu, frente ao mundo ou ao não eu. Se algum cartesiano desse tipo se encontrasse entre as garras de um tigre, ele se tornaria agudamente consciente da nítida distinção que o animal faz entre seu eu e o não eu. Em alinhamento com tais sofisticações dos filósofos, encontramos, no nível popular, a peculiaridade de muitas línguas, especialmente a alemã, que possuem palavras próprias para comer, beber, conceber, gerar, morrer e para o cadáver de animais, a fim de não precisar usar as que caracterizam esses atos no ser humano, e assim ocultar, sob a diversidade das palavras, a identidade completa da coisa. Como as línguas antigas não conhecem essa duplicação de expressões, mas, sem hesitar, designam a mesma coisa com a mesma palavra, esse miserável artifício é, sem dúvida, obra da padralhada europeia, que, em sua profanação, pensa não haver limites para negar e blasfemar a essência eterna que vive em todos os animais, lançando, assim, as bases para a dureza e a crueldade contra os animais, que são habituais na Europa e só suscitam um justificado horror em uma pessoa da alta Ásia. Na língua inglesa, não encontramos esse artifício indigno, sem dúvida porque os saxões ainda não eram cristãos quando conquistaram a Inglaterra. Por outro lado, um análogo disso é encontrado na peculiaridade de que em inglês todos os animais são *generis neutrius* e, portanto, são representados pelo pronome *it*, exatamente como as coisas inanimadas, o que, especialmente no caso de primatas como cães, macacos etc., acaba por ser bastante ultrajante e é inconfundivelmente um estratagema de padres para reduzir os animais a coisas. Os antigos egípcios, cuja vida inteira era consagrada a fins religiosos, enterravam nas mesmas tumbas as múmias dos humanos e as de íbis, crocodilos etc., mas na Europa é uma abominação e um crime que o cão fiel seja enterrado ao lado da sepultura de seu dono, junto à qual ele às vezes espera sua própria morte, por uma fidelidade e devoção como não se encontram no gênero humano. – Nada conduz mais decisivamente ao reconhecimento da identidade do que é essencial no fenômeno do animal e no do ser humano do que a ocupação com zoologia e anatomia: o que dizer, portanto, quando hoje (1839) um zootomista beato se atreve a urgir uma absoluta e radical diferença entre ser humano e animal, chegando ao ponto de atacar e difamar zoólogos honestos, que, longe de todo clericalismo, servilismo e tartufismo, seguem seu caminho sob orientação da natureza e da verdade?

É preciso ser verdadeiramente cego em todos os sentidos, ou ser totalmente cloroformizado pelo *foetor judaicus* [fedor judeu], para não reconhecer que o essencial e primário no animal e no ser humano é o mesmo, e que o que distingue ambos não está no que é primário, no princípio, na origem, na essência interior, no cerne de ambos os fenômenos, que é, tanto em um caso quanto no outro, *a vontade* do indivíduo; mas apenas no secundário, no intelecto, no grau de força cognitiva, que no homem, pela adicional faculdade de conhecimento abstrato, chamada razão, é incomparavelmente superior – mas isso demonstravelmente em virtude de um maior desenvolvimento cerebral, ou seja, da diferença somática, de uma única parte, o cérebro, mais precisamente uma diferença quantitativa. Por outro lado, há incomparavelmente mais semelhança entre animal e homem, tanto psicologicamente quanto somaticamente. Aquele desprezador de animais ocidental e judaizado e idólatra da razão deve ser lembrado de que assim como *ele* foi amamentado por sua mãe, o cachorro também o foi pela *dele*. Critiquei acima o fato de que até mesmo Kant caíra no erro de seus contemporâneos e aliados. A moral do cristianismo não leva em conta os animais, e isso é um defeito seu que é melhor admitir do que perpetuar, e sobre o qual devemos nos surpreender tanto mais porque essa moral mostra, quanto ao resto, máxima concordância com a do bramanismo e do budismo, embora expressa com menos força e não levada a extremos. Por isso, dificilmente se pode duvidar que, tal como a ideia de um deus feito homem (*avatar*), aquela moral tenha se originado na Índia e possa ter chegado à Judeia via Egito; de modo que o cristianismo seria um reflexo da luz primeva hindu que, lançada pelas ruínas do Egito, infelizmente caiu em solo judaico. Um belo *símbolo* do defeito da moral cristã, apesar de sua grande concordância com a moral hindu, poderia ser visto na circunstância de João Batista aparecer à maneira de um saniassi hindu, mas vestido em peles de animais!, o que, como se sabe, seria uma abominação para todo hindu, pois até mesmo a Sociedade Real em Calcutá recebeu seu exemplar dos Vedas apenas sob a promessa de que não o teria encadernado em couro segundo o costume europeu, razão pela qual ele se encontra em sua biblioteca encadernado em seda. Um contraste característico semelhante é oferecido, de um lado, pela história evangélica da pescaria de Pedro, que o Salvador abençoa com um milagre em tal medida que os barcos ficam transbordando de peixes a ponto de afundar (Lc 5) e, de outro, pela história de Pitágoras, iniciado na sabedoria egípcia, que compra a rede de pescadores enquanto ela ainda está debaixo d'água, para então dar liberdade a todos os peixes capturados (Apuleio, *de magia*, p. 36., ed. Bip.). A compaixão pelos animais está tão estreitamente ligada à bondade de caráter que se pode afirmar, com segurança, que quem é cruel com os animais não pode ser uma boa pessoa. Essa compaixão também se mostra como originária da mesma fonte que a virtude a ser praticada para com as pessoas. Então, por exemplo, pessoas de sentimento refinado, ao recordarem que, com mau humor, ira ou inflamadas pelo vinho, maltrataram seu cachorro, cavalo, macaco, de maneira imerecida, desnecessária, ou excessiva, sentirão o mesmo remorso, a mesma insatisfação consigo mesmas que se faz sentir na lembrança das injustiças cometidas contra outras pessoas; remorso e insatisfação que aqui se chamam voz da consciência punitiva. Lembro-me de ter lido que um inglês que matara um macaco enquanto caçava na Índia não conseguia esquecer o olhar que este lhe lançou quando estava morrendo; e nunca mais atirou em outro macaco desde então. O mesmo fez Wilhelm Harris, um verdadeiro Nimrod, que, apenas pelo prazer de caçar, viajou para o interior da África em 1836 e 1837. No relato de sua viagem, publicado em Bombaim em 1838, ele relata que depois de ter matado o primeiro elefante, que era uma fêmea, e procurado o animal caído na manhã seguinte, todos os outros elefantes haviam fugido da área: apenas o filhote do animal abatido tinha passado a noite ao lado de sua mãe morta e, então, esquecendo todo seu temor, este veio ao encontro dos caçadores com a mais viva e clara mostra de sua inconsolável aflição e os rodeou com sua pequena tromba para pedir sua ajuda. Então, diz Harris, ele foi tomado de verdadeiro remorso por seu ato e sentiu como se tivesse cometido um assassinato. Vemos essa sensível nação inglesa distinguida, acima de todas as outras, por uma notável compaixão pelos animais, que se manifesta em todas as oportunidades e teve o poder – a despeito da "fria superstição" que, em outros aspectos, a degrada – de levá-la a preencher mediante legislação a lacuna moral deixada pela religião. Porque justamente essa lacuna é a razão pela qual há necessidade de associações de proteção animal na Europa e na América, que só podem funcionar com a ajuda da justiça e da polícia. Na Ásia, as religiões concedem proteção suficiente aos animais, de modo que ninguém pensa em tais associações. Enquanto isso, também na Europa, está despertando cada vez mais a sensibilidade para os direitos dos animais, na medida em que gradualmente se desvanecem e desaparecem os estranhos conceitos de um mundo animal que veio à existência apenas para o benefício e gozo da humanidade, em consequência dos quais os animais são tratados completamente como coisas. Pois são a fonte do rude e desconsiderado trato aos animais na Europa; e no segundo volume de *Parerga*, § 178, mostrei sua origem no Antigo Testamento. Para honra dos ingleses, pode-se dizer que foi entre eles que a lei primeiramente também levou a sério os animais contra o tratamento cruel, e o malvado deve realmente pagar por ter cometido crimes contra os animais, mesmo que estes lhe pertençam. E como se isso não bastasse, há uma sociedade em Londres que se constituiu voluntariamente para a proteção dos animais, a *Society for the Prevention of Cruelty to Animals*, que, por meios privados e com despesas consideráveis, faz muito para combater a crueldade contra os animais. Seus emissários espreitam secretamente para depois aparecer como denunciantes dos tormentos de seres sensíveis, mas desprovidos de linguagem, e a presença de tais pessoas deve ser temida em todos os lugares[41]. Nas pontes íngremes de Londres, a Associação mantém uma parelha de cavalos, que é colocada gratuitamente na frente de qualquer carroça com carga pesada. Não é isto uma bela coisa, que suscita nossos aplausos, tal como uma boa ação aos seres humanos? A Sociedade Filantrópica de Londres, em 1837, também ofereceu, por sua parte, um prêmio de 30 libras para a melhor exposição de razões morais contra a crueldade animal, que, no entanto, deveriam ser extraídas principalmente do cristianismo, o que naturalmente tornou a tarefa mais difícil: o prêmio foi outorgado em 1839 ao Senhor Macna-

---

41. A tamanha seriedade dedicada a esse assunto é mostrada pelo seguinte exemplo, bastante recente, que traduzo do *Birmingham Journal*, de dezembro de 1839: "Captura de um bando de 84 aficionados de rinhas de cães". – "Desde que se soube que uma rinha de cães ocorreria ontem na esplanada da Rua da Raposa, perto de Birmingham, a Sociedade dos Amigos dos Animais tomou medidas cautelares para garantir a assistência da polícia, da qual um forte destacamento marchou para o local da briga e, mal esta se iniciou, prendeu todo o bando ali presente. Os participantes foram então algemados aos pares, e depois foram unidos em grupo por uma longa corda que passava entre cada dupla: assim foram conduzidos à delegacia, onde o prefeito mantinha uma audiência com o magistrado. Os dois cabeças do bando foram condenados cada um a uma multa de 1 libra esterlina mais 8 1/2 xelins pelas despesas e, em caso de não pagamento, a 14 dias de trabalhos forçados no presídio. Os demais foram liberados". – Os janotas, que não têm o hábito de faltar a prazeres tão nobres, devem ter parecido muito embaraçados na procissão. – Mas encontramos um caso ainda mais severo, de época mais recente, no *Times* de 6 de abril de 1855, p. 6, e, de fato, usado pelo próprio jornal para dar um exemplo a todos. Relata a história da filha de um baronete escocês muito rico, que atormentou seu cavalo da maneira mais cruel com porrete e faca, pelo que foi condenada a uma multa de 5 libras esterlinas. Mas tal soma não significa nada para uma moça dessa posição, a qual, portanto, teria se safado impunemente se o *Times* não tivesse dado prosseguimento com o castigo justo e que a fizesse realmente sentir, imprimindo por duas vezes seu nome e sobrenome em letras maiúsculas e escrevendo: "Não podemos deixar de dizer que a pena de alguns meses de prisão, com alguns açoites, administrados em privado, mas pela mulher com as mãos mais fortes de Hampshire, teria sido uma punição muito mais adequada para a Srta. N. N. Uma miserável desse tipo perdeu todas as considerações e privilégios devidos ao seu sexo: não podemos mais considerá-la uma mulher". – Dedico estas reportagens de jornal especialmente às associações contra crueldade animal que agora foram criadas na Alemanha, para que vejam como devem agir para conseguir algo; embora eu reconheça plenamente o louvável zelo do senhor Hofrath Perner em Munique, que se dedicou inteiramente a este ramo de beneficência e está espalhando seu entusiasmo por toda a Alemanha.

mara. Uma "sociedade dos amigos de animais" existe na Filadélfia para fins semelhantes. Ao seu presidente, T. Forster (um inglês) dedicou seu livro *Philozoia, reflexões morais sobre a condição real dos animais e os meios de melhorá-la* (Bruxelas, 1839). O livro é original e bem escrito. Como inglês, o autor naturalmente tenta basear na Bíblia suas exortações ao tratamento humano dos animais, mas escorrega por toda parte, de modo que, ao final, recorre ao argumento de que Jesus Cristo nasceu em um estábulo com vaquinhas e burrinhos, o que simbolicamente indicaria que devemos considerar os animais nossos irmãos e tratá-los como tais. – Tudo o que foi até agora mencionado atesta que o acorde moral aqui discutido começa agora a vibrar também no mundo ocidental. De resto, a compaixão pelos animais não precisa ir tão longe que tenhamos, como os brâmanes, de nos abster de comida animal, e isso se deve ao fato de que na natureza a capacidade para sofrer acompanha a inteligência. Por isso, o homem sofreria mais com a falta de nutrição animal, especialmente no norte, do que o animal com uma morte rápida e sempre imprevista, que, porém, deveria ser aliviada ainda mais por meio do clorofórmio. Sem alimentação animal, por outro lado, a raça humana no norte não poderia nem sobreviver. E, segundo o mesmo princípio, o homem faz o animal trabalhar para ele, e somente o excesso do esforço imposto sobre ele se torna crueldade.

8) Se prescindirmos completamente de toda talvez possível investigação metafísica do fundamento último dessa compaixão, sendo ela a única coisa a partir da qual as ações não egoístas podem surgir, e se a considerarmos do ponto de vista empírico, meramente como uma disposição natural, então ficará claro para todos que, para o maior alívio possível dos inúmeros e multiformes sofrimentos a que nossa vida está exposta e dos quais ninguém escapa completamente, bem como para contrabalançar o egoísmo ardente que enche todos os seres e muitas vezes se transforma em maldade, a natureza não poderia ter feito algo mais eficaz do que plantar no coração humano aquela maravilhosa disposição em virtude da qual o sofrimento de um é sentido também pelo outro, e da qual emerge a voz, que, dependendo da ocasião, grita forte e claramente para um: "Tem piedade!", e

para outro: "Socorre!". Certamente, mais se poderia esperar da assistência mútua que daí surge para o bem-estar de todos do que de um estrito dever geral e abstrato, resultante de certas considerações racionais e combinações conceituais. E de tal dever era de esperar menos sucesso, pois, à pessoa rude, princípios gerais e verdades abstratas são completamente incompreensíveis, pois para ela só o concreto é alguma coisa – mas toda a humanidade, com exceção de uma parte extremamente pequena, foi e deve permanecer sempre rude, porque o grande trabalho físico que é absolutamente necessário para o todo não permite o cultivo do espírito. Por outro lado, para despertar a compaixão, que provou ser a única fonte de ações desinteressadas e, portanto, *a verdadeira base da moralidade*, não há necessidade de conhecimento abstrato, mas apenas de conhecimento intuitivo, da mera apreensão do caso concreto, ao qual a compaixão responde imediatamente sem adicional mediação do pensamento.

9) Em total consonância com essa última consideração, encontraremos a seguinte circunstância: a fundamentação que dei à ética deixa-me sem antecessor entre os filósofos de escola e, de fato, ela é até mesmo paradoxal em relação às doutrinas destes, pois alguns deles, por exemplo, os estoicos (Sêneca, *De clem.*, II, 5), Espinosa (*Eth.*, IV, prop. 50), Kant (*Crítica da razão prática*, p. 213; R., p. 257), recusam e censuram diretamente a compaixão. Por outro lado, meu raciocínio tem a seu favor a autoridade do maior moralista de toda a época moderna: pois tal é, sem dúvida, J. J. Rousseau, o profundo conhecedor do coração humano, que extraiu sua sabedoria não dos livros, mas da vida, e destinou sua doutrina não à cátedra, mas à humanidade; ele, o inimigo dos preconceitos, o discípulo da natureza, o único ao qual esta havia concedido o dom de poder moralizar sem ser tedioso, porque alcançou a verdade e comoveu o coração. Tomarei, portanto, a liberdade de citar algumas passagens suas para confirmar minha opinião, depois de ter sido até agora o mais econômico possível com as citações.

No *Discours sur l'origine de l'inegalité*, p. 91 (edit. Bip.), ele diz: "*Il y a un autre prince, que Hobbes n'a point apperçu, et qui ayant été donné à l'homme pour adoucir, en cer-*

taines circonstances, la férocité de son amor-propre, tempère l'ardeur qu'il a pour son bien-être par une répugnance innée à voir souffrir son semblable. Je ne crois pas avoir aucune contradiction à craindre en accordant à l'homme la seule vertu naturelle qu'ait été forcé ele reconnaitre le détracteur le plus outré des vertus humaines. Je parle de la pitié" etc. [Há um outro princípio que Hobbes não percebeu e que, tendo sido dado ao homem para moderar, em certas circunstâncias, a ferocidade de seu amor-próprio, tempera o ardor com que ele busca seu bem-estar por uma repugnância inata em ver seu semelhante sofrer. Não creio precisar temer alguma contradição ao conceder ao homem a única virtude natural que até mesmo o detrator mais veemente das virtudes humanas foi forçado a reconhecer. Estou falando da *compaixão* etc.]– p. 92: *"Mandeville a bien senti qu'avec toute leur morale les hommes n'eussent jamais été que des monstres, si la nature ne leur eut donné la pitié à l'appui de la raison: mais il n'a pas vû, que de cette seule qualité découlent toutes les vertus sociales, qu'il veut disputer aux hommes. En effet qu'est-ce-que la générosité, la clémence, l'humanité, sinon la pitié appliquée aux faibles, aux coupables, ou à l'espèce humaine en général? La bienveillance et l'amitié même sont, à le bien prendre, des productions d'une pitie constante, fixée sur un objet particulier; car désirer que quelqu'un ne souffre point, qu'est-ce autre-chose, que désirer qu'il soit heureux? – La commisération sera d'autant plus énergique, que l'animal spectateur s'identifiera plus intimément avec l'animal souffrant"*. [Mandeville percebeu bem que, não obstante toda a sua moral, os homens nunca teriam sido outra coisa senão monstros se a natureza não lhes tivesse dado a *compaixão* para apoio da razão, mas ele não viu que *dessa única qualidade decorrem todas as virtudes sociais que ele quis negar aos homens*. Com efeito, o que é a generosidade, a clemência, a humanidade, senão a compaixão aplicada aos fracos, aos culpados ou à espécie humana em geral? Até mesmo benevolência e amizade são, se bem compreendidas, apenas produções de uma compaixão constante fixada sobre um objeto particular. Pois desejar que alguém não sofra não é outra coisa senão desejar que ele seja feliz. A comiseração é tanto mais enérgica quanto mais intimamente o animal espectador se identifica com o animal que sofre] – S. 94: *"Il est donc bien certain, que la pitié est un sentiment naturel, qui, modérant dans chaque individu l'amour de soi-même, concourt à la conservation mutuelle de toute l'espèce. C'est elle, qui dans l'état de nature, tient lieu de lois, de moeurs et de vertus, avec cet avantage, que nul ne sera tenté de désobéir à sa douce voix: c'est elle, qui détournera tout sauvage robuste d'enlever à un faible enfant, ou à un viellard infirme sa subsistence acquise avec peine, si lui même espère pouvoir trouver la sienne ailleurs: c'est elle qui, au lieu de cette maxime sublime de justice raisonée 'fais à autrui comme tu veux qu'on te fasse', inspire à tous les hommes cette autre maxime de bonté naturelle, bien moins parfaite, mais plus utile peut-être que la précédente fais ton bien avec le moindre mal d'autrui qu'il est possible. C'est, en un mot, dans ce sentiment naturel plutôt, que dans les argumens subtils, qu'il faut chercher la cause de la répugnance qu'éprouverait tout homme à mal faire, même indépendamment des maximes de l'education"* [É, portanto, certo que a compaixão é um sentimento natural que, moderando em cada indivíduo o amor a si mesmo, concorre para a conservação mútua de toda a espécie. É ela que, no estado de natureza, toma o lugar de leis, de costumes e virtudes, com a vantagem de que ninguém será tentado a desobedecer a sua doce voz: é ela que impedirá que um selvagem robusto roube de uma criança fraca ou de um velho enfermo sua subsistência adquirida com dificuldade, se ele mesmo espera poder encontrar a sua própria em outra parte: é ela que, em vez desta máxima sublime de justiça racional, "faça a outros como queiras que te façam", inspira a todos os homens esta outra máxima de bondade natural, bem menos perfeita, mas talvez mais útil que a precedente: "faça bem a ti com o menor mal possível aos outros". Em uma palavra, *é antes neste sentimento natural do que em argumentos sutis que se deve buscar a causa daquela repugnância que todo homem experimentaria em fazer mal*, até mesmo independentemente das máximas da educação]. Compare-se com isso o que ele diz em *Emile*, L.IV, p. 115-120 (ed. Bip.), onde podemos ler entre outras coisas: *"En effet, comment nous laissons nous émouvoir à la pitié, si ce n'est en nous transportant hors de nous et en nous indentifiant avec l'animal souffrant; en quittant, pour ainsi dire, notre être, pour prendre le sien? Nous ne souffrons qu'autant que nous jugeons qu'il souffre: ce n'est pas dans nous, c'est dans lui, que nous souffrons. – Offrir au jeune homme des objets, sur lesquels puisse agir la force expansive de son coeur, qui le dilatent, qui l'étendent sur les autres êtres, qui le fassent partout se retrouver hors de lui; écarter avec soin ceux, qui le resserrent, le concentrent, et tendent le ressort du moi humain"* etc. [Com efeito, como é que nos deixamos mover pela compaixão se não nos transportando para fora de nós e *nos identificando com o animal que sofre; deixando, por assim dizer, nosso ser para tomar o seu?* Só sofremos enquanto julgamos que ele sofre: *não é em nós mesmos, é nele que sofremos...* oferecer ao jovem objetos sobre os quais a força expansiva de seu coração possa agir, que o dilatem, que o estendam para outros seres e que o façam, em toda a parte, *reencontrar-se fora de si*; afastar cuidadosamente aqueles que o encerram, o concentram e retesam a corda do *eu humano* etc.].

Desprovido, como eu disse acima, de autoridade por parte das escolas filosóficas, posso, contudo, acrescentar que os chineses aceitam cinco virtudes cardeais (Chang), entre as quais a compaixão ("Sin") é a primeira. As quatro restantes são: justiça, cortesia, sabedoria e sinceridade[42]. Da mesma forma, vemos entre os hindus, nas placas erguidas em memória dos príncipes falecidos, a compaixão pelo homem e pelos animais ocupando o primeiro lugar dentre as virtudes que lhes são atribuídas. Em Atenas, a compaixão tinha um altar no fórum: "Ἀθηναίοις δὲ ἐν τῇ ἀγορᾷ ἐστι Ἐλέου βωμός, ᾧ μάλιστα θεῶν ἐς ἀνθρώπινον βίον καὶ μεταβολὰς πραγμάτων ὅτι ὠφέλιμος μόνοι τιμὰς Ἑλλήνων νέμουσιν Ἀθηναῖοι". Παυσ., Ι, 17. (*Atheniensibus in foro commiserationis ara est, quippe cui, inter omnes Deos, vitam hu-*

---

42. *Journ. Asiatique*, v. 9, p. 62; compare-se con Meng-Tseu, ed. Stan. Julien, 1824, L. I, § 45; e também com Meng-Tseu in: *Livres sacrés de l'Orient*, por Pauthier, p. 281.

manam et mutationem rerum maxime adjuvanti, soli inter Graecos, honores tribuunt Athenienses.) [Os atenienses têm na ágora um altar dedicado à Compaixão, à qual os atenienses são os únicos gregos a prestar honra, porque é, entre todos os deuses, o que mais auxilia na vida humana e nas mudanças das coisas]. Luciano também menciona esse altar no *Timon*, § 99. Um aforismo de Phocion, transmitido por Estobeu, apresenta a compaixão como a coisa mais sagrada no ser humano: "Οὔτε ἐξ ἱεροῦ βωμόν, οὔτε ἐκ τῆς ἀνθρωπίνης φύσεως ἀφαιρετέον τὸν ἔλεον" (*nec aram e fano, nec commiserationem e vita humana tollendam esse*) [Não se deve tirar o altar do templo, nem a compaixão da vida humana]. No *Sapientia indorum*, que é a tradução grega do *Pantscha tantra,* lemos (sect. 3, p. 220): "Λέγεται γάρ, ὡς πρώτη τῶν ἀρετῶν ἡ ἐλεημοσύνη (*princeps virtutum misericordia censetur*) [Diz-se que a compaixão é a primeira das virtudes]. Vê-se que todos os tempos e todos os países conheceram muito bem a fonte da moralidade, menos a Europa, e disso tem culpa unicamente o *fetor judaicus* [fedor judeu], que permeia tudo por aqui: então deve haver absolutamente um mandamento obrigatório, uma lei moral, um imperativo, em suma, uma ordem e um comando ao qual obedecer: eles não se desviam disso e não querem ver que esse tipo de coisa é sempre baseado no egoísmo. No caso de alguns indivíduos excelentes, é claro, a verdade foi sentida e anunciada: por exemplo, em Rousseau, como dito acima; e também Lessing, em uma carta de 1756, diz: "A pessoa mais compassiva é a melhor pessoa, a mais inclinada a todas as virtudes sociais, a todos os tipos de magnanimidade".

§ 20. Sobre a diferença ética dos caracteres

A pergunta final, cuja resposta é necessária para a completude do fundamento da ética que foi formulado, é esta: Em que se baseia a grande diferença no comportamento moral das pessoas? Se a compaixão é a mola propulsora básica de toda justiça e amor ao próximo autênticos, isto é, desinteressados, por que uma pessoa é movida por ela, mas a outra não? – Poderia talvez a ética, ao descobrir o móbil moral, colocá-lo também em movimento também? Ela pode transformar o homem de coração duro em um homem compassivo e, assim, justo e caridoso? – Certamente não: a diferença de caráter é inata e inextirpável. Ao malvado é tão inata sua maldade quanto à serpente suas presas e suas glândulas de veneno; e nem ele, nem a serpente podem mudar isso. *Velle non discitur* [O querer não se ensina], disse o preceptor de Nero. Em *Mênon*, Platão investiga detidamente se a virtude pode ser ensinada ou não. Ele cita uma passagem de Teógnis:

> ἀλλὰ διδάσκων Οὔποτε ποιήσεις τὸν κακὸν ἄνδρ᾽ἀγαθόν
> (*sed docendo nunquam ex malo bonum hominem facies*)
> [mas ensinando nunca farás de um homem mau um bom].

e chega à conclusão: "ἀρετὴ ἂν εἴη οὔτε φύσει, οὔτε διδακτόν ˙ ἀλλὰ θείᾳ μοίρᾳ παραγιγνομένη ἄνευ νοῦ, οἷς ἂν παραγίγνηται" (*virtus utique nec doctrina, neque natura nobis aderit; verum divina sorte, absque mente, in eum, qui illam sortitus fuerit, influet*) [mas a virtude não é nem por natureza nem é ensinada, mas vem àqueles que a possuem como dom dos deuses, independente do entendimento] – em que a diferença entre φύσει [por natureza] e θείᾳ μοίρᾳ [dom dos deuses] parece descrever aproximadamente aquela distinção entre o físico e o metafísico. Segundo Aristóteles, Sócrates, o pai da ética, afirmara: "οὐκ ἐφ᾽ἡμῖν γενέσθαι τὸ σπουδαίους εἶναι, ἢ φαύλους." (*in nostra potestate non est, bonos, aut malos esse*) (*Eth. magna*, I, 9) [Não está em nosso poder o ser bom ou mau]. O próprio Aristóteles se expressa no mesmo sentido: "πᾶσι γὰρ δοκεῖ ἕκαστα τῶν ἠθῶν ὑπάρχειν φύσει πως· καὶ γὰρ δίκαιοι καὶ σωφρονικοὶ καὶ ἀνδρεῖοι καὶ τἆλλα ἔχομεν εὐθὺς ἐκ γενετῆς" (*singuli enim mores in omnibus hominibus quodammodo videntur inesse natura: namque ad justitiam, temperantiam, fortitudinem, ceterasque virtutes apti atque habiles sumus, cum primum nascimur*) (*Eth. Nicom.*, VI, 13) [Pois todos os homens parecem ter seu tipo de caráter por natureza: já que somos justos, prudentes, fortes ou temos outros traços desde o nascimento]. Também encontramos essa convicção expressa, muito decididamente, nos fragmentos do pitagórico Arquitas, que são de qualquer modo antiquíssimos, embora talvez não sejam genuínos, e que Estobeu nos transmitiu no *Florilegio*,

Tit. I, § 77. Eles também estão impressos no *Opusculis Grae-corum sententiosis et moralibus*, edição de Orellio, v. 2, p. 240. Então lá se diz, no dialeto dórico: "Τὰς γὰρ λόγοις καὶ ἀποδείξεσιν ποτιχρωμένας ἀρετὰς δέον ἐπιστάμας ποταγορεύειν ἀρετὰν δὲ τὰν ἠθικὰν καὶ βελτίσταν ἕξιν τῷ ἀλόγῳ μέρεος τᾶς ψυχᾶς, καθ'ἂν καὶ ποιοί τινες ἠμὲν λεγόμεθα κατὰ τὸ ἦθος, οἷον ἐλευθέριοι, δίκαιοι καὶ σώφρονες" (*Eas enim, quae ratione et demonstratione utuntur, virtutes fas est, scientias appellare; virtutis autem nomine intelligemus moralem et optim animi partis ratione carentis habitum, secundum quem qualitatem aliquam moralem habere dicimur, vocamurque v. c. liberales, justi et temperantes*) [Pois aquelas virtudes que empregam o raciocínio e a demonstração têm de ser chamadas de ciência; mas pelo nome de virtude entendemos aquele hábito moral e excelente *da parte irracional da alma*, pelo qual se diz que temos certa qualidade moral e somos chamados, por exemplo, liberais, justos e temperantes]. Se examinarmos todas as virtudes e os vícios que Aristóteles compilou para uma breve visão geral no livro *De virtutibus et vitiis*, descobriremos que todos eles só podem ser pensados como qualidades inatas, e que apenas como tais podem ser genuínos; por outro lado, se, por consequência de reflexão racional, eles fossem assumidos voluntariamente, acabariam em dissimulação e seriam falsos: portanto, não se poderia contar com sua permanência e resistência na pressão das circunstâncias. Não ocorre algo diferente com a virtude do amor ao próximo, que está ausente em Aristóteles, como em todos os antigos. Na mesma linha, embora mantendo seu tom cético, diz Montaigne: "*Seroit-il vrai, que pour être bon tout-à-fait, il nous le faille être par occulte, naturelle et universelle propriété, sans loi, sans raison, sans exemple?*" (L. II, c. 11) [Será verdade que, para sermos completamente bons, devemos sê-lo por uma propriedade oculta, natural e universal, sem lei, sem razão, sem exemplo?]. Mas Lichtenber diz diretamente: "Toda virtude premeditada não serve para muito. A coisa aqui é o sentimento ou o hábito" (*Miscelânea. Observações morais*). Mas até mesmo a doutrina original do cristianismo concorda com essa visão, quando se diz no Sermão da Montanha, em Lucas 6,45: "ὁ ἀγαθὸς ἄνθρωπος ἐκ τοῦ ἀγαθοῦ θησαυροῦ τῆς καρδίας αὐτοῦ προφέρει τὸ ἀγαθόν καὶ ὁ πονηρὸς ἄνθρωπος ἐκ τοῦ πονηροῦ θησαυροῦ τῆς καρδίας αὐτοῦ προφέρει τὸ πονηρόν" (*homo bonus ex bono animi sui thesauro profert bonum, malusque ex malo animi sui thesauro profert malum*) [O homem bom, do bom tesouro do seu coração, tira o bem, e o homem mau, do mau tesouro do seu coração, tira o mal]. Os versículos anteriores a este traziam a explicação pictórica do assunto com a imagem do fruto que sempre sai conforme a árvore.

Mas foi Kant quem primeiro esclareceu completamente esse importante ponto, por meio de sua grande doutrina de que na base do *caráter empírico*, que, como fenômeno, se apresenta no tempo e em uma multiplicidade de ações, está o *caráter inteligível*, que é a constituição da coisa em si daquele fenômeno e, portanto, independente do espaço e do tempo, da multiplicidade e da mudança. Só isso explica a rígida imutabilidade dos caracteres, que é tão espantosa e conhecida de qualquer pessoa experiente, e que sempre exitosamente contrapôs a realidade e a experiência às promessas de uma ética que quer melhorar as pessoas moralmente e fala em progressos na virtude, demonstrando assim que a virtude é inata e não resultante de pregação. Se o caráter, como algo originário, não fosse imutável e, portanto, inacessível a qualquer melhoramento por meio da correção do conhecimento; se, ao contrário, como afirma essa ética banal, fossem possíveis um melhoramento do caráter por meio da moralidade e, consequentemente, um progresso constante para o bem – então, a menos que tenhamos de supor que todas as muitas instituições religiosas e todos os esforços moralizadores falharam em seu propósito, a metade mais velha das pessoas teria de ser, ao menos em média, significativamente melhor que a metade mais jovem. Mas há tão poucos vestígios disso que, inversamente, tendemos a esperar algo bom dos jovens e não dos velhos, que se tornaram piores pela experiência. De fato, pode acontecer que uma pessoa pareça um pouco melhor na velhice, e uma outra, pior do que quando jovem, mas isso só ocorre porque na velhice, como resultado de conhecimentos mais maduros e corrigidos com frequência, o caráter se apresenta mais puro e mais claro, enquanto na juventude a ignorância, os erros e as quimeras ou pretextam motivos falsos, ou ocultam os reais –

tal e como se segue do que foi dito no ensaio anterior, página 50ss., sob o nº 3. – A razão pela qual há muito mais jovens do que velhos entre os criminosos punidos é que, onde há uma disposição para tais atos no caráter, ela logo encontra a ocasião para aparecer como um ato e atingir seu objetivo, galé ou forca: e inversamente, se as ocasiões de uma longa vida não foram capazes de motivar alguém a cometer crimes, este também não encontrará facilmente motivos para isso mais tarde. Portanto, parece-me que a verdadeira razão do respeito dispensado à velhice é que uma pessoa idosa superou a prova de uma longa vida e conservou sua integridade: pois esta é a condição desse respeito. – De acordo com essa visão, as pessoas, na vida real, nunca se deixam enganar pelas promessas dos teóricos morais; em vez disso, deixam de confiar naquele que uma vez provou ser mau, e sempre olham com confiança para a generosidade daquele que uma vez deu provas disso, apesar de todas as mudanças que possam ter ocorrido depois. *"Operari sequitur Esse"* é uma proposição fértil da escolástica: cada coisa no mundo atua de acordo com sua natureza imutável, que constitui sua essência, sua *essentia*; e o ser humano não está fora disso. Como alguém é, assim também ele agirá, assim tem de agir; o *liberum arbitrium indifferentiae* [o livre-arbítrio da indiferença] é uma invenção da infância da filosofia, desde muito explodida, com a qual, no entanto, algumas velhas senhoras com chapéus de doutor ainda gostam de se arrastar.

Os três móbiles éticos básicos do homem, egoísmo, maldade e compaixão, estão presentes em cada um em proporções diferentes e incrivelmente diversas. A depender dessas proporções, os motivos terão um efeito sobre ele, e as ações sobrevirão. Somente os motivos egoístas terão força sobre um caráter egoísta; e os motivos que falam à compaixão, ou os que falam à maldade, não poderão contra eles: tal indivíduo não sacrificará seus interesses para se vingar de um inimigo, nem para ajudar um amigo. E, muitas vezes, outro caráter que seja fortemente receptivo a motivos malvados não evitará grandes danos próprios para prejudicar os outros. Pois há caracteres que, causando o sofrimento alheio, encontra um prazer que supera o seu próprio sofrimento de igual magnitude: *"dum alteri noceat sui ne-*

gligens" (Sen., *De ira*, I, 1) [negligenciando a si mesmo, contanto que faça mal a outrem]. Estes vão com apaixonado deleite para a batalha, na qual esperam receber ferimentos tão grandes quanto os que esperam infligir: eles vão assassinar, com premeditação, aquele que lhes causou dano, e imediatamente depois se matam para escapar à punição, como a experiência tem mostrado com bastante frequência. Por outro lado, a bondade do coração consiste em uma compaixão universal profundamente sentida por tudo o que tem vida, mas antes de tudo pelos seres humanos, porque a sensibilidade para o sofrimento acompanha o aumento de inteligência: portanto, os inúmeros sofrimentos mentais e físicos do homem exigem muito mais compaixão do que a dor puramente física e até mesmo mais obtusa do animal. A bondade de caráter, portanto, evitará primeiramente qualquer dano ao outro, qualquer que seja, mas também exigirá ajuda onde quer que o sofrimento alheio se apresente. E também aqui o caminho da bondade pode chegar tão longe quanto o da maldade no sentido inverso, ou seja, ao ponto em que caracteres de rara bondade tomam mais a peito o sofrimento alheio do que o seu próprio e, portanto, fazem sacrifícios pelos outros, pelos quais eles mesmos sofrem mais do que aquele que ajudaram antes. Quando vários ou mesmo muitos podem ser assim ajudados ao mesmo tempo, eles se sacrificarão se necessário, como Arnold von Winkelried. Joh. v. Müller (*História mundial*, livro 10, cap. 10), relata a respeito Paulinus, Bispo de Nola no século V, durante a invasão da Itália pelos vândalos da África: "Depois de ter oferecido todo o tesouro da Igreja, seus próprios bens e os de seus amigos, como resgate por prisioneiros, quando viu a desgraça de uma viúva cujo único filho fora levado embora, ele se ofereceu em troca deste como servo. Pois quem era de idade boa e não caíra pela espada era levado cativo para Cartago".

De acordo com essa diversidade incrivelmente grande, inata e primordial, cada um será predominantemente instigado por aqueles motivos para os quais tem uma receptividade preponderante, assim como um corpo só reage aos ácidos, o outro, só aos álcalis – e tal como este, aquele também não pode ser mudado. Os motivos filantrópicos, que são impulsos tão poderosos para o bom caráter, não têm, como tais, influência alguma sobre quem é suscetível apenas a motivos egoístas. Se quiséssemos, contudo, levar este último a ações filantrópicas de qualquer maneira, isso só poderia acontecer com o pretexto de que o alívio do sofrimento alheio dos outros é *indiretamente*, por alguma via, *para seu próprio proveito* (assim como a maioria das doutrinas morais são, na realidade, tentativas várias nesse sentido). Como resultado, porém, sua vontade é meramente desviada, não melhorada. Para um melhoramento real, seria necessário transformar todo o tipo de sua receptividade aos motivos; por exemplo, fazer com que uma pessoa não fosse mais indiferente ao sofrimento alheio como tal, que outra não mais sentisse prazer em causá-lo, ou que, para uma terceira, o mínimo aumento no próprio bem-estar já não superasse bastante todos os outros motivos, tornando-os ineficazes. Porém isso é muito mais impossível do que transformar chumbo em ouro. Pois isso exigiria que girássemos o coração do ser humano no corpo, por assim dizer, e remodelássemos seu âmago. Por outro lado, tudo o que podemos fazer é clarear a *cabeça*, corrigir o *conhecimento*, levar as pessoas a uma compreensão mais correta do que está objetivamente presente, das verdadeiras circunstâncias da vida. Mas com isso não se alcança mais nada senão que a natureza de sua vontade se revele de maneira mais coerente, mais clara e mais decisiva, e se expresse sem falseamentos. Pois, assim como muitas boas ações se baseiam, no fundo, em motivos falsos, em ilusões bem-intencionadas de uma vantagem própria a ser conquistada neste ou em outro mundo, assim também alguns delitos são baseados meramente no conhecimento errôneo das circunstâncias da vida humana. Sobre isso se funda o sistema penitenciário americano: não pretende melhorar o *coração* do criminoso, mas apenas lhe endireitar a *cabeça*, para que ele se dê conta de que o trabalho e a honestidade são um caminho mais seguro, até mesmo mais fácil para o bem-estar próprio do que a canalhice.

A legalidade pode ser imposta por motivos, mas não a *moralidade*: pode-se transformar o *agir*, mas não o verdadeiro *querer*, o único ao qual se pode atribuir valor moral. Não se pode mudar o objetivo ao qual a vontade aspira, mas apenas o caminho que ela percorre para chegar lá. A educação pode mudar a escolha dos meios, mas não a dos fins universais últimos: toda vontade os estabelece para si mesma de acordo com sua natureza originária. Pode-se mostrar ao egoísta que, abrindo mão de pequenas vantagens, obterá outras maiores; ao malvado, que causar sofrimento aos outros trará outros maiores sobre si mesmo. Mas ninguém será dissuadido do próprio egoísmo, da própria maldade; assim como não se pode dissuadir o gato de sua inclinação por ratos. Até mesmo a bondade de caráter pode ser levada a uma expressão mais coerente e completa de sua essência por meio do incremento da compreensão, do ensinamento a respeito das circunstâncias da vida, enfim: por meio do aclaramento da cabeça, por exemplo, mediante a demonstração das consequências mais remotas que nossas ações têm para os outros, como os sofrimentos deles que crescem indiretamente e apenas no decorrer do tempo, em decorrência desta ou daquela ação que não julgávamos tão má; igualmente, por meio da instrução sobre as consequências desvantajosas de algumas ações bem-intencionadas, por exemplo, o perdão a um criminoso; e especialmente também sobre a precedência que o *neminem laede* [não prejudiques ninguém] sempre tem frente ao *omnes juva* [ajuda a todos] etc. Nesse sentido, há certamente uma educação moral e uma ética que ajuda melhorar: mas ela não vai além disso, e o limite é fácil de ver. A cabeça é iluminada, o coração permanece sem melhora. O fundamental, o decisivo, tanto no campo moral, no intelectual e no físico, é o que é *inato*: em toda a parte o artificial só pode oferecer um auxílio. Cada um é o que é, por assim dizer "pela graça de Deus", *jure divino*, θεία μοίρα.

> No final, tu és o que és.
> Coloca perucas com milhões de cachos,
> Veste longas meias nos pés
> *Ainda segues sendo o que és.*

Mas, há muito tempo, ouço o leitor levantar a questão: onde ficam a culpa e o mérito? – Para responder a esta pergunta, remeto ao § 10. O que eu teria de ser expor *aqui* já encontrou seu lugar lá, porque está intimamente ligado à doutrina de Kant da coexistência de liberdade e necessidade. Peço, portanto, que se leia novamente o que foi dito lá. De acordo com isso, o *operari* é absolutamente necessário quando os motivos aparecem: portanto, a *liberdade*, que se anuncia unicamente por meio da *responsabilidade*, só pode residir no *esse*. Por certo, as censuras da consciência referem-se primária e ostensivamente ao que fizemos, mas real e fundamentalmente ao que somos, do qual nossas ações somente dão testemunho plenamente válido, na medida em que se relacionam com nosso caráter assim como os sintomas se relacionam com a doença. No *esse*, portanto, no que somos, devem radicar também culpa e mérito. O que respeitamos e amamos nos outros, ou desprezamos e odiamos, não é algo mutável e inconstante, mas algo permanente, existente de uma vez por todas: o que *são*. E se voltamos atrás em nossa opinião, então não dizemos que eles mudaram, mas que nós nos equivocamos a seu respeito neles. Da mesma forma, o objeto de nossa satisfação e insatisfação conosco mesmos é *o que somos*, o que irrevogavelmente somos e seguimos sendo: isso se estende até mesmo às qualidades intelectuais e, de fato, às fisionômicas. Então, como a culpa e o mérito não deveriam residir naquilo que somos? – O conhecimento cada vez mais completo de nós mesmos, o *protocolo dos atos* cada vez mais preenchido, é a *consciência*. O tema da consciência são, antes de tudo, nossas ações: mais precisamente, ou são aquelas ações em que, quando a compaixão nos exortava a pelo menos não prejudicar os outros e até mesmo lhes oferecer ajuda e assistência, não a ouvimos porque o egoísmo ou até mesmo a maldade nos guiava, ou aquelas ações em que negando estes dois, seguimos o chamado da compaixão. Ambos os casos indicam a magnitude da *diferença* que traçamos *entre nós e os outros*. Nessa *diferença* se baseiam, em última análise, os graus de moralidade ou imoralidade, isto é, de justiça e de amor ao próximo, bem como os de seu oposto. A memória cada vez mais rica das ações que são significativas a esse respeito completa cada vez mais o quadro de nosso caráter, o verdadeiro conhecimento de nós mesmos. Mas a partir deste cresce o contentamento ou a insatisfação conosco, com o que somos, conforme o egoísmo, a maldade ou a compaixão tenha prevalecido, conforme a diferença que fizemos entre nossa pessoa e a dos demais tenha sido maior ou menor. É com essa mesma medida que também julgamos os outros, cujo caráter conhecemos tão empiricamente quanto o nosso, só que mais imperfeitamente: aqui se apresenta como elogio, aplauso, estima ou censura, indignação e desprezo o que, em nosso autojulgamento, se manifestou como contentamento, ou insatisfação, que podia chegar ao remorso. As censuras que fazemos aos outros são apenas *em primeiro termo* dirigidas aos atos das pessoas, mas *na realidade* ao caráter imutável destas, e as virtudes ou vícios são considerados qualidades inerentes e permanentes, e isso é atestado por muitas maneiras de falar que ocorrem com bastante frequência, por exemplo, "Agora vejo como és"! – Eu estava enganado sobre ti. – *Now I see what you are! – Voilà donc, comme tu es!* – Eu não sou assim! – Eu não sou pessoa capaz de enganar-te, e assim por diante; como também: *les* âmes *bien nées* [almas bem nascidas]; também em espanhol: *bien nacido*; εὐγενής, εὐγένεια [bem nascido, bom nascimento], para virtuoso, virtude; *generosioris animi amicus* [amigo com alma mais generosa] etc.

A consciência é condicionada pela razão apenas porque graças a ela é possível a rememoração clara e coerente. É natural aqui que a consciência só fale *depois*, sendo por isso também chamada de consciência *julgadora*. Ela só pode falar de antemão em sentido impróprio, isto é, indiretamente, na medida em que a reflexão, partindo da memória de casos semelhantes, infere a futura reprovação de um feito apenas projetado. – Até aqui chega o fato ético da consciência: ele mesmo permanece como um problema metafísico, que não pertence diretamente à nossa tarefa, mas será abordado na última seção. – O reconhecimento de que a consciência é apenas o conhecimento que tomamos do nosso próprio caráter imutável por meio dos atos está perfeitamente de acordo com o fato de que a receptividade para os motivos do autointeresse, da maldade e da compaixão, tão sumamente diversa em pessoas diferentes, sobre a qual repousa todo o valor moral humano, não é algo explicável a partir de nenhuma outra coisa, nem algo a ser obtido por instrução, nem algo, portanto, que surge ao longo do tempo e é mutável, e até mesmo dependente do acaso; em vez disso, é inato, imutável e não ulteriormente explicável. Em alinhamento com isso, o próprio curso da vida, com todas as suas atividades variadas, nada mais é do que o mostrador externo desse maquinário interno e originário, ou um *espelho*, no qual unicamente se pode revelar ao intelecto de cada um a natureza de sua própria vontade, isto é, de seu próprio núcleo.

Quem se der o trabalho de refletir a fundo sobre o que foi dito aqui e no § 10 mencionado acima descobrirá, em minha fundamentação da ética, uma coerência e uma totalidade completa que faltam a todas as outras e, por outro lado, uma concordância com os fatos da experiência que aquelas têm menos ainda. Porque só a verdade pode concordar consistentemente consigo mesma e com a natureza: por outro lado, todas as falsas visões básicas disputam internamente consigo mesmas e externamente com a experiência, que a cada passo protesta silenciosamente.

No entanto, estou bem ciente, mas sem remorso ou arrependimento, de que as verdades aqui apresentadas na conclusão colidem diretamente com muitos preconceitos e erros firmemente arraigados, em particular com uma certa moral de escola infantil. Pois, antes de tudo, não estou falando aqui para crianças, nem para o povo, mas para uma ilustre Academia, cuja questão puramente teórica se dirige às verdades fundamentais últimas da ética, e que para uma pergunta extremamente séria também espera uma resposta séria: e, em segundo lugar, penso que não pode haver erros privilegiados, nem úteis, nem mesmo inofensivos, mas que todo erro causa infinitamente mais mal do que bem. – Se, por outro lado, quiséssemos fazer dos preconceitos existentes o padrão da verdade, ou o marco de fronteira que a exposição da verdade não deve ultrapassar, seria honesto abolir todas as faculdades e academias filosóficas: pois o que não é, também não deve parecer.

IV

SOBRE A INTERPRETAÇÃO METAFÍSICA DO FENÔMENO ÉTICO ORIGINÁRIO

§ 21. Esclarecimento sobre este apêndice

Até agora, estabeleci o móbil moral como um fato e mostrei que somente dele podem provir a justiça desinteressada e o genuíno amor ao próximo, as duas virtudes sobre as quais repousam todas as outras virtudes cardeais. Isso é suficiente para fundamentar a ética, na medida em que esta deve necessariamente basear-se em algo que existe factual e demonstravelmente, seja no mundo externo ou na mente consciente; a menos que se queira, como alguns de meus predecessores, aceitar simples e arbitrariamente um princípio abstrato e dela deduzir preceitos éticos, ou, como Kant, proceder da mesma maneira com um mero conceito, o da lei. A tarefa colocada pela Real Sociedade parece-me cumprida neste sentido, pois ela visa ao fundamento da ética e não requer uma metafísica para, por sua vez, fundamentá-lo. Enquanto isso, vejo muito bem que o espírito humano ainda não encontra a satisfação e a tranquilidade últimas. Como no final de toda pesquisa e de toda ciência real, também aqui ele se vê perante um fenômeno originário que, embora explique tudo o que é entendido sobre ele e que dele decorre, permanece ele próprio inexplicado e se apresenta como um enigma. Aqui, também, surge a demanda por uma metafísica, isto é, uma explicação última dos fenômenos originários como tais e, se tomados estes em sua totalidade, do mundo. Aqui, também, essa exigência levanta a seguinte questão: por que existente e é compreendido por nós é assim e não de outra maneira, e como o caráter do fenômeno que foi exposto emerge da essência em si das coisas? Com efeito, no caso da ética a necessidade de um fundamento metafísico é tanto mais urgente porque os sistemas filosóficos, bem como os religiosos, concordam que a significação ética das ações deve ser ao mesmo tempo metafísica, isto é, ir além do mero fenômeno das coisas e, portanto, também além de toda possibilidade de experiência, e que, portanto, está na mais estreita relação com toda a existência do mundo e o destino do homem; pois o último cume em que termina o significado da existência em geral é seguramente o ético. Isso também é comprovado pelo fato inegável de que, quando a morte se aproxima, a linha de pensamento de todo ser humano, independentemente de ter este aderido ou não a dogmas religiosos, toma uma direção *moral* e ele se esforça por fechar a conta do curso consumado de sua vida mediante considerações morais. Os testemunhos dos antigos são particularmente importantes a este respeito; porque não estão sob influência cristã. Recordo, portanto, que encontramos esse fato já afirmado em uma passagem atribuída ao antiquíssimo legislador Zaleukos, mas, segundo Bentley e Heyne, proviria de um pitagórico, que Estobeu conservou para nós (*Floril.*, Tit. 44, § 20): "Δεῖ τίθεσθαι πρὸ ὀμμάτων τὸν καιρὸν τοῦτον, ἐν ᾧ γίγνεται τὸ τέλος ἑκάστῳ τῆς ἀπαλλαγῆς τοῦ ζῆν. Πᾶσι γὰρ ἐμπίπτει μεταμέλεια τοῖς μέλλουσι τελευτᾶν, μεμνημένοις, ὧν ἠδικήκασι, καὶ ὁρμὴ τοῦ βούλεσθαι πάντα πεπρᾶχθαι δικαίως αὐτοῖς" (*Oportet ante oculos sibi ponere punctum temporis illud, quo unicuique e vita excedendum est: omnes enim moribundos poenitentia corripit, e memoria eorum, quae injuste egerint, ac vehementer optant, omnia sibi juste peracta fuisse*) [Devemos manter diante dos olhos aquele ponto no tempo em que o fim chega a cada um de nós e deixaremos de viver. Pois todos os que estão morrendo são tomados pelo arrependimento ao se lembrarem das injustiças que cometeram e desejam veementemente que todas as suas ações tivessem sido justas]. De igual modo, para relembrar um exemplo histórico, vemos que Péricles, em seu leito de morte, não queria ouvir falar de todos os seus grandes feitos, mas apenas do fato que nunca causara tristeza a um cidadão (Plut., *Pericl.*). Mas para acrescentar aqui um caso muito heterogêneo, lembro-me do relatório dos depoimentos perante um júri inglês segundo os quais um rude jovem negro de quinze anos, estando prestes a morrer em um barco por um ferimento sofrido em uma briga, convocou apressadamente todos os seus companheiros para perguntar se ele já havia magoado ou ofendido algum deles, encontrando grande conforto diante da negativa destes. A experiência ensina continuamente que os moribundos desejam se reconciliar com todos antes de partir. Outra confirmação de nosso princípio é dada pela conhecida experiência de que, enquanto por realizações intelectuais, mesmo que fossem as primeiras obras-primas do mundo, o autor aceita de bom grado uma recompensa sempre que puder recebê-la, quase todos os indivíduos que tenham produzido algo moralmente distinto rejeitam qualquer pago por ele. Este é particularmente o caso de grandes atos morais, quando, por exemplo, alguém salvou a vida de outro, ou mesmo de muitos, arriscando a sua própria; e neste caso, ele, por regra, mesmo sendo pobre, não aceita absolutamente nenhum pago, porque sente que o valor metafísico de sua ação sofreria com isso. Uma exposição poética desse processo nos é oferecida por Bürger no final da canção do "Homem corajoso". Mas, na realidade, também costuma ser assim, e já o vi confirmado várias vezes em jornais ingleses. – Esses fatos são universais e ocorrem sem distinção de religião. Por causa dessa inegável tendência ético-metafísica da vida, nenhuma religião poderia se firmar no mundo sem fornecer uma interpretação da vida nesse sentido: pois é por seu lado ético que cada religião tem seu ponto de apoio no ânimo das pessoas. Toda religião põe seu dogma na base da mola moral que todo ser humano pode sentir, mas nem por isso o compreende ainda; e a vincula tão intimamente a esse dogma que ambos parecem inseparáveis: até mesmo os sacerdotes procuram fazer passar a incredulidade e a imoralidade como uma só e mesma coisa. Esta é a razão pela qual o crente considera o incrédulo idêntico ao moralmente mau, como já podemos ver pelo fato de que expressões como "sem Deus", "ateu", "não cristão", "herege" etc. são usadas como sinônimas de moralmente mau. As coisas foram facilitadas para as religiões pelo fato de que, partindo da *fé*, elas podem simplesmente exigir a crença em seu dogma, até mesmo com uso de ameaças. Mas os sistemas filosóficos não têm tanta facilidade aqui: portanto, ao examinar todos os sistemas, descobriremos que em toda a parte a coisa vai ostensivamente mal, não só com a fundamentação da ética, mas também com o ponto de conexão entre esta e a metafísica dada. E, no entanto, a exigência de que a ética se baseie em uma metafísica é inevitável, como já afirmei na introdução apelando à autoridade de Wolf e Kant.

Mas o problema da metafísica é o mais difícil de todos os problemas que ocupam o espírito humano, a tal ponto que muitos pensadores o consideram absolutamente insolúvel. Para mim, no presente caso, há ainda a desvantagem muito especial acarretada pela forma de uma monografia isolada, a saber, que não me é permitido partir de um sistema metafísico específico ao qual professo minha fidelidade, pois eu teria de explicá-lo, o que seria excessivamente longo, ou aceitá-lo como dado e certo, o que seria extremamente precário. Disso se segue, por sua vez, que, tal como nos parágrafos precedentes, também não posso aplicar aqui o método sintético, mas apenas o método analítico, isto é, tenho de ir não da razão para as consequências, mas das consequências para a razão. Mas essa dura necessidade de proceder sem pressupostos e não partir de nenhum ponto de vista senão o que é comum a todos dificultou-me tanto a exposição dos fundamentos da ética que agora eu a olho em retrospecto como a uma difícil proeza realizada, semelhante a quando alguém fez à mão livre o que sempre executa sobre um firme suporte. Mas agora que está suscitada a pergunta pela interpretação metafísica da base ética, a dificuldade do procedimento sem pressupostos torna-se tão avassaladora que só vejo a saída de me contentar com um esboço muito geral, de oferecer mais pistas do que explicações, de mostrar o caminho que aqui leva ao objetivo, mas sem segui-lo até o final e de dizer apenas uma pequena parte do que eu, se fossem outras circunstâncias, teria de apresentar aqui. Neste procedimento, porém, eu me refiro, além das razões há pouco expostas, ao fato de que a tarefa propriamente dita foi resolvida nas seções anteriores; consequentemente o que aqui ainda ofereço a seu respeito é um *opus supererrogationis*, um *acréscimo* a ser dado e tomado à vontade.

§ 22. Fundamento metafísico

Portanto, agora devemos abandonar o solo firme da experiência, que sustentou todos os nossos passos até este ponto, para buscar a satisfação teórica última naquilo a que nenhuma experiência tem qualquer possibilidade de chegar, felizes se ao menos nos for dado um indício, um vislumbre fugaz, com que possamos até certo ponto nos tranquilizar. Por outro lado, o que não deve nos abandonar é a honestidade prévia do procedimento: não vamos, à maneira da chamada filosofia pós-kantiana, cair em devaneios, oferecer contos de fadas, impressionar com palavras e tentar jogar poeira nos olhos do leitor; ao contrário, nossa promessa é apresentar pouca coisa, mas honestamente.

Aquilo que até este ponto foi nosso fundamento explicativo converte-se, agora, em nosso problema, a saber, aquela compaixão natural inata e indestrutível em cada ser humano, que se nos revelou como a única fonte de *ações não egoístas*: e apenas a estas, contudo, cabe valor moral. A maneira de muitos filósofos modernos que tratam os conceitos de bom e mau como conceitos simples, isto é, não necessitados de, nem suscetíveis a, nenhuma explicação, e que depois costumam falar muito misteriosa e devotamente sobre uma "ideia do Bem", da qual fazem a base de sua ética, ou pelo menos um manto para cobrir sua deficiência[43], obriga-me inserir aqui a explicação de que esses conceitos não são nada simples, muito menos dados *a priori*; ao contrário, são expressões de uma relação e extraídas da experiência cotidiana. Tudo o que está de acordo com as aspirações de qualquer vontade individual é chamado de *bom* em relação a essa vontade: boa comida, bom caminho, bom presságio; o oposto, de *mau*. Uma pessoa que, por causa de seu caráter, não gosta de atrapalhar os esforços dos outros, mas, na medida do possível, os favorece e os promove, e que, portanto, não prejudica os outros, mas antes lhes dá ajuda e apoio no que puder, será chamado por aqueles, justamente na relação com eles próprios,

---

43. "O conceito de bem em sua pureza é um conceito primordial, uma ideia absoluta, cujo conteúdo se perde no infinito" (Bouterweck. *Praktische Aphorismen*, p. 54). Pode-se ver que ele preferiria transformar o conceito simples e até trivial do bem em um διπετής [caído do céu], para poder expô-lo no templo como ídolo.

de *boa pessoa*; daí o conceito de bom é aplicado a esta do mesmo ponto de vista relativo, empírico e instalado no sujeito passivo. Mas examinemos o caráter de tal pessoa não apenas em relação aos outros, mas em si mesmo: saberemos, a partir do que precedentemente dito, que aquilo de onde nascem nele as virtudes da justiça e do amor ao próximo é uma participação totalmente imediata no prazer e na dor dos outros, cuja fonte é, como já reconhecemos, a compaixão. Mas se nos debruçarmos no que é essencial em tal caráter, nós o descobriremos inegavelmente no fato de que *tal pessoa faz menos distinção do que as demais entre si mesma e as outras*. Aos olhos do caráter maldoso, a diferença entre ele e os outros é tão grande que o sofrimento destes é para ele prazer imediato, que ele, justamente por isso, busca sem maiores vantagens pessoais, e até mesmo para sua própria desvantagem. A mesma *diferença* ainda é grande o suficiente aos olhos do egoísta, de modo que ele emprega grandes danos aos outros como meio para obter uma pequena vantagem para si mesmo. Portanto, existe para o maldoso e o egoísta um grande abismo, uma potente diferença entre o *eu*, que se limita à sua própria pessoa, e o *não eu*, que abarca o restante do mundo: *Pereat mundus, dum ego salvus sim* é sua máxima [Que pereça o mundo, contanto que eu me salve]. Para a pessoa boa, por outro lado, essa diferença não é tão grande, e até mesmo parece suprimida nas ações de generosidade, na medida em que aqui o bem-estar dos outros é promovido à custa do seu próprio, isto é, o eu alheio é equiparado ao eu próprio: e onde *muitos* outros têm de ser salvos, o eu próprio é completamente sacrificado por eles, com o indivíduo dando sua vida por muitos.

A questão que se levanta agora é: essa última concepção da relação entre o eu próprio eu e o alheio, que subjaz às ações do caráter bom, é errônea e baseada em uma ilusão? Ou se é esse o caso da concepção oposta, na qual se apoiam o egoísmo e a maldade?

– Esta concepção em que se baseia o egoísmo tem uma justificação *empírica* bastante rigorosa. A experiência mostra que a *diferença* entre a pessoa própria e a alheia é absoluta. A diferença de espaço que me separa do outro também me separa de seu bem-estar e sua dor. – Por outro lado, deve-se notar, primeiramente, que o conhecimento que temos de nós mesmos não é de maneira alguma exaustivo e nítido até o último fundamento. Pela intuição que o cérebro realiza sobre os dados dos sentidos, ou seja, mediatamente, reconhecemos nosso próprio corpo como um objeto no espaço, e pelo sentido interno conhecemos a série contínua de nossas aspirações e atos de vontade, que surgem por ocasião de motivos externos, finalmente também os diversos movimentos de nossa própria vontade, mais fracos ou mais fortes, aos quais todos os sentimentos internos podem ser reduzidos. Isso é tudo: pois o próprio conhecimento não é, por sua vez, conhecido. Por outro lado, o substrato real de todo esse fenômeno, nossa *essência em si* interior, o que quer e o que conhece, não nos é acessível: só olhamos para fora, dentro é escuro. Por isso, o conhecimento que temos de nós mesmos não é de modo algum completo e exaustivo, mas muito superficial; e na maior parte, de fato, na parte principal, somos desconhecidos para nós mesmos e um enigma, ou, como diz *Kant*: o eu se conhece apenas como fenômeno, não segundo o que pode ser em si mesmo. Quanto a essa outra parte que cai na esfera de nosso conhecimento, cada um é bastante diferente do outro, mas disso não se segue que a mesma coisa se aplica à parte grande e essencial que permanece oculta e desconhecida de cada um. Para esta há pelo menos uma possibilidade de que ela seja uma só e idêntica em todos.

Em que se baseia toda multiplicidade e diversidade numérica de seres? – No espaço e no tempo: só por estes elas são possíveis, pois o múltiplo só pode ser pensado e representado em justaposição, ou sucessão. Como a multiplicidade homogênea são os *indivíduos*, eu chamo o espaço e o tempo, na medida em que tornam a *pluralidade* possível, de *principium individuationis*, sem me preocupar se é precisamente este o sentido em que os escolásticos tomavam a expressão.

Se há algo indiscutivelmente verdadeiro nas explicações dadas ao mundo pela admirável profundidade de Kant, é a *estética transcendental*, isto é, a doutrina da idealidade do espaço e do tempo. É tão claramente fundada que nenhuma objeção aparente pôde ser levantada contra ela. Ela é o triunfo de Kant e é uma das poucas doutrinas metafísicas que podem ser consideradas como conquistas realmente provadas e genuínas no campo da metafísica. Segundo ela, o espaço e o tempo são as formas de nossa própria faculdade de intuição, pertencem a ela, não às coisas conhecidas por ela e, portanto, nunca podem ser uma determinação das coisas em si; ao contrário, pertencem apenas ao *fenômeno* delas, tal como este só é possível em nossa consciência do mundo exterior ligada às condições fisiológicas. Mas se tempo e espaço são estranhos à coisa em si, isto é, à verdadeira essência do mundo, a *pluralidade* também o é necessariamente: por conseguinte, a coisa em si só pode ser uma só nos inúmeros fenômenos deste mundo dos sentidos, e somente a essência una e idêntica pode se manifestar em todos eles. E, inversamente, o que se apresenta como *múltiplo*, consequentemente no tempo e no espaço, não pode ser uma coisa em si, mas apenas *fenômeno*. Mas o fenômeno, como tal, está presente apenas para nossa consciência – que é limitada por várias condições e até mesmo repousa numa função orgânica – e não fora dela.

Esta doutrina de que toda pluralidade é apenas aparente, de que em todos os indivíduos deste mundo, por mais infinitos que sejam, um após o outro e um ao lado do outro, se manifesta apenas uma e mesma essência, verdadeiramente existente, presente e idêntica em todos eles – esta doutrina certamente existiu muito antes de Kant e até mesmo poderíamos dizer que desde sempre. Pois esta é, antes de tudo, a doutrina principal e básica do livro mais antigo do mundo, os sagrados *Vedas*, cuja parte dogmática, ou melhor, sua doutrina esotérica, se apresenta para nós nos *Upanishads*[44]. Ali encontramos essa grande doutrina em quase

---

44. A autenticidade do Oupnekhat foi contestada com base em algumas notas marginais adicionadas por copistas maometanos e que acabaram entrando no texto. Mas foi plenamente reivindicada pelo estudioso do sânscrito F. H. H. Windischmann (o filho) em seu *Sancara, sive de theologumenis Vedanticorum*, 1833, p. XIX; e também por Bochinger, *De la vie contemplative chez les Indous*, 1831, p. 12. – Até mesmo o leitor não familiarizado com o sânscrito pode, comparando as traduções mais recentes de *Upanishads* individuais, de Nammohun Roy, Poley e até mesmo a de Colebrooke, bem como a mais recente de Roer, ficar claramente convencido de que a tradução persa do mártir dessa doutrina, o sultão Darashakoh, transposta de modo estritamente literal para o latim por Anquetil, baseava-se em uma compreensão exata e perfeita das palavras; e que, em contrapartida, essas outras recorreram em grande parte a tentativas e adivinhações, o que certamente as torna muito menos precisas. – Mais detalhes a respeito podem ser encontrados no segundo volume dos *Parerga*, cap. 16, § 185.

todas as páginas: é repetida incansavelmente em inúmeras variações e explicada por múltiplas imagens e símiles. Também não se pode duvidar que ela formava a base da sabedoria de Pitágoras, mesmo com os escassos relatos que nos chegaram de sua filosofia. É bem sabido que nela apenas estava contida quase toda a filosofia da escola eleata. Mais tarde, os neoplatônicos se impregnaram dela ao ensinar: "διὰ τὴν ἑνότητα ἁπάντων πάσας ψυχὰς μίαν εἶναι" (*propter omnium unitatem cunctas animas unam esse*) [por causa da unidade de todas as coisas, todas as almas são uma]. Na Europa do século IX, nós a vemos aparecer inesperadamente por meio de Escoto Erigena, que, fascinado por ela, tenta revesti-la com as formas e as expressões da religião cristã. Entre os maometanos, nós a encontramos novamente como o misticismo entusiástico dos sufis. Mas no Ocidente Giordano Bruno teve de expiar com uma morte vergonhosa e agonizante o fato de não resistir ao desejo de expressar aquela verdade. No entanto, vemos também os místicos cristãos se enredarem nela, contra a sua vontade e contra a sua intenção, onde quer que eles apareçam. O nome de Espinosa é identificado com ela. Finalmente, em nossos dias, depois que Kant aniquilara o velho dogmatismo e o mundo ficara aterrorizado diante das ruínas fumegantes, esse conhecimento foi revivido pela filosofia eclética de Schelling, que amalgamando os ensinamentos de Plotino, Espinosa, Kant e Jacob Böhme com os resultados da moderna ciência natural, compôs às pressas um todo para satisfazer momentaneamente a necessidade urgente de seus contemporâneos e depois o explorou com variações. Como resultado disso, aquele conhecimento adquiriu validez geral entre os estudiosos da Alemanha, e, de fato, é quase universalmente difundido entre os meramente instruídos[45].

---

45. *On peut assez longtemps, chez notre espèce,*
Fermer la porte à la raison.
Mais, dès qu'elle entre avec adresse,
Elle reste dans la maison,
Et bientôt elle en est maîtresse.
[Pode-se, por muito tempo, em nossa espécie,
Fechar a porta para a razão.
Mas, assim que ela habilmente entra,
Ela fica na casa,
E logo se faz sua dona.]
(Voltaire)

Só os filósofos universitários de hoje constituem uma exceção, pois têm eles a difícil tarefa de trabalhar contra o chamado *panteísmo*, o que os coloca em grande angústia e perplexidade, de modo que, em sua angústia, recorrem ora aos sofismas mais patéticos, ora às frases mais bombásticas, a fim de remendar a partir daí um decoroso traje de fantasia, para vestir nele uma filosofia de comadres, popular e autorizada. Em suma, o ʼἕν καὶ πᾶν [um e tudo] sempre foi a zombaria dos tolos e a infinita meditação dos sábios. No entanto, a prova rigorosa dessa teoria pode ser derivada apenas da doutrina de Kant, como se viu acima, embora o próprio Kant não tenha feito isso, mas, à maneira de oradores inteligentes, apenas forneceu as premissas, deixando aos ouvintes a satisfação da conclusão.

Se, portanto, a multiplicidade e a separação pertencem apenas ao mero fenômeno, e se é uma e a mesma essência que se apresenta em todos os seres vivos, então a concepção que abole a diferença entre eu e não eu não é a errônea: antes, a oposta a ela que deve sê-lo. Também encontramos esta última entre os hindus com o nome de *Maja*, isto é, aparência, engano, ilusão. É a primeira visão que descobrimos estar na base do fenômeno da compaixão, a qual é sua expressão concreta. Assim, essa visão seria a base metafísica da ética e consistiria no fato de que *um* indivíduo reconhece no *outro* imediatamente a si mesmo, sua verdadeira essência. Assim, a sabedoria prática, o agir justo e bom, coincide no resultado exatamente com a doutrina mais profunda da sabedoria teórica que mais longe chegou; e o filósofo prático, isto é, o justo, o benevolente, o nobre, só exprimiria com seus atos o mesmo saber que é fruto da maior profundidade e da mais laboriosa investigação do filósofo teórico. Enquanto isso, a excelência moral é superior a toda sabedoria teórica, que é sempre apenas uma obra incompleta e chega, pelo lento caminho das inferências, ao objetivo que a primeira alcança de um só golpe; e quem é moralmente nobre, por mais que lhe falte excelência intelectual, revela mediante suas ações o mais profundo conhecimento, a mais alta sabedoria, e envergonha o mais brilhante e sábio quando este mostra, por suas ações, que aquela grande verdade permaneceu estranha a seu coração.

"A individuação é real, o *principium individuationis* e a diferença entre os indivíduos baseada nele são a ordem das coisas em si. Cada indivíduo é um ser fundamentalmente distinto de todos os outros. Só em mim mesmo tenho meu verdadeiro ser, todo os outros são não eu e estranhos a mim." – Esse é o conhecimento de cuja verdade a carne e os ossos dão testemunho, que está na base de todo egoísmo, e cuja expressão real é toda ação sem amor, injusta ou maldosa.

"A individuação é mero fenômeno surgido por meio do espaço e do tempo, os quais são unicamente as formas de todos os objetos de minha faculdade cognoscitiva cerebral e condicionadas por ela; daí que a multiplicidade e variedade dos indivíduos são meros fenômenos, isto é, só existem na minha *representação*. Minha essência verdadeira, interior existe em cada vivente tão imediatamente como ela se revela em minha autoconsciência somente a mim mesmo". – É este conhecimento – para o qual em sânscrito a expressão corrente é *tat-twam asi*, ou seja, "isto és tu" – que irrompe como compaixão, na qual, portanto, se baseia toda virtude genuína, isto é, desinteressada, e cuja expressão real é toda boa ação. Em última análise, é a esse conhecimento que se dirige todo apelo à clemência, à caridade, à graça por justiça: pois isso é um lembrete da consideração na qual somos todos um e o mesmo ser. Por outro lado, o egoísmo, a inveja, o ódio, a perseguição, a dureza, a vingança, o prazer com a dor alheia e a crueldade referem-se àquele primeiro conhecimento e se contentam com ele. A emoção e o deleite que sentimos ao ouvir, ainda mais ao olhar e, sobretudo, ao executar, nós mesmos, uma ação nobre, baseia-se no fato de que ela nos dá a certeza de que, além de toda a multiplicidade e a diversidade de indivíduos que o *principium individuationis* nos apresenta, há uma unidade deles que é realmente existente e até mesmo acessível a nós, pois se evidenciou factualmente.

Conforme um ou outro modo de conhecimento seja adotado, aparece entre um ser e outro a φιλία [amor] ou o νεῖκος [ódio] de Empédocles. Mas quem, animado por νεῖκος, invadisse hostilmente seu adversário mais odiado e atingisse seu íntimo mais profundo, descobriria neste, para sua surpresa, a si mesmo.

Pois assim como nós mesmos estamos dentro de todas as pessoas que nos aparecem nos sonhos, o caso é o mesmo durante a vigília – embora isso não seja tão fácil de perceber. Mas *tat-twam asi*.

A predominância de um ou outro desses dois modos de conhecimento se mostra não apenas em ações particulares, mas no tipo total da consciência e do ânimo, que é, portanto, no caráter *bom* tão essencialmente diferente daquele no *mau. Este* sente em toda parte uma forte parede divisória entre ele e tudo fora dele. Para este, o mundo é um *não eu absoluto* e sua relação com ele é originariamente hostil: com isso, o tom fundamental de seu humor se torna ódio, suspeita, inveja, alegria com o infortúnio alheio. – O bom caráter, por outro lado, vive em um mundo externo homogêneo com sua essência: os outros para ele não são um não eu, mas um "eu outra vez". Portanto, sua relação originária com cada um é amistosa: ele se sente aparentado em seu interior com todos os seres, participa imediatamente de seu bem-estar e seu sofrimento e pressupõe confiadamente mesma simpatia neles. Daí crescem a profunda paz em seu interior e aquele ânimo confiante, calmo e satisfeito, graças ao qual todos se sentem bem ao seu redor. – O caráter maldoso, quando necessitado, não confia na ajuda dos outros: se a invoca, é sem confiança; se a obtém, recebe-a sem verdadeira gratidão, porque dificilmente pode entendê-lo senão como efeito da tolice dos outros. Porque ele ainda é incapaz de reconhecer seu próprio ser no ser do outro, mesmo depois que este se deu a conhecer a partir dessa outra pessoa por sinais inequívocos. É nisso que realmente se baseia a qualidade ultrajante de toda ingratidão. Esse isolamento moral no qual ele se encontra essencial e inescapavelmente também o faz se desesperar com facilidade. – O bom caráter solicitará a ajuda de outros com confiança tão grande quanto a consciência que ele tem de sua própria em lhes prestar auxílio. Porque, como foi dito, para um o mundo humano é não eu; para outro, é "eu outra vez". – O magnânimo que perdoa o inimigo e retribui o mal com o bem é exaltado e recebe os maiores elogios; porque ele ainda reconheceu sua própria essência mesmo onde ela decididamente se negava.

Toda boa ação totalmente pura, toda ajuda completa e verdadeiramente desinteressada, que, como tal, é motivada exclusivamente pela necessidade do outro, é realmente uma ação misteriosa, um misticismo prático, se a investigarmos até sua última razão, na medida em que ela finalmente se origina no mesmo conhecimento que constitui a essência de todo verdadeiro misticismo e não pode ser, de fato, explicada de outra maneira. Pois o fato de que alguém dê esmolas sem o mais remoto objetivo senão aliviar a necessidade que oprime o outro só é possível na medida em que ele percebe que é ele mesmo o que agora lhe aparece sob aquela triste figura, e, portanto, reconhece sua própria essência em si no fenômeno do outro. Por isso, na seção anterior, chamei a compaixão de o grande mistério da ética.

Quem morre por sua pátria se libertou da ilusão que limita a existência à sua própria pessoa: ele estende sua própria essência aos seus compatriotas, nos quais segue vivendo, e até mesmo às gerações vindouras, para as quais ele atua – assim, ele observa a morte como o piscar de olhos que não interrompe a visão.

Aquele para quem todos os outros eram sempre não eu, e que, no fundo, até mesmo considerava apenas sua própria pessoa como verdadeiramente real, e realmente via os outros apenas como fantasmas, aos quais atribuía apenas uma existência relativa, na medida em que podiam ser meios ou obstáculos para seus fins, de modo que permanecia uma diferença imensurável, um abismo profundo, entre sua pessoa e todo aquele não eu, que portanto existia exclusivamente em sua própria pessoa: na morte ele vê perecer com seu eu toda a realidade e o mundo inteiro. Por outro lado, aquele que viu seu próprio ser, a si mesmo, em todos os outros, e de fato em tudo que tem vida, aquele cuja existência, portanto, confluiu com a existência de todos os seres vivos, perde apenas uma pequena parte de sua existência com a morte: tal pessoa continua a existir em todos os outros, nos quais ele sempre reconheceu e amou sua essência e seu eu, e desaparece a ilusão que separava sua consciência da dos demais. Nisto pode se basear, não inteiramente, mas em grande medida, a diferença entre a maneira como as pessoas particularmente boas e as predominantemente más confrontam a hora da morte.

Em todos os séculos, a pobre verdade teve de enrubescer por ser paradoxal: e, no entanto, isso não é culpa sua. Ela não pode assumir a forma do erro universal entronizado. Então, com um suspiro, ela olha para cima em direção a seu deus protetor, o Tempo, que lhe acena com vitória e glória, mas cujas batidas de asas são tão grandes e lentas que o indivíduo morre nesse entretanto. Por conseguinte, também eu estou muito ciente do paradoxo que esta interpretação metafísica do fenômeno ético originário deve ter para a pessoa educada de modo ocidental, acostumada a fundamentações da ética totalmente diferentes, mas não posso violentar a verdade. Ao contrário, tudo o que posso fazer, deste ponto de vista, é demonstrar, por meio de uma citação, como há milhares de anos essa metafísica da ética era a visão básica da sabedoria indiana, à qual eu remeto, tal como Copérnico ao sistema cosmológico dos pitagóricos suplantado por Aristóteles e Ptolomeu. No *Bhagavad-Gita*, *Lectio* 13; 27, 28, podemos ler, de acordo com a tradução de A. W. Von Schlegel: *"Eundem in omnibus animantibus consistentem summum dominum, istis pereuntibus haud pereuntem qui cernit, is vere cernit. – Eundem vero cernens ubique praesentem dominum, non violat semet ipsum sua ipsius culpa: exinde pergit ad summum iter"* [Quem discerne o senhor supremo que existe em todas as coisas vivas e que não perece quando elas perecem, este vê a verdade. E quem vê esse senhor presente em toda a parte não se viola a si mesmo por sua própria culpa: então, ele parte em direção ao caminho mais alto].

Devo me contentar com essas alusões à metafísica da ética, embora ainda haja um passo importante a ser dado nela. Mas isso pressupõe um passo adiante dado na própria ética, o que não me foi permitido fazer, porque na Europa o objetivo supremo da ética está fixado na doutrina do direito e da virtude, e não se sabe o que vai além disso, ou não se lhe dá validez. É, portanto, a essa necessária omissão que devemos atribuir o fato de que os esboços da metafísica da ética apresentados ainda não permitem prever, nem remotamente, a pedra angular do edifício completo da metafísica, ou a real coerência da *Divina Comédia*. Mas isso não pertencia à questão nem fazia parte de meu plano.

Porque não se pode dizer tudo em um dia só, e não se deve responder mais do que é perguntado.

Ao buscar fomentar o conhecimento e o discernimento humanos, sempre se sentirá a resistência da época, como a de um fardo a ser arrestado, pressionando pesadamente contra o chão, desafiando todos os esforços. Então, precisamos nos consolar com a certeza de que, apesar dos preconceitos contra nós, temos a verdade a nosso favor, a qual, assim que seu aliado, o tempo, se une a ela, estará plenamente segura da vitória, se não hoje, então amanhã.

JUDICIUM

Regiae Danicae Scientiarum Societatis

Quaestionem anno 1837 propositam, utrum philosophiae moralis fons et fundamentum in idea moralitatis, quae immediate conscientia contineatur, et ceteris notionibus fundamentalibus, quae ex illa prodeant, explicandis quaerenda sint, an in alio cognoscendi principio, unus tantum scriptor explicare conatus est, cujus commentationem, germanico sermone compositam et his verbis notatam: Moral predigen ist leicht, Moral begründen ist[46] schwer ["Pregar a moral é fácil, fundamentar a moral é difícil"] *praemio dignam judicare nequivimus. Omisso enim eo, quod potissimum postulabatur, hoc expeti putavit, ut principium aliquod ethicae conderetur, itaque eam partem commentationis suae, in qua principii ethicae a se propositi et metaphysicae suae nexum exponit, appendicis loco habuit, in qua plus quam postulatum esset praestaret, quum tamen ipsum thema ejusmodi disputationem flagitaret, in qua vel praecipuo loco metaphysicae et ethicae nexus consideraretur. Quod autem scriptor in sympathia fundamentum ethicae constituere conatus est, neque ipsa disserendi forma nobis satisfecit, neque reapse, hoc fundamentum sufficere, evicit; quin ipse contra esse confiteri coactus est. Neque reticendum videtur, plures recentioris aetatis summos philosophos tam indecenter commemorari, ut justam et gravem offensionem habeat.*

[À questão proposta no ano de 1837: "A fonte e o fundamento da filosofia moral se encontram numa ideia de moralidade que está imediatamente contida na consciência, e na análise de outras noções fundamentais que dela decorrem, ou em outro

---

46. Este segundo "é" foi acrescentado pela Academia por conta própria, a fim de fornecer uma prova da doutrina de Longino (*de sublim.*, c. 39) segundo a qual, adicionando ou subtraindo *uma* sílaba, pode-se aniquilar toda a energia de uma frase.

princípio de conhecimento?, um único escritor tentou uma resposta, cujo comentário, redigido em língua alemã e marcado com estas palavras: "Pregar a moral é fácil, fundar a moral é difícil", não pudemos julgar merecedor do prêmio. Tendo omitido o mais importante que era pedido, ele pensou que a tarefa era estabelecer algum princípio de ética, de modo que colocou a parte de seu ensaio onde expõe a conexão entre o princípio ético proposto por ele e sua metafísica em um apêndice, no qual ofereceu mais do que era exigido, enquanto o tema em si exigia o tipo de investigação em que a conexão entre metafísica e ética teria sido considerada em lugar precípuo. Mas quando o escritor tentou mostrar que a base da ética consiste na compaixão, ele nem nos satisfez com a forma de seu ensaio, nem de fato provou que essa base é suficiente; em vez disso, foi forçado a admitir o contrário. Também não se deve deixar de mencionar que vários sumos filósofos dos últimos tempos são citados de maneira tão indecente que provoca justa e grave ofensa.]

Confira outros títulos da coleção em

livrariavozes.com.br/colecoes/pensamento-humano

ou pelo Qr Code

Conecte-se conosco:

 facebook.com/editoravozes

 @editoravozes

 @editora_vozes

 youtube.com/editoravozes

 +55 24 2233-9033

www.vozes.com.br

Conheça nossas lojas:

www.livrariavozes.com.br

Belo Horizonte – Brasília – Campinas – Cuiabá – Curitiba
Fortaleza – Juiz de Fora – Petrópolis – Recife – São Paulo

EDITORA VOZES LTDA.
Rua Frei Luís, 100 – Centro – Cep 25689-900 – Petrópolis, RJ
Tel.: (24) 2233-9000 – E-mail: vendas@vozes.com.br